미디어와 공동체

일러두기

- 한글 전용을 원칙으로 하되, 필요한 경우 원어나 한자를 병기하였다.
- 한글 맞춤법은 '한글 맞춤법' 및 '표준어 규정'(1988), '표준어 모음'(1990)을 적용하였다.
- 외국의 인명, 지명 등은 국립국어원의 외래어 표기법을 따랐으며, 관례로 굳어진 경우는 예외를 두었다.
- 사용된 기호는 다음과 같다.

  신문 및 잡지 등 정기 간행물, 논문, 영화, 노래, 웹툰, 방송 프로그램 등 : 〈 〉

  책(단행본): 《 》

컬처룩 미디어 총서 014

미디어와 공동체

한국방송학회 엮음
김용찬 외 지음

culture Look

컬처룩 미디어 총서 014
미디어와 공동체

엮은이 한국방송학회
지은이 김용찬 외
펴낸이 이리라

책임 편집 이여진
편집 에디토리얼 렌즈
표지 디자인 엄혜리

2018년 11월 10일 1판 1쇄 펴냄

펴낸곳 컬처룩
등록 2010. 2. 26 제2011-000149호
주소 03993 서울시 마포구 동교로 27길 12 씨티빌딩 302호
전화 02.322.7019 | 팩스 070.8257.7019 | culturelook@daum.net
www.culturelook.net

ISBN 979-11-85521-64-0 94300
ISBN 979-11-85521-06-0 94300(세트)

* 이 도서의 국립중앙도서관 출판예정도서목록(CIP)은 서지정보유통지원시스템 홈페이지(http://seoji.nl.go.kr)와 국가자료공동목록시스템(http://www.nl.go.kr/kolisnet)에서 이용하실 수 있습니다. (CIP제어번호: CIP201834691)

culturelook

차례

서론

미디어와 공동체
상상, 성찰, 전망

김용찬

미디어는 무엇인가? 공동체는 무엇인가? 모두 답하기 쉽지 않은 질문이다. 미디어와 공동체 모두 일상적으로 흔히 쓰는 말이긴 하지만, 또 모두 추상성이 높은 개념이기 때문이다. 그래서 잘 아는 말 같지만 막상 그것의 정의를 내려야 한다면 모든 사람들이 동의할 대답을 찾기가 쉽지 않다. 두 말에 대한 정의를 찾기 쉽지 않은 또 다른 이유는 모두 한국 사회 밖에서 수입된 것들이기 때문이다. 그렇기에 두 말 모두 나름대로의 토착화 과정이 필요했다. 그 과정에서 두 말의 의미 자체가 여러 방향으로 요동쳤다. 두 말의 외래어(미디어, 커뮤니티)와 한자말(매체, 공동체)이 여전히 혼재해서 쓰인다. 하지만 이들 말의 외래어와 한자말이 완벽하게 포개졌다고 말할 수는 없다. 미디어와 매체, 커뮤니티와 공동체는 서로 완벽한 상합을 이루지 못하면서 여전히 어색한 틈새를 보인다. 그 틈새는 뉘앙스의 차이 그 이상이다. 그 와중에 이 말이 사용되는 사회적 맥락 자체가 혁명적으로 바뀌고 있다. 아마도 대략 지난 30년 동안의 일이라 할 수 있다. 공동체 혹은 커뮤니티는 장소에서 해방되어 온라인 공간으로 갔다. 공동체라는 말 앞에 더 이상 '지역'이라는 멍에를 지울 필요가 없게 되었다. 장소를 기반으로 한 이른바 '지역 공동체'는 오히려 매우 특수한 형태의 공동체가 되었다. 매체 혹은 미디어도 지난 100여 년 동안 쓰던 '대중' 혹은 '매스'라는 거추장스러운 모자를 벗어던졌다. 그리하여 이제는 바야흐로 개인 미디어personal media와 개인 공동체personal community의 시대가 되었다. (기관이나 조직이나 대중이 아니라) 개인이 미디어를 생산, 유통, 소비하는 기본 단위가 되었다. 그리고 (공동체가 개인을 품는 것이 아니라) 개인이 공동체를 품고 관리하는 세상이 되었다. 개인 미디어로서, 개인 공동체로서, 미디어와 공동체 모두 사람들의 호주머니로 들어갔다. (개인) 미디어와 (개인) 공동체가 개인의 삶 속에서 새로운 방식으로 서로 만나는 세상이 열리는 중이다. 사람들의 미디어 경험과 공동체 경험을 모두 새로운 시각으로 보아야 하는 상황이 조성되었다.

그동안 미디어와 공동체는 다양한 방식으로 결합해 왔다. 그러한 다양성을 반영하는 다양한 관점이 개발되어 왔다. 여기서는 그중 여섯 가지 관점을 골라 이야기해 본다.

첫째, 공동체와 미디어는 '공동체를 위한 미디어media for community'의 관점에서 만난다. 이 관점의 틀 속에서 미디어는 공동체의 형성, 생존, 성장, 회복을 위한 기반이다. 미디어를 통해 사람들은 자신이 속한 공동체를 상상한다(Anderson, 1991). 같은 미디어(가령 모국어로 쓰여진 책)를 함께 사용하는 사람들은 장소의 한계를 넘어서서 특정 공동체(가령 민족)의 소속감을 갖게 된다. 미디어는 특정 지역 사람들이 자신이 사는 지역의 경계를 상상하게 하기도 한다(7장/김유정). 또 미디어는 공동의 소속감과 정체성을 만들고 '우리'와 '우리가 아닌 것'의 경계를 규정하고, 거기서 더 나아가 공동체 구성원들이 특정 이슈에 대해 공동의 관심을 갖고 공동의 행동에 참여하게 한다(McLeod, Scheufele, & Moy, 1999; Jeffres, Dobos, & Lee, 1988; Ball-Rokeach, Kim, & Matei, 2001; 2장/김용찬). 미디어를 통해 사람들은 자기가 속한 공동체의 문제가 무엇인지 함께 인식하고, 함께 그 문제에 대한 해결책을 모색하기도 한다(2장/김용찬). 특히 이 관점에서 미디어는 위기, 위험, 재난 시 공동체를 지키는 중요한 역할(가령 정보 제공, 공동체 역량 동원, 예방 행동 등)을 하는 것으로 간주된다(8장/서미혜). 즉 '공동체를 위한 미디어'의 관점을 취하는 사람들은 미디어를 통해 공동체의 흔적이 자연스럽게 드러나고, 발견되고, 활성화되고, 촉진되는 과정에 주목한다.

둘째, '공동체의 미디어media of community' 관점이다. 이 관점에서는 공동체가 자신(만)의 미디어를 소유하는 과정과 결과에 주목한다. 특정 공동체(혹은 그 구성원 일부)가 직접 만들고 소유하는 공동체 미디어, 마을 미디어, 동네 미디어가 여기에 속한다(6장/채영길, 9장/최성은, 10장/정은경). 누군가가 먼저 집단의 공동체성을 지각하고, 그것을 계속해서 잡아두고 묶어둘 장치로서 미디어를 활용한다. 이 관점에 따르면 미디어는 공동체의 공동체성을 유지하는 것을 목적으로 만들어진 특정 집단의 도구다. 앞에서 말한 '공동체를 위한 미디어'의 관점이 일상적 미디어 경험 속에서 자연스러운 결과로서 출현하는 공동체성에 주목한다면, '공동체의 미디어' 관점은 지역 운동 혹은 사회 운동의 일부로서의 미디어 경험과 그것이 갖는 의도성과 목적성에 주목한다. '공동체의 미디어'가 운동으로서의 미디어 활동만을 강조하다 보면 일상적 삶의 흐름 속에서 경험하는 미디어 제작과 소비의 측면이 왜곡될 수 있다(9장/최성은).

셋째, '공동체에 대립하는 미디어media against community'의 관점이다. 이 관점에 따르면 미디어는 종종 사회관계, 신뢰, 유대 같은 공동체의 기반을 방해하거나 허물 잠재성을 갖는다. 미디어가 공동체에 대립하는 모습에 주목하는 관점들은 그동안 다양한 방식으로 다양한 시각에서 전개되었다.[1] 가령 미디어 기술이 사회적 자본과 공동체적 유대에 미치는 부정적 영향에 대한 논의들(예를 들어 Putnam, 2000; Tuckle, 2011)이 여기에 해당한다. 뿐만 아니라 미디어는 특정 사람들과 특정 장소에 대해 부정적 편견, 선입견, 스테레오타입을 생산, 재생산하면서 공동체 내의 신뢰와, 유대를 허물고 타자에 대한 배제의 장치가 되기도 한다(1장/김예란). 혹은 미디어가 맹목적으로 공동체성을 강조할 때 역설적이게도 오히려 공동체의 물적, 사회적 조건이 더욱 주변화되는 결과가 나타나면서 미디어와 공동체 사이에 결과적 대립 구도가 만들어지기도 한다(4장/박지훈).

넷째, '미디어를 위한 공동체community for media'의 관점이다. 이런 관점을 갖는 사람들의 주된 관심은 미디어가 공론장으로서 역할하기 위한 공동체적 조건이 무엇인지에 대한 것이다. 즉 그들은 미디어의 긍정적 기능을 극대화시킬 수 있는 공동체 차원의 하부 구조(Kim & Ball-Rokeach, 2006; 김용찬, 2장)가 무엇인지에 대해 주목한다. 미디어 자

[1] 사실 이 관점들은 하나의 범주에 포함시키기 어려울 정도로 서로 이론적 토대가 다르다. 그럼에도 미디어-공동체 대립 상황을 미디어를 주체로 해서 설명한다는 점에 있어서는 공통점을 갖는다.

체가 갖는 기술적, 제도적 조건도 중요하지만 결국 더 중요한 것은 그 미디어를 사용하는 사람들, 그들의 네트워크, 그들의 공동체가 갖는 조건이라는 것이다. 공동체의 조건에는 물적인 것뿐 아니라, 상징적, 문화적, 사회적 자본, 사회 규범, 관습, 문화적 각본 등이 모두 포함된다.

다섯째, '미디어의 공동체community of media' 관점이다. 이 관점에서 주목하는 것은 새로운 미디어 환경 속에서 가능해진 새로운 공동체 경험이다. 가령 인터넷 환경을 기반으로 만들어진 새로운 형태의 사회관계망(Raine & Wellman, 2012), MMORPG 게임이나 익명의 온라인 카페 등을 포함하는 다양한 유형의 온라인 공동체들(3장/강진숙), 새로운 미디어 환경을 바탕으로 지역성을 초월한 공동체(5장/김은미, 4장/박지훈) 등이 여기에 포함된다. 즉 이 관점으로 미디어와 공동체의 관계를 바라보는 사람들은 새로운 디지털 네트워크 기술 환경에서 가능해진 새로운 방식의 관계 맺기, 협력, 소통 방식을 바탕으로 매우 느슨한 연결을 바탕으로 하는 것에서부터 아주 강력한 유대를 바탕으로 하는 것에 이르기까지 다양한 유형의 공동체 경험이 가능해진 상황에 주목한다.

여섯째는 '미디어에 대립하는 공동체community against media'의 관점이다.[2] 여기에는 공동체와 미디어의 대립 상황을 공동체를 주체로 해서 설명하는 관점들이 포함된다. 가령 자신들에 대한 편견과 선입견을 계속해서 재생산하는 주류 언론을 상대로 이주민 공동체가 적극적으로 집단 행동을 하는 경우가 여기에 포함된다. 이런 관점 속에서

2 '공동체에 대립하는 미디어'의 관점과 마찬가지로 여기에도 하나의 범주에 포함되는 것 자체가 어색할 정도로 상이한 논점들이 공동체-미디어 대립 상황을 공동체를 주체로 놓고 설명한다는 공통점 하나로 묶이게 된다.

마을 미디어는 주류 미디어에 대한 저항의 결과물이라고 할 수 있다(10장/정은경). 이 관점을 취하는 다른 연구자들은 미디어가 미디어의 역할을 제대로 하지 못하게 하는 공동체의 부정적 조건(커뮤니케이션 자원, 문화적 자본, 사회적 자본의 빈약, 무임승차 문제, 공동체 내 갈등)에 주목하기도 한다.

앞에서 설명한 여섯 가지 관점이 미디어와 공동체가 만나는 방식을 망라하는 것은 물론 아니다. 그리고 이 여섯 관점이 상호 배타적인 것도 아니다. 누구든 미디어와 공동체 문제를 논한다면 여섯 관점들 중에서 복수의 관점을 동시에 취할 수 있다. 이 책에 포함된 10편의 글들도 마찬가지다. 대부분의 글들이 여섯 가지 관점 중 둘 이상을 자신의 논지에 따라 자유롭게 엮었다.

이 책의 내용을 (책 전체를 읽고 싶은 생각이 들 정도로만) 간략하게 소개하겠다. 김예란은 "공동의 자리"(1장)에서 지역 공동체라는 개념 안에 들어 있는 '공동'의 이상이 얼마나 복잡한 정치적 개념인지와 그리고 그것이 실제 우리가 살아가는 현실과 어떻게, 종종 폭력적인 파열음을 내며, 부딪히는지에 대해 기술했다. 이에 대한 논의를 위한 구체적 사례로서 제주도 예멘 난민의 경우를 분석했다. 김예란에 따르면 미디어는 지역 내의 권력 관계, 그리고 지역을 넘어서 존재하는 한 사회의 담론 구조, 광범위한 탈지역적인 권력관계(국가, 민족, 종교, 인종, 경제 질서 등)와 복잡하게 연동하면서 매개의 작용을 통해 난민에 대한 "상상적인 이미지와 담론"을 만들어 낸다. 그러면서 그들을 타자화하는 장치로서 역할하며 지역 공동체를 압박한다. 결국 난민들은 "어디에도 속하지 않는" 사람들이 되고, "어디로든 가야 하며 배척이 당연시되는 강제적인 부유"의 상태에 있게 되고, 결국 지역 공동체의 일원으로 포섭되는 길을 찾지 못한다. 김예란은 지역 공동체를 "공동"체로 만드는 과정에서 "인종화된 정동과 담론"이 작용을 하고, 그 과정에서 끊임없는(어쩌면 사실상 용서 없는) 배제와 배척이 이루어지는(김예란은 그것을 '부호화한 전쟁'이라고 부른다) 과정을 예맨 사례를 중심으로 흥미롭게 풀어나갔다.

김용찬은 "'지역 이야기하기'와 도시 지역 미디어"(2장)에서 도시 지역 내 시민 참여적 공동체 구성을 위해 필수적인 요소라 할 수 있는 '지역 이야기하기 자원local storytelling resource'의 개념을 설명하고, 그것을 바탕으로 지역 미디어의 의의와 역할을 제시하였다. 특히 커뮤니케이션 하부 구조 이론communication infrastructure theory을 기반으로 지역 이야기하기 자원을 지역 기반의 공유 자원으로 개념화하면서, 그것이 현대 도시 환경에서 왜 여전히 중요한지에 대해 설명했다. 그러한 설명을 토대로 지역에 대한 이야기하기 자원으로서의 지역 미디어의 역할을 어떻게 규정할 것인가를 논하였다. 또한 '지역 이야기하기의 관점'에서 지역 미디어가 지역 내 단체/모임들 및 지역 주민들과 어떤 관계를 맺어야 하는지, 지역 미디어와 주류 미디어와의 관계는 어떻게 설정해야 할지, 그리고 지역 미디어가 뉴 미디어 환경에 어떻게 적응해 나가야 하는지 등의 문제를 다루었다.

강진숙은 "학술 담론을 통해 본 공동체 미디어"(3장)에서 국내 학술지들에 나타난 공동체 미디어 담론의 지형과 접근 방법들을 종합적으로 분석하고 그 결과를 바탕으로 공동체 미디어의 대안적 방향성과 연구 과제들에 대한 탐색을 시도하였다. 특히 온라인 공동체가 활성화되기 시작한 2000년대 이후 한국 사회에서 이루어진 공동체 미디어와 연관된 학술 담론들의 성과와 한계점을 분석하고 한국 사회 공동체 미디어의 현주소와 대안적 방향성 모색을 시도했다. 강진숙에 따르면 공동체 미디어를 지역에만 한정지을 필요는 없다. 그것은 네트워크, 지역, 소수자, 다중의 차원 등 다차원적인 성격을 갖는다. 강진숙은 공동체 미디어의 다차원성을 개념화할 틀을 제시하고, 그 틀 속에서 공동체 미디어의 역할과 한계를 논하였다.

박지훈은 "공동체와 공동체 미디어는 약자들만의 것인가"(4장)라는 글에서 공동체와 공동체 미디어에 대한 연구와 실천이 갖는 한계점에 대해 비판적으로 성찰하였다. 공동체 미디어에 대한 연구가 특정 집단과 장소에 대한 대상화와 열등함을 오히려 생산, 재생산할 위험을 가진다는 점, 그러한 연구가 중심부에 진입하려는 주변부의 욕망을 과소평가한다는 점, 또 중심부에서 작동하는 공동체 현상에 대해서는 아마도 현실적 문제 때문에 간과하는 점 등 그동안의 공동체 미디어 연구가 갖는 문제점들을 조목조목 지적했다. 그러면서 억압과 배제의 구조가 재생산되지 않는 공동체 연구, 중심부 집단의 공동체 경험에 대한 연구, 장소에 얽매이지 않는 네트워크 기반의 공동체에 대한 연구 등을 제안한다.

김은미는 "지역 미디어 낯설게 보기"(5장)에서 '공동체,' '공동체 미디어,' '지역 미디어,' '친밀성' 등 우리에게 익숙한 개념에 대해 무비판적으로 받아들이기보다는 그것들에 대한 비판적 성찰을 제안한다. 가령 우리는 공동체라는 것을 위에서 기획된 형태의 것으로서보다는 일상적 삶 속에서 자연스럽게 구성되는 "아래로부터의 공동체" 형태로 경험하게 되는 경우가 많은데, 그동안 공동체와 공동체 미디어에 대한 연구들이 그러한 점을 제대로 포착해 내지 못했다고 비판한다. 공동체 미디어 연구들이 보이는 이런 문제는 기획된 형태의 지역 공동체와 지역 미디어가 현대 사회의 급속한 변화 속에서 갖게 되는 다층적 딜레마에 대해 설명하는 것을 힘들게 만든다. 지역 미디어의 딜레마와 관련해서 김은미가 제기하는 질문들은, 네트워크 사회에서 과연 지역 미디어와 지역 공동체가 여전히 지역성을 고집할 수 있는지, 지배적 미디어의 정체성이 희미해진, 즉 대안의 대상이 사라지는 시대에, 대안 미디어로서의 지역 미디어의 대안성의 근거는 어디에서 찾아야 하는지, 미디어 환경의 파편화 속에서 지역 미디어의 공동체성의 토대는 무엇인지 등에 대한 것이다.

채영길은 "마을 공동체 미디어가 만드는 민주주의 정치 공론장"(6장)에서 마을 공동체 미디어가 어떻게 장소 기반의 공동체성과 공론장을 구축하는지의 과정과 내용을 6·13 지방 선거 방송 프로그램 분석을 통해 논하였다. 프로그램 분석은 마을 미디어 플랫폼의 형태, 프로그램 포맷과 편성, 선거 프로그램의 내용과 의미로 구분하여 이루어졌다. 이러한 분석을 통해 마을 공동체 미디어가 "정치라는 공적 영역이 내가 사는 마을이라는 사적 공간 속으로 걸어 들어오게 하는 초대자"의 역할을 하고 "지리적으로 근접하지만 실제로는 서로 멀리 떨어진 주민들을, 신체적으로 직접 매개하며 마을에 평등한 정치적 경험을 생성시켜" 주는 역할을 한다고 주장한다.

김유정은 "지역 방송과 공동체 미디어의 지역성 구현"(7장)에서 지역 미디어에서 구현되는 지역성이 어떤 공간적 범주를 바탕으로 의미화되는지에 대해 논하였다. 지역 방송 제작자와 지역 공동체 미디어 제작자들에 대한 인터뷰 내용을 바탕으로 김유정은 지역 방송과 지역 공동체 미디어가 각각 구현하는 지역성의 심층 구조, 제작진들이 지향하는 지역 가치와 내용, 이들이 상정하는 지역 공동체 혹은 상상 공동체의 범주를 비교해 보려는 시도를 하였다. 그 과정에서 이들 (각각 다른 유형의) 미디어 주체들이 지역성에 대한 다양한 층위의 상상을 하고 있음을 생생하게 보여 주었다.

서미혜는 "재난으로부터 공동체 회복을 위한 미디어"(8장)에서 공동체와 미디어의 문제를 재난 상황에 대한 대처와 재난으로부터의 회복 과정이라는 맥락에서 논하였다. 이 논의를 위해 2017년 11월에 발생한 포항 지진 사태를 다룬 미디어 기사를 분석하였다. 포항이라는 지역 공동체가 재난으로부터 회복하는 과정에서 지역 미디어가 어떤 역할을 하고 있는지, 그리고 그들이 어떤 역할을 할 수 있는지를 중앙 미디어와 지역 미디어의 내용을 비교, 분석하면서 고찰하였다. 이러한 분석을 통해 서미혜는 재난 상황에 처한 지역에서 재난에 대한 정보를 지역 내에 공유하고, 재난 대처에 필요한 지역 내 가용 자원을 찾아내고, 재난과 연관된 이슈에 대해 지역 구성원 간의 논의를 활성화하고, 그에 대한 합의를 이끌어 내어 불필요한 갈등을 줄이면서 재난으로부터의 공동체 회복력을 높이는 데 기여하는 지역 미디어의 역할에 대해 논하였다.

최성은은 "공동체 미디어와 일상"(9장)에서 공동체 미디어에 대한 기존 연구에서 '일상'에 대한 관심이 부족했다는 점을 지적하면서 공동체 미디어와 일상의 관계를 고찰하였다. 즉 소소한, 평범한, 사소한 일상의 이야기를 공동체 미디어가 다루는 것이 공동체 미디어 실천에 어떤 의미를 갖는 것인지를 논하였다. 최성은은 특히 일상성이 배제된 채 거시 담론 이야기에만 집중하는 공동체 미디어 활동에 비판적이다. 그는 한국의 초기 대안 미디어와 공동체 미디어가 이런 경향을 갖고 있었다고 지적한다. 그에 따르면 마을 미디어가 한국 사회에 기여한 점 중 하나는 미디어에 일상을 결합시킨 것이다. 마을 공동체 미디어를 통해 "일상은 배경에서 전경으로 전환"되었다는 것이다. 그러한 전환의 효과는 사람들이 자신들의 일상이 갖는 특별한 가치를 새롭게 자각하게 되는 것이다.

정은경은 "마을 미디어는 공동체 변화에 어떻게 기여하는가"(10장)에서 서울마을미디어지원센터의 활동가로서 자신이 경험한 내용을 바탕으로 서울시 마을 미디어 활성화 사업의 (잠정적 중간) 결과를 논하였다. 지난 7년간의 마을 미디어 활동의 성과를 개인의 등장과 변화, 연대의 실천, 지역 사회 공론장 형성, 마을 미디어 지향점의 진화 등의 내용으로 구분하여 설명한다. 이러한 결과를 바탕으로 서울 지역 마을 미디어들이 주류 미디어보다 더 우월한 방식으로 우리 사회 안에 공론장을 구축할 잠재력을 가졌다고 주장한다. 그런 잠재력과 더불어 정은경은 마을 미디어가 갖는 기술적, 제도적, 사회적 한계에 대해서도 논하였다.

이 글들 각각에는 앞에서 언급한 '공동체를 위한 미디어,' '공동체의 미디어,' '공동체에 대립하는 미디어,' '미디어를 위한 공동체,' '미디어의 공동체,' '미디어에 대립하는 공동체'의 관점들이 다양한 방식으로 섞여 있다. 저자들은 모두 자신의 학문적 지향성과 관심, 경험을 바탕으로 독창적이고 흥미로운 논점들을 제시하였다. 각각의 글들이 고유한 문제의식들을 제기하고 있지만 10편의 글을 관통하는 공통된 인식들도 있다. 가령 이런 것들이다. 미디어와 공동체는 원래부터 복잡한 현상인데 그것들의 복잡성이 더욱더 커졌다. 미디어와 공동체는 매우 익숙하고 심지어는 진부하게도 느껴지는 개념들이지만, 가까이 들여다보면 사실 매우 낯선 개념들이기도 하다. 공동체와 미디어라는 개념들은 대개 긍정적인 의미를 지닌 것으로 사용되지만, 그것들이 갖는 배타성을 간과하면 안 되고, 그것에 대한 기대의 많은 부분이 허상일 수 있다는 것도 잊지 말아야 한다. 공동체와 미디어 모두 새로운 사회 변화 속에서 새로운 개념화가 필요하다. 미디어와 공동체 각각에 대한 재개념화와 더불어서 미디어와 공동체가 어떻게 만나는지에 대한 (재) 이론화도 필요하다. 새로운 이론을 바탕으로 미디어와 공동체가 만나는 방식에 대한 새로운 (아마도 완전히 새로운) 실천 전략도 모색되어야 한다. 이 정도가 저자들이 동의할 수 있는 점들일 것이다. 서로 동의하지 않는 점들도 있다. 그것들을 찾아내는 것은 독자들에게 맡기겠다.

이 책이 나오게 된 배경에 대해 잠시 이야기해 보겠다. 한국방송학회 김영찬 회장이 '공동체 미디어' 문제를 다루는 포럼 구성을 제안했고, 학회에서 공동체 문제에 관심을 갖는 것이 뜻 깊은 일이라 생각한 내가 위원장을 맡게 되었다. 다만 포럼의 논의 대상을 공동체 미디어로만 한정한다면 공동체와 미디어가 만나는 다양한 방식들을 포괄하기가 어렵다고 생각했다. 그래서 포럼의 이름을 '공동체 미디어 포럼' 대신 '공동체와 미디어 포럼'으로 제안했다. 처음 제안받은 포럼 명칭에서 중간에 '와'를 넣은 것뿐이지만 이를 통해 미디어와 공동체가 만나는 방식에 대한 (앞에서 제시한 여섯 가지 관점을 포함하는) 다양한 관점을 포럼에서 다룰 수 있게 되었다. (책 제목은 포럼 이름과 달리 미디어를 공동체보다 먼저 놓았다. 그것은 아마도 미디어 관련 학회에서 기획한 책이기 때문일 것이다.)

포럼이 꾸려지고 미디어와 공동체 문제에 대해 국내에서 가장 활발히 활동하는 사람들이 한자리에 모였다. 학계에서, 현장에서 미디어와 공동체 문제와 관련해서 맨 앞에 선 분들이다(이런 표현을 본인들은 부인할지도 모르지만 말이다). 포럼의 구성원들이 정해지고 나서 2018년 봄과 여름에 네 차례에 걸쳐서 모임을 가졌다. 처음부터 책을 내는 것이 목적이었기 때문에 어떤 내용을 책에 쓸지에 대해 매번 두세 명씩 돌아가며 발표를 하였다. 발표 뒤에는 열띤 토론이 이어지곤 했다. 이 과정을 거쳐 총 10편의 글이 완성되어 여기 실리게 되었다. 모두 개별적으로 쓴 글들이지만, 포럼 전체의 토론을 거쳤기 때문에 저자들은 자신이 쓰지 않은 이 책의 다른 글들에 대해서도 약간씩 공동 책임감을 느낄 것이다.

이 글이 나오기까지 도움을 주신 많은 분들이 있다. 그분들을 다 열거할 수는 없지만 포럼을 구성해 주신 김영찬 한국방송학회 회장과 이종임 한국방송학회 총무이사, 포럼 장소를 제공해 주신 이주훈 서울마을미디어지원센터장, 수익성과는 거리가 먼 책을 기꺼이 맡아 주신 이리라 컬처룩 대표, 편집을 위해 수고해 주신 이여진 선생께는 감사의 말씀을 빠뜨릴 수 없다.

참고 문헌

Anderson, B. (1991). *Imagined communities*. New York: Verso.

Ball-Rokeach, S. J., Kim, Y. C., & Matei, S. (2001). "Storytelling neighborhood: Paths to belonging in diverse urban environments," *Communication Research*, 28(4), pp.392～428.

Jeffres, Leo W., Dobos, Jean, & Lee, Jae-won. (1988). "Media use and community ties," *Journalism Quarterly*, 65(3), pp.575～581, 677.

Kim, Y. C. & Ball-Rokeach, S. J. (2006). "Civic engagement from a communication infrastructure perspective," *Communication Theory*, 16(1), pp.1～25.

McLeod, J. M., Scheufele, D. A., & Moy, P. (1999). "Community, communication and participation: The role of mass media and interpersonal discussion in local participation," *Political Communication*, 16(3), pp.315～336.

Putnam, R. D. (2000). *Bowling alone: The collapse and revival of American community*. New York: Simon & schuster.

Raine, L. & Wellman, B. (2012). *Networked: The new social operating system*. Cambridge, MA: MIT Press.

Turkle, S. (2011). *Alone together: Why we expect more from technology and less from each other*. New York: Basic Books.

공동의 자리

지구, 섬, 난민 그리고 생명정치

김예란

1

“ 흔히 지역 공동체가 국가 정치 나아가 국제 정치로부터 분리된, 소규모의 순수하며 평온한 자치체로 상상되지만, 이 상상은 매우 비현실적일 뿐 아니라 탈정치화의 오류를 낳을 수 있다. 한 지역의 생멸이 지구적으로 발현되는 글로벌 상황에서 지역과 지역 공동체에 대한 사유 역시 글로벌 역동 안에서 설명되어야 한다. ”

김예란은 광운대학교 미디어영상학부 교수로 주체의 윤리학과 감수성의 사회적 실천에 대해 연구하고 있다. 서울대학교 언론정보학과를 졸업하고, 런던대학교 골드스미스칼리지에서 석사와 박사 학위를 받았다. 책으로는《말의 표정들》, 논문으로는 “우리 시대, 행복의 윤리” 등이 있다.

낯선 이와 조우

이렇게 시작을.

> 한 번이라도 가난하고 고독한 신세를 경험해 본 자는 시간이 지난 다음에도 타인의 가난과 고독을 더 잘 이해한다. 우리는 타인의 불행, 타인의 굴욕, 타인의 고통, 타인의 무력함, 타인의 죽음을 조금도 덜어 주지 못하므로 최소한 타인을 이해하는 법이라도 배워야 한다.

이 구절은 20세기 초에 활동했던 스위스 태생의 로베르트 발저Robert Walser라는 작가의 《산책자》라는 작품집에서 빌어 왔다. 그는 가난과 절망에 찬 청년기를 보내며 온갖 잡일로 생계를 이으면서 틈틈이 글을 썼다. 하지만 전쟁을 겪으며 자살을 기도할 정도로 그의 삶은 더욱 비참하고 궁핍해진다. 50세를 넘기며 스스로 정신병원에 입원한

후 절필을 선언한 그가 한 일들은 오로지 걷기, 도보 여행, 종이봉투 붙이기였다고 한다. 이 단순하고도 고통스런 서사에서 충분히 느낄 수 있듯이, 그의 삶은 무척 외로웠고 그저 홀로였다. 그럼에도 그는 최소한 — 그래, 정말이지 '최소한' — "타인을 이해하는 법이라도 배워야 한다"고 말한다. 왜냐하면 내가 타인의 불행이나 굴욕, 고통, 무력함을 조금이라도 덜어 주지 못하므로. 그만큼이나 내 삶 역시 불행하고 굴욕적이며 고통스럽고 무력하므로. 주디스 버틀러Judith Butler(2016)의 말처럼 내가 타인과 함께하지 않을 수 없는 이유는 우리는 강해서가 아니다. 나 또한 그들처럼, 그들만큼 약해서다. 우리 모두 약한 존재들이기에 공동적인 삶 안에서 함께 살아 있어야 한다.

더욱이 잘 알지 못하고 낯선 사람들일수록, 우리는 그들의 불행, 굴욕, 고통에 무감각하며 그들을 이해하고자 하는 노력에 게으르다. 또한 무감각하며 몰이해할수록, 그들에 대한 욕망과 두려움은 더욱 커진다. 호미 바바Homi Bhabha가 탈식민의 문화 풍경에서 정교하게 읽었듯이 타자에 대한 욕망과 두려움은 타자화를 추동하는 무의식적 심리 기제다(Bhabha, 1994). 이 무의식은 모순적이다. 타자를 소유하고자 하는 욕망과 피하고자 하는 두려움, 그를 획득하려는 정복 욕구와 배척하려는 차별 정서가 공존하기 때문이다. 이 모순적 심리 작용은 언뜻 중심/주변, 지배/종속 등, 힘의 위계질서로 매끈하게 구축된 듯 보이는 탈식민 체제에 복잡한 균열을 낳는다. 중심부의 자아가 주변부의 타자에 대해 느끼는 자기 모순적 환상에서 자유롭지 못하기에, 주변부의 타자를 완벽하게 지배하는 데 실패하기 때문이다. 주변부 타자와 중심부 자아 사이의 관계가 지닌 중층성과 탈구성, 이곳이 바로 바바의 책 제목《문화의 위치*The Location of Culture*》(1994)이기도 하듯, 탈식민적 문화가 위치하는 장소다. 이곳에서는 지배와 억압의 작용이 강고하기도 하지만 주변부의 저변에서 끊임없이 생성, 발동하는 도전력과 파괴력이 작동한다. 이에 상응하여, 주변부의 타자들 역시 결코 전적으로 종속적인 위치에 고착되지 않는다. 중심부의 지배자가 주변부의 타자에 대해 두려움과 욕망을 품고 있는 것과 마찬가지로, 후자는 전자를 위협하고 유혹하는 잠재력을 늘 함축하기 때문이다. 이러한 문화적 장소는 중심부의 지배력이 결코 일관되거나 완전할 수 없음을 누설한다. 그래서 호미 바바는 탈식민적 자아-타자 관계Self-Other relations를 균질적이고 단일한 지배-종속 질서로 단순화하는 방식에 반대했다. 그에게 탈식민의 자아-타자 관계란 모순적인 관계들이 복잡하게 얽혀 있으며, 그로부터 빚어지는 충돌과 균열로부터 언제나 변화가 일어날 가능성이 살아 있는 공간이다(Bhabha, 1994).

호미 바바가 그린 탈식민의 풍경은 오늘날 한국 사회를 이해할 수 있는 하나의 배경적 시각을 알려 준다. 가진 자와 덜 가진 자, 배운 자와 덜 배운 자, 누리는 자와 덜 누리는 자들 사이에 깊은 간극과 충돌이 작동하는 상황은, 정도의 차이는 있지만, 우리의 일상에서 전혀 낯설지 않은 현실이다. 그 간극과 충돌이 극단적으로 나타나는 계기들 중 하나는 이방인과의 조우다. 이방인, 특히 '보통'의 한국인들(그렇지만 보통이란 과연 무엇이란 말인가, 이른바 '한국인'이라는 이름 안에서도 이처럼 수많은 차이와 대립이 난무한 상황에서!)보다 더 불행하고 굴욕적이며 고통스럽고 무력한 위치에 더욱 취약한 이방인들은 한국 사회에서 더욱 지독하고 부당한 곤욕과 고난을 겪곤 한다. 특히 난민처럼 어떠한 국가적 이름을 지니지 못한 채 떠도는, "아무도 아닌"(황정은, 2016) 이들은, 자신의 무정형성과 무정의성無定義性으로 인해 더욱 격렬한 충돌과 갈등에 휘말리게 된다.

'국제 자유 도시'의 명과 암

현실적으로 '공동'은 '같이 있음,' 혹은 '함께함' 같은 자유롭고 조화로운 이상이 아니라 법, 행정, 경제, 사회문화적인 질서들에 의해 승인되고 규제되어야 하는 대상이다. 현대 국가는 익명의 덩어리 같은 사람들을 구분, 명명, 규정하는 엄격하고 체계적인 '정상화normalising' 질서가 구축, 작동됨으로써 "사회가 보호되어야 한다"는 원칙 위에 서 있다(Foucault, 2003). 그 질서에 의해서 정상과 비정상이 구분되며, 정상화 질서에서 인정된 가치들만이 공동적임의 경계 안에 안전하게 포함될 수 있다. 이 점에서 정상화 작용은 국가 안보, 사회 안전, 시민 보호라는 절대적 사명을 구체화하여 실행하는 통치 기술의 일환이다(Foucault, 2003).

그렇다면 자신이 떠난 한 국가와 새로 도달한 낯선 국가 중 어느 한 곳에도 속하지 않는 난민은 과연 누구일까, 그들이 누구라고 누가 어떻게 정의할 수 있을까? 난민은 정체를 정의 내리기가 불가능하다는 의미에서 무정형과 무정의의 존재다. '공동'이라는 소속감을 규정하는 법적, 정치적, 사회적 범주에 잘 맞아 떨어지지 않기에, 난민은 정상화 체계 안에서 줄곧 곤란한 존재로 취급된다. 국제적으로는 인류애라는 거창한 슬로건 안에 포용된 듯 보이지만 실상 자국의 이익을 우선으로 하는 개별 국가 안에서 난민이란 대체로 성가신 사람들로 여겨질 뿐이다. 일반적으로 난민에 대한 인도주의란 보편적인 원리가 절대적인 가치를 획득하는 듯하지만, 그래서 먼 나라에 나타난 난민에 대해선 얼핏 연민하고 공감할 수 있을지라도, 막상 그들이 '우리나라'에 당도했다면 사정은 달라진다.

무정형과 무정의의 존재들이라 할지라도, 난민이 그냥 떠도는 방랑자로 살아갈 수 있는 것은 아니다. 난민 자체가 되기 위해서도 별도의 요건을 갖추어야 하고 그 충족 여부에 대한 일정한 심사 절차를 통과해야 한다. 가령 '유엔 난민의 지위에 대한 협약'에 의하면, 난민으로 승인받기 위해선 애초의 국적을 부여받았던 나라에서 "인종, 종교, 민족, 특정 사회 집단의 구성원 신분 또는 정치적 의견"을 이유로 "박해"받으리라는 "공포"로 인해, 자신의 나라로 돌아가는 일을 원하지 않거나 돌아갈 수 없는 사람들임을 증명할 수 있는 '충분한 근거'를 갖추어야 한다("유엔 난민의 지위에 대한 협약," 김지석, 2018a 참조).

한국은 아시아에서 처음으로 1992년 유엔난민협약에 가입했지만 2013년에서야 처음으로 난민법을 시행했다. 한국에서 난민 지위를 인정받기는 매우 어렵다. 1994~2017년 동안 한국에서 3만 2733명의 난민 신청자 중에서 난민 지위를 인정받은 사람은 겨우 792명(2.4%)으로 유엔난민협약 가입국 전체 난민 인정률(36.4%)의 10분의 1도 되지 않는다(김지석, 2018b). 2018년에 들어서며 난민 신청자 수가 두 배 이상 급증했지만 그 실질적인 효과는 여전히 미미하다. 한 보도 내용에 따르면 2018년 1월부터 5월까지 난민 신청을 한 외국인은 7737명으로 지난해 같은 기간 3337명의 두 배가 넘지만 특히 현재 관심의 대상이 되고 있는 제주에서 난민으로 인정된 신청자는 탈북자를 제3국으로 이동할 수 있도록 도운 중국인 선교사 단 한 명이었다(구자창, 2018).

이처럼 실질적으론 한국 사회에서 거의 주목을 받지 못했다. 때론 아시아에서 처음으로 유엔난민협약에 가입했다는 사실 자체에 일종의 자부심까지 느꼈던 상황에서 난민 문제가 사회적 사안으로 부상하게 된 계기는 올해 561명의 예멘 난민 신청자들이 제주도 앞바다에 나타난 사건에서 비롯한다(강성현, 2018). 제주도에 나타난 예멘 난민 신청자들은 '공동'이라는 이상이 현실적으로 지니게 되는 복잡성을 자명하게 보여 준다. 그들은 여러 면에서 특수성을 지닌다. 우선 난민 신청자라는 위치성의 특이함이다. 그들은 본래의 국적을 버렸지만 새로운 국적은 아직 획득하지 못한 비국민이다. 지구 위에서 가장 보편적이라 할 수 있는 국가 범주로부터 이탈한 사람들이란 뜻이다. 따라서 난민은 어디에도 속하지 않는다. 어디에도 속하지 않는 사람이란 어쨌거나 보통과 다르다고, 이상하다고 여겨진다. 더욱이 주의할 점은 그들의 탈소속unbelonging이 어디로든 갈 수 있고 환대가 기대되는 유목적 자유가 아니라 어디로든 가야 하며 배척이 당연시되는 강제적인 부유라는 사실이다.

또한 탈소속의 강제성과 연관되기도 한 문제로, 그들의 법적 탈소속의 지위와 상충되게도 난민의 공간적 경계는 절대적으로 폐쇄적이고 억압적이다. 예멘 난민들이 제주도에 머물 수 있게 된 이유는 주지하듯이 제주도가 2002년부터 '제주특별자치도 설치 및 국제 자유 도시 조성을 위한 특별법'에 따라 무사증 제도를 운영하기 때문이다. 이

법에 따르면 외국인은 관광을 목적으로 무비자로 입국하여 30일 동안 체류가 가능하다. 올 들어 5월 말까지 제주에 들어와 난민 신청을 한 예멘인 500여 명도 이러한 무사증 제도를 이용했다(박미라, 2018). 마찬가지 이유에서 난민 신청자들이 한반도에서 임시적으로나 머물 수 있는 유일한 지역은 사증이 없어도 거주가 인정되는 제주도뿐이다. 제주도가 무사증 제도를 실시하고 있기에 비자가 없는 예멘인들이 제주도에 난민 신청을 위해 머물 수 있게 되었지만 이는 곧 그들이 제주도를 벗어난 어느 곳에도 갈 수 없음을 뜻하기도 한다.

이른바 '국제 자유 도시'를 표방하지만 이 '자유'에는 법률과 규칙으로 엄밀하게 짜인 내외적인 경계가 철저히 구축되어 있음을 알 수 있다. 우선 무사증 입국의 자유가 허용되는 국가는 제한적이다. 이란과 수단, 시리아 등의 국가들에 올해 6월부터 예멘이 추가되어 총 12개국으로 흔히 여러 이유로 해서 '문제적'이라고 알려진 국가들은 제외되어 있다. 또한 제주 안에서도 자유롭게 이동하는 난민 신청자들의 존재는 매우 위험스럽게 인식된다. 특히 난민 보호소나 일정 장소에 그들의 신체가 갇혀 있다면 그나마 안전하겠지만, 길을 활보하거나 주택 임대료를 낼 자금이 떨어져 노숙할 위험에 처한 난민 신청자들은 매우 위험하다는 식의 공포심이 표출된다. 이들에 대해선 "길거리에 나오고" "길거리에 나앉기" 시작한 난민 신청자들이라고, 인간다움의 신체적 존엄을 박탈하는 어구까지 동원된다(여성국 · 이태윤, 2018). 길을 떠다니는 위험한 몸들이 된다면 제주도민과 갈등을 일으킬 소지가 더 커지므로 당장 가해져야 하는 '선제적'(김상훈, 여성국 · 이태윤, 2018에서 재인용) 처치가 이들을 어디에든, 거리에서 더 이상 보이지 않게 차단하는 방법으로 제안

된다. 그 대처 방식이 보다 인도적인 입장에서 "빈 공공시설에 임시 거처"를 마련하는 식이든(설동훈, 여성국 · 이태윤, 2018에서 재인용), 난민 반대자들이 난민 찬성자들을 비난할 때 자주 사용되는 무책임한 어구처럼 "(그렇게 좋으면) 당신네 집"에 머물게 하든, 난민 신청자들이 공공의 개방적인 공간에서 제거됨으로써 '우리'의 사회적 공간에서 완전히 분리되어 감금되어야 한다고 주장된다. 이처럼 제주도는 예멘 난민 신청자들이 유일하게 정착할 수 있는 가능의 땅일 뿐 아니라 그들의 어느 땅에서이든 정착 가능성을 안팎에서, 제도적으로든 심리적으로든, 제한하고 금지하는 훈육의 땅이기도 하다.

셋째 난민 신청자들이 도덕적으로 평가되면서 더럽고 무섭고 게으른, 한마디로 '비정상적'인 존재로 인식된다. 이 시각은 난민 반대 입장뿐 아니라 난민 지지 입장에서도 공통적으로 발견된다. 난민법 폐지가 불가하지만 국민의 안전을 한층 더 충실히 도모하겠다는 의도에서 박상기 법무장관은 "'허위 난민'의 입국을 막기 위한 심사를 강화"할 뜻을 밝혔다.[3] 이 내용은 "박해 사유는 물론 마약 검사, 전염병, 강력범죄 여부 등을 엄정히 심사"하는 계획으로 구체화된다(박경준, 2018). 난민에 대해 찬성하든 반대하든, 난민들이 마약, 전염병, 범죄 등 신체적, 정신적, 사회적인 '악'과 근접 · 노출되어 있으며 그에 전염되었

[3] 이 내용은 2018년 8월 1일 박상기 법무장관이 청와대 SNS 프로그램인 〈11시 50분 청와대입니다〉에 나와 "제주도 불법 난민 신청 문제에 따른 난민법 무사증 입국 난민 신청 허가 폐지 및 개헌을 청원합니다"라는 제목의 청와대 국민 청원에 대해 제시한 답변 내용이다. 해당 청원은 지난 6월 13일에 청와대 국민 청원 홈페이지에 올라와 닷새 만에 청와대 공식 답변 요건인 '한 달 내 20만 명 이상 참여'를 충족했다(박경준, 2018).

을 가능성이 높다는 전제가 깔려 있는 것이다(이유진, 2018). 포털 사이트에 보도된 이 기사에 대해 한 시민은 정부의 대응 방식에 반대하는 뜻에서 "북한 〉 난민 〉 국민~! 국민은 세금 뜯어내는 봉이야! 뜯어다가 북한한테 퍼 주고, 난민 복지 챙겨 주고……"라고 대꾸한다. 이러한 식의 담론 구조에서 국민과 난민 그 사이의 북한 혹은 난민과 허위 난민이 구분된다. 이 구분들에서 국민이 건강하고 건실하며 도덕적임에 반해 난민은 부도덕하고 허약하며 위험한 존재들로 간주된다.

넷째, 예멘과 한국과의 관계에 관한 역사성 맥락이 지닌 특수성을 고려할 수 있다. 난민 문제가 본격화된 유럽의 경우에는, 지금의 난민 문제는 자신들이 과거에 추진했던 제국주의, 식민주의, 전쟁의 역사와 밀접하게 관련되어 있다. 유럽의 제국주의가 이끈 정복과 폭력의 역사는 유럽과 과거 식민지 국가들 사이에 애증의 상호 관계를 형성해 왔다. 난민은 본국에 현존하는 위협을 피하기 위해 과거의 지배자, 즉 과거에 자신을 침탈했지만, 그러한 억압과 증오의 관계일지언정 역사적으로 긴밀하고 어쩌면 다른 낯선 지역의 국가들보다는 친숙한 유럽의 국가들로 이주를 하는 편이다(김지석, 2018a). 이에 비해 한국과 예멘 사이에는 역사적으로 축적된 실질적인 상호 관계가 희박하다. 무슬림도 이슬람도, 한국 사회에서는 호오의 실질적인 입장 자체가 만들어지기 어려울 정도로 낯설고 모르는 존재들이다. 적어도 이 글을 쓰고 있는 나는 예멘인을 만난 적이 한 번도 없으며 예멘의 사회나 문화에 대해서도 거의 전혀 아는 바 없다. 이처럼 무지와 몰이해의 상황 속에서 갑자기 맞닥뜨려진 만큼 미디어의 피상적인 이미지와 담론이 타자에 대한 대중적인 환상이 형성되는 데 더욱 큰 효과를 발휘한다.

그들이 누구인지는 관심도 없고 중요하지도 않다. 오로지 '우리'가 아닌 다른 자들이므로 싫고 무섭다는 감정이 두드러질 뿐이다.

다섯째, 정확한 지식과 경험의 결여와 더불어 급증하게 번식하는 난민 담론 속에서, 타자에 대한 환상은 더욱 강화될 뿐 아니라 그들에 대해 특정한 상징적·물리적 영향력을 미치는 정동의 사회적 효과를 낳는다. 사라 아메드Sara Ahmed(2014)의 정확한 해석처럼, 이미 특정한 집단이 있어 그들을 사실적으로 반영하는 언어와 이미지가 구성되는 것이 아니라 그 역의 과정을 거친다. 즉 타자에 대한 공포, 혐오, 불안 등의 부정적 정동이 생성·확산되고 구체적인 언어로 응결되며, 이러한 담론들이 특정한 몸들에 응착됨으로써 비로소 공포, 혐오, 불안의 대상으로서 특정하게 타자화된 '그들'이 만들어진다. 제주도의 예멘 난민 신청자들도 이러한 정동 작용에서 자유롭지 못하다. 그들은 처음부터 '우리'와 다르다고 규정되는 것에서부터 모든 것이 출발한다. '그들'이 과연 누구인지, 어떠한 상황인지를 투명하게 이해하려는 환대어린 태도 대신 애초부터 오로지 혐오와 공포의 대상으로 규정되는 것이다. 이에 덧붙여 예멘에 대해 어렴풋이 떠도는 부정확한 정보들이 그러한 정동을 더욱 부추기는 꽤나 그럴듯한 과학적인 근거로 활용된다. 이를테면 이슬람인들은 성관념이 문란하다, 아동에게 스스럼없이 성폭력을 가한다, 특히 예멘은 이슬람 표준어를 쓰지 않기 때문에 의사소통이 어렵다(이슬람 표준어를 쓴다면 마치 쉽게 대화를 할 수 있다는 듯이!)는 식의 말들 속에서 예멘인들은 그저 '위협적인 괴물'로 만들어진다. 이 같은 예멘인들에 대한 정동의 사회적 작용은 제주도에 실재하는 500여 명의 구체적인 사람들에 대한 직접적이고 실제적인 이해를 막고, '우리'와 '그들'을 차단하는 이념 장벽을 구축한다.

한편 예멘 난민 신청자들에 대해서 어떤 긍정적인 환상이 형성되는가? 주로 난민 신청자 지지 입장에서 제기된 변론으로서, 인구 감소로 위기에 처한 한국 경제를 뒷받침하기 위해선 외부로부터 인구 유입이 필요하며 이때 난민들은 중요한 인적 자원이 될 수 있다는 식의 견해가 제안된다. 더군다나 2018 모스크바 월드컵에서 승리한 프랑스 축구팀의 구성을 보라. 이들은 모두 이주민의 후예들로서, 이처럼 다양한 사람들이 뭉쳤을 때 기적과 같은 승리의 팀워크를 이룰 수 있었던 것이다 등등. 그러나 이러한 타자에 대한 욕망은 궁극적으론 나의 생존, 지지, 발전을 위한 도구로서 타자를 인식하고 활용하는 논리에 다름 아니다. 20여 년 전부터 농촌 인구 증식을 위해 활성화되었던 국제결혼이 인구 재생산을 위한 여성 육체에 대한 필요와 욕망이었다면 도구주의적인 난민 찬성 담론은 노동력 증식을 위한 남성 육체에 대한 필요를 노골적으로 드러낸다. 난민 신청자에 대한 찬성과 반대, 두려움과 욕망은 모두 공통적으로 타자를 자신의 안전한 생존이라는 목표에 유용하거나(찬성하는 자의 욕망) 적대적인(반대하는 자의 두려움) 존재로 대상화하고 평가하는 입장에 근거한다.

여섯째, 예멘의 난민 신청자들은 한국 사회의 상징 체계 안에 어떻게 위치하고 있는가? 자신을 설명하고 자신의 입장에 대해 발언할 수 있는가? 즉 가야트리 스피박Gayatri Spivak의 표현대로, 이 이방인 "서발턴들은 말할 수 있는가?" 이들은 한국 사회에서 자신을 말할 수 있는 어떠한 언어나 통로를 소유하지 못했다. 그들을 공격하고 비난하는 다수 대중에 의해 잘못 말해지거나, 기껏해야 그들의 입장을 대변하는 시민 단체들에 의해 말해질 수 있을 뿐이다. 우선은 그들은 한국어를 못하므로 거의 대부분의 한국인들과 직접적인 의사소통이 불가하다. 심지어 그들의 난민 심사 진행을 돕는 통역자들까지도 예멘의 이슬람어를 제대로 이해하지 못해 왜곡된 내용으로 심사 보고서를 적는 사고까지 빈번하게 일어난다(조효석, 2018). 예컨대 예멘에서 안정된 삶을 누리다가 정치적 이유로 예멘반군에게 학대를 받아 고향을 탈출한 한 난민 신청자에 대해서는 돈을 벌기 위해 한국에 왔다는 식의, 가장 통속적이면서도 한국 사회에서 난민을 반대하는 주된 구실로 동원되는 경제 요인이 난민 신청의 동기로서 오기된다. 난민 반대자들이 난민법 폐지를 주장하고, 현재 제주도에 머무는 난민 신청자들에 반대하는 이들이 집회를 열고, 청와대 청원을 하고, 소셜 미디어를 활용해서 자신의 입장을 주장하는 데 반해, 난민 신청자들은 일방적인 침묵을 강요받는다. 난민 지지자들이 이들을 대변하고자 하지만 사회 전반적으로 반대 여론이 지배적인 만큼 이들의 영향력은 미미한 수준이다. 근본적으로 기껏해야 자신에 '대해' 대변될 뿐 스스로 자신'을' 말하지는 못하는 난민들의 소외된 담론 위치는 개선되지 않고 오히려 더욱 악화된다. 이처럼 전적으로 자국 중심적인 소통 구조에서 난민들은 언론, 소셜 미디어, 인터넷 등을 독점한 한국인들에 의해 일방적으로 포획된 후, 위협적인 존재로 대상화된다. 다음은 한 사회의 소통 체제에서 소외된 나머지 부재하며 비가시화된 존재인 예멘 난민 신청자들이, 다층적인 미디어 작동 안에서 '적'으로 구성되는 담론적 실제를 살펴보기로 한다.

난민을 둘러싼 미디어 전쟁

앞에서는 한 국가 통치 체제 안에 물리적으로 포함된 무정형과 무정의의 존재들이 혐오와 위협의 기호로 대상화되는 현상을 살펴보았다. 이어서 난민 심사 같은 국가 제도로부터 시민 단체와 언론의 여론전, 대중 담론의 도덕적 판정에 이르기까지, 난민을 적으로 규정하고 전쟁을 벌이는 인종주의가 사회적으로 확산되는 과정을 언론 보도, 인터넷, SNS 등의 미디어 담론 분석을 통해 파악한다.

이를테면 '국민이 먼저다'라는 이름의 인스타그램 사이트를 보면 제주도의 난민 신청자들을 '가짜 난민'으로 부르면서 이들의 추방을 주장하는 이미지들이 자주 등장한다.[4] '진짜' 난민과 '가짜' 난민을 구분하는 기준은 무엇이고 누가 그것을 감히 결정할 수 있을지에 대한 성찰적 고민은 찾아보기 어렵다. 진짜 난민과 가짜 난민 구분의 필요성에 대한 주장은 일면 논리적이라고 느껴질 수 있지만 이들의 주장을 조금 더 꼼꼼히 살펴보면, 진짜와 가짜의 구분 필요성 논리는 실상 난민 전체를 통틀어 비난하기 위한 핑계임을 알 수 있다. 이들 주장에 따르면, 난민 신청자들은 난민의 지위에서 누릴 수 있는 혜택을 받아채가는 거짓말쟁이고 사기꾼이다. 종국에는 지금의 난민 신청자가 난민, 이어 이슬람 전체로 동일시되면서 한국인들을 획책할 파렴치하고 더러운 인간들로 간주되고 만다.

4 https://www.instagram.com/explore/tags/%EA%B5%AD%EB%AF%BC%EC%9D%B4%EB%A8%BC%EC%A0%80%EB%8B%A4/

이러한 관찰 내용을 바탕으로, 현재 난민 신청자 갈등을 둘러싸고 일어나고 있는 미디어 작용의 특징을 보다 세심하게 살펴보도록 하자. 핵심 사안은 한 지역에 폐쇄적으로 배치된 한 인종 집단이 그들을 배타적으로 소외시킨 한 국가의 미디어 작동에 의해 특정한 방식으로 형성되고 작동되는 방식과 관련된다. 즉 인류 '공동체,' 국가 '공동체,' 지역 '공동체'라는 아름다운 이상 안에서, 지역-인종-국가-국제라는 상이한 이해관계의 범주들이 접합하고 충돌하는 현실에 대한 물음이다.

난민 반대 입장은 동원 가능한 모든 미디어를 적극적으로 활용하고 있다. 한국인의 일반적인 일상에서 물리적으로 고립된 난민들이고 그에 대한 직접적인 경험이 부족한 상황이므로 미디어가 예멘 난민 신청자에 대해 사회적 정보와 의미를 형성하는 거의 유일할 뿐 아니라 강력한 수단이 된다. 우선 물리적 공간에서 몸들이 수행하는 집회는 집합적 몸들 자체가 미디어로 작동하는 현장일 뿐 아니라 미디어 보도를 통해 사회적 주목을 끌 수 있는 효과적인 미디어 이벤트이기도 하다. 집회는 전적으로 한국인 중심이고, 그중에서도 난민 반대자들이 주도적이다. 예를 들어 이름만 언뜻 보면 난민과 외국인을 '위한' 단체들로 오인되기 쉽지만 사실은 그에 정반대 입장을 주장하는 '불법 난민 신청자 외국인 대책 국민연대'와 이들에 반대하는 단체, 즉 난민 지지 단체인 '난민반대에 반대하는 사람들'이 올해 6월 30일에 동시 집회를 여는 사례가 있었다(구자창, 2018). 그렇지만 여름 동안 전국 곳곳에서 난민 신청자 혹은 '가짜 난민' 반대 집회가 열리거나 열릴 예정이고, 미디어를 통해 접할 수 있는 지배적인 여론은 난민 신청자를 반대하는 입장으로 파악된다.

이러한 미디어 전쟁들에서 인종 및 지역 공동체, 국민, 세계 등 지역/세계, 특이성/보편성 등의 범주가 갈등적이며 보수적인 질서로 재구성되고 있음을 발견할 수 있다. 당시 문재인 대통령 후보의 선거 슬로건이었던 '사람이 먼저다'를 비꼬며, 청와대 국민청원 사이트에서부터 일베를 비롯한 보수 사이트에 이르기까지 인터넷과 SNS는 '사람이 먼저다(X), 국민이 먼저다(O)'라는 주장이 넘쳐난다. '국민'과 '사람'을 대비하면서 사람에 대비해 국민을 우선하는 국가주의적인 괴변들에 적잖은 대중이 호응하고 있다. 굳이 코스모폴리터니즘이라는 거창한 단어를 들먹이지 않더라도 모든 '사람들'을 평등하게 대하는 인도주의 정신을 세계 시민의 덕목이라고 생각해 왔던 당연시된 믿음이 깨진다. 국가주의의 입장에서 '사람'이 '이 국민(예컨대 한국인)'과 '저 국민(예컨대 예멘인)'이 구분되고, 각각이 선악, 우열, 정오正誤의 잣대에 따라 대치된다. 난민 반대 시각에서 한국 '국민'들은 선, 우등, 옳음의 위치에, 예멘으로부터 난민의 지위를 신청하기 위해 온 '사람'은 악, 열등, 그름의 위치에 당연한 듯 배치된다.

둘째, 그렇다면 왜 예멘 난민 신청자들은 나쁘고 부족하며 잘못된 사람들인가? 즉 하나의 인종 집단을 정체화identify하고 평가하는 범주는 무엇이며 이 범주는 국가와 세계라는 범주들과 어떻게 교접하는가? 우선 종교적 이유가 제시된다. 그들은 우리와 다를 뿐 아니라 장차 한국을 이슬람화하기 위해 접근하는 악의 무리들이기 때문이다. 이슬람은 성질서가 문란하고 전투와 정복의 야욕에 점철되어 있으며 산아 제한을 하지 않으므로 점차 한국은 이슬람인들로 들끓게 되리라는 식의 두려움에 찬 환상이 넘쳐난다. 종교 문제뿐 아니라 보다 현실적인 문제도 거론된다. 그들은 한국 국민이 낸 세금, 의료보험료 등의 공적 자금을 당당하게 공짜로 취한다. 그 아이들에게 주는 아동 수당의 비합리성은 고사하고, 심지어 제주도에서 한 눈에 봐도 예멘 난민임에 분명한 이들이 수십만 원어치는 될 법한 치킨과 음료수를 사들고 있었다 등등. '그들'은 그저 '우리'의 귀한 자원을 약탈해가는 비열하고 악랄한 사람들로 그려지는 것이다. 이렇듯 종교, 경제, 사회적인 범주들이 특정 인종을 규정짓는 기준으로 채택되면서 한국 사회에서 비정상적이고 위협적인 집단으로 낙인찍는다. 미국의 9·11 사태 이후 이슬람인들이 미국의 '안보'를 위협하는 위험 분자들로 간주되었듯이(Clough, 2018) 예멘 난민 신청자들은 마치 한국을 침탈하기 위한 전위 부대의 요원들인 양 다루어진다. 소셜 미디어 인스타그램에 포스팅된 한 이미지 슬로건에 따르면 이슬람인들의 침입은 "고작 500명이 아니라 500명에 의해 시작되는 것"이라고 주장한다. 이른바 세계 시민이라는 허위적 이상을 버리고, 이 다가오는 적에 대해 강경하게 대처하는 것이 진정한 인간의 도리이자 국가의 정치적 책임이라고 강조한다.

이 노골적인 난민 반대 주장은, 그러나 그 겉모습과 달리 평등하고 조화로운 한국인의 번영을 지향하지 않는다. 실제론 한국 사회에 내재한 차별 질서를 전제로 하고 있고 이를 더욱 강력하게 재생산한다. 우선 난민 반대자들은 거룩한 도덕론을 외친다. 즉 난민을 먹여 살릴 돈이 있을 때 더위와 궁핍에 찌들어가고 있는 한국인 빈민을 도우라는 식이다. 한국 여성 안전을 도모하고자 하는 정의의 담론도 흔히 발견된다. 한국 남성에 의해 발생하는 성폭력에 대해 침묵해 왔던 것과 달리, 예맨 난민 신청자들에게 있어선 이들 대부분은 남성이며 이들이 저지를 수 있는 (아니 저지를 것이 분명할) 성폭력 범행으로부터 한국 여성과 아동을 보호하자고 외친다.[5]

이러한 국가주의 담론들은 실상 한국 사회 내외부를 이중으로 차별하는 논리를 품고 있다. 우선 한국인과 예멘인을 구분한다. 이어 한국 사회 내부의, 그간 무책임하게 방치되어 있던 한국인 약자를, 예멘인을 공격하기 위한 구실로 들먹인다. 이 논리에서 한국인 약자는 또 다른 약자인 난민을 공격하기 위한 수단으로 악용된다. 진실로 한국인 약자를 위해서가 아니라, 이방인 약자를 공격하기 위한 편의적 이유에서 한국인 약자를 소환할 따름이다. 예멘의 난민 신청자와 한국인 약자 사이의 관계는 탐욕스런 인간이 가지고 노는 새총의 놀잇감이 된 힘없는 새(예멘 난민 신청자)와 그것을 공격하기 위해 쓰이는 돌멩이(한국인 약자) 사이의 그것과 같다. 그때그때의 필요성에 따라 각자 상이한 요인들 때문에 약자화된 사람들이 서로를 공격하기 위한 대상과 수단으로 선택되는 잔인한 게임이 벌어진다. 한국–남성–성인 중심으로 구축된 중심적 위치가 당연한 듯 설정되고 그 외의 집단들은 주변화되면서 주변부의 약자들끼리의 싸우도록 하는 질서가 구축된다. 이 잔인한 게임의 장에서 중심의 논리('한국인 성인 남성'으로 대별되는 국가 안보 및 국민 안전)에 따라 하나(예멘인 남성)가 다른 하나(한국인 여성과 어린이)를 공격하

5 난민과 젠더 관련 담론은 실상 조금 더 복잡한 양상을 띤다. 난민을 위한 인권운동가는 예멘 난민의 인권 보호를 주장하면서 난민 반대 인식에는 남성 혐오 감정이 드리워져 있다고 말한다. 젠더 시각, 특히 여성이 남성을 혐오하는 잘못된 인식이 난민의 인권을 침해한다는 근거 없는 주장이 제시되는 것이다. 이 경향은 반여성주의적이거나 적어도 젠더 감수성을 결여한 진보 정치 인식의 한계를 시사한다.

는 위험 요소로 명해지고 후자를 보호하기 위해 전자를 멸하는 이중적 타자화의 폭력이 정당화된다.

'공동'의 정치성

제주도에 머무는 예멘 난민 신청자들을 둘러싼 사회적 갈등은 공동체와 미디어에 대해 탐구하는 우리들에게 어떤 시사점을 안겨 주는가.

첫째, 어떠한 지역성locality도 사회 전체 — 그 사회는 한 국가 단위의 사회일수도 있고 더욱 넓게는 국제 사회일 수도 있다 — 의 권력관계로부터 자유롭지 않다. 오히려 한 지역은 지구나 한 나라의 갈등을 집약적으로 포괄하면서 이를 함축적으로 응결하여 표현하는 연합체assemblage다. 따라서 지역성 혹은 지역의 공동체성의 개념에는 본연적으로 정치성이 내재되어 있다. 더욱이 나날이 지구화의 환경에서 지역의 정치성은 국제적인 차원에서 심화되는 욕망과 갈등의 관계 작용에 매우 복잡하게 접합되어 있다.

현재의 난민 사태를 계기로 제주도는 여러 갈등적인 요소들이 중첩, 상충되는 지역성을 현실화하고 있다. 우선 (한반도라는) 국가 영토의 고정적 물질성과 (난민의) 떠도는 사람들이라는 불안한 신체성이 대비된다. '국제 자유 도시'로 표방된 글로벌 자본주의의 이념과 그 안에 종속적으로 '감금'된, "벌거벗은 생명"(Agamben, 1998)이 대조된다. 또한 박상기 법무장관이 난민법 폐지가 어려운 이유로 "우리나라의 국제적 위상과 국익"을 고려해야 한다고 밝힌 데(이민정, 2018)에서 알 수 있듯이,

국가의 명예를 높이려는 통치자의 욕망이 한편에 있다면, 다른 한편에는 그들을 거부하고 자신의 생존을 지켜야 한다는 대중적 욕망이 존재한다. 이처럼 상충된 욕망과 필요가 제주도라는 구체적 지역성과 겹쳐지면서, 그간 한국 사회가 지닌 모순적인 욕망들의 본연적 속성이 적나라하게 드러난다.

둘째, 공동체는 순수한 단일체가 아니다. 예멘 난민 신청자의 찬성 내지 반대 담론들의 갈등 관계에서 살펴보았듯이 인종, 젠더, 종교, 연령, 경제 등의 영역에서 구축된 규범적 범주들이 인종· 지역· 국가 공동체를 교차적으로 관통하며, '하나'라고 통칭되던 어떠한 집단을 정치적 복합체로 구체화시킨다. 예컨대 예멘 난민 신청자들은 예멘으로부터 온 난민 지위를 신청하기 위한 사람들이라는 단순한 구절로 설명하기란 불가능하다. 예멘이라는 국가의 정치· 경제적 성격, 그들의 신앙인 이슬람교, 이슬람 세계 안에서도 복잡한 예외성을 지닌 언어와 민족성, 난민 대부분이 지닌 남성이라는 젠더성, 한국 사회에서 불가피하고 부당하게 부여된 하층민이라는 계급성, 그들이 개인적이고 집단적으로 겪은 역사적 경험, 일상적인 문화 등 다양한 요소들이 기입된 복잡다단한 존재인 것이다. 마찬가지로 한국인이라고 통칭되는 정주적 국민 역시 남성과 여성, 성인과 어린이, 중산층과 빈민과 같은 집단들로 세분되는 동시에 자의적인 질서로 뭉쳐지면서 예멘 난민 신청자들을 거부하는 '국민'으로 실체화된다. 궁극적으론 세분화된 요소들이 서로 대비되고 마찰을 빚으면서 가장 보편적 범주인 세계 시민 공동체라는 가치를 공격할 수 있는 그럴듯한 현실적 근거로까지 강화된다.

또한 한국인과 예멘 난민 신청자라는 각 집단성은 본래적으로 지닌 본질이기보다는 서로가 만나면서 상호적으로 형성된 집합성이다. 즉 한국인이든 예멘인이든 특정한 자아의 정체성이 만들어지기 위해선 타자, 보다 정확하게는, 타자와의 만남과 관계가 필연적이다. 누구이든지 간에 혼자서 그 '누구'가 될 수는 없다. 이 점에서 타자는 자아가 형성되기 위해 필연적으로 요구되는 '형성적 타자constitutive other'다(Hall & Maharaj, 1999). 이러한 주체 형성에 있어서의 타자의 필연성에도 불구하고 외부에서 흘러들어 온 가난한 그들은 부인되고 배척된다. 부인과 배척의 자아-타자 관계성 안에서 자아는 타자를 거부하는 자아, 국가주의적이고 민족주의적인 자아로서, 결핍적이며 기형적인 존재가 되지 않을 수 없다.

셋째, 난민과 국민의 위계질서는 국가주의적인 미디어 체제에 그대로 반영되고, 현실 질서와 담론 질서는 동질화된다. 공간, 접근 통로 등 미디어 체제를 구성하는 물적 요소로부터 언어, 지식, 정보 등 상징적 요소에 이르기까지 모든 면에서 열등하고 불리한 위치에 배치된 난민은 한국 국민을 우선하는 차별적 담론 구조에서 근본적으로 소외되고 억압당한다. 예멘의 난민 신청자 사안은 담론과 미디어 구조가 국가주의적이고 인종주의적인 사회적 질서와 얼마나 긴밀하게 연동하는지, 그 안에서 얼마나 극단적으로 한 인종 집단(한국인)이 담론 체제를 독점하는 반면 다른 인종 집단(예멘인)은 차단되는지를 극명하게 보여 준다. 예멘인은 언어, 미디어, 채널, 텍스트 등 사회적인 소통이 가능하도록 만드는 커뮤니케이션 요소들의 어느 한 가지도 가지지 못했다. 이에 비해 한국인, 특히 난민 신청자 반대자들은 언어, 미디어, 채널, 콘텐츠 나아가 광장에 이르기까지 독점적인 지배력을 가지고 자신의 입장을 주장하고 확산하는 데 거리낌이 없다.

넷째, 불안과 공포를 두드러지는 정동 네트워크가 전 사회적으로 구성되고 있음을 발견할 수 있다. 난민 반대 담론에서 예멘 난민 신청자들에 이미 잠재한 현실적 복잡성들이 '열등하고 위험한 악'으로 추상화되며 절대성을 확보하게 된다. 이러한 담론 체제 안에서 제주도는 위기의 땅으로 그려지고 한국인과 예멘 난민 신청자의 관계는 적대 구도로 그려진다. 우리가 살고 그들이 죽거나 그들이 생존한다면 우리가 멸할 것이라는 식의 적대감이 고조된다. 더욱이 그들이 우리가 가지고 누려야 마땅한 것들을 빼앗고 있을 뿐 아니라, 지금의 500명 이슬람인들이 장차 제어할 수 없을 정도로 불어나서 한반도를 잠식하게 되리라는 허황되고 비논리적인 위기감은 그 적대성을 더욱 부추긴다.

이러한 복잡한 양상을 집약적으로 보여 주는 사례를, 최근 제주도에서 여성 실종 사건이 여럿 발생하면서 SNS에서 퍼지고 있는 '제주도 위기론'에서 찾을 수 있다. 한 언론에서 '루머'로 소개된 이 현상은 8월 1일 제주도 서남쪽 가파도 해상에서 시신이 떠오른 뒤부터 SNS를 중심으로 본격적으로 퍼졌다고 설명되는데, 이와 관련해서 "신원 확실한 한국인이 범인이었다면 벌써 잡혔을 텐데," "제주도 사는데 둘러보면 난민, 중국인뿐이어서 불안하다," "난민(문제) 기어코 이렇게 된다. 제주 여성들이 위협을 많이 느낀다" 등의 포스팅이 유통된다고 한다. 이를 보도한 한 기자의 추론에 따르면, 저러한 유령 같은 말들은 "난민이 범인임을 암시하는 것이다"(임성준, 2018). 제주도의 안전이 흔들리는 위기론이 부상하면서 타당한 근거 없이 난민 신청자들이 집합적으로 의심받고 있으며, 불안과 공포심의 정동 작용이 이러한 의심을 더욱 부채질한다. 이 정동 네트워크의 담론 작용은 국가, 지역, 젠더 등의 정체성 범주들과 접합한다. 그 접합물로서 '예멘 남성 난민'이 공격하는 '제주도 여성'을 보호하기 위해 '국가'는 나서야 한다는 식의 남성 중심적인 호전적 담론이 부상한다.

제주의 난민 사태를 이해함에 있어 18~19세기의 인종주의 부상 국면에 대한 미셸 푸코Michel Foucault의 분석은 매우 긴요한 시각을 제공한다. 푸코는 18세기 중반 이후 유럽에서 부상하여 독일 나치 체제에 이르기까지 강화된 인종주의가 단순한 감정이나 이념의 표출 현상이 아니었다고 설명한다. 푸코의 시각에서 인종주의는 그가 생명정치bio-politics라고 명명한 새로운 통치 기술의 현실화다. 1970년대 후반에 푸코가 제시한 생명정치 개념은 그가 앞서 제안했던, 또 하나의 '생명권력biopower'의 형태인 '훈육 정치'와 역사적·개념적으로 비교된다. 푸코가 주장하는 철저하게 '역사적이고 정치적인' 관점은 정의를 표상하는 추상적인 사유, 즉 사법적인 합리성에 근거한 정치 대신 바닥에서 끓어오르는 비합리성, 잔인성, '몸, 야욕, 사건'들이 들끓는 '전쟁 모델'에서 찾아진다(Foucault, 2003: 49~59). 이 시각에서 역사는, 아니 조금 더 정확히 말하면, '역사의 불확정성indefiniteness of history'과 '역사의 무한성infinity of history'은, 폭력, 정열, 증오, 분노, 비애의 혼합이자 우연과 사건으로 점철된 모호성으로 묘사된다. 역사는 '근본적이고 영원한 비이성'의 상태에 있다. 그러면서도 끊임없이 진실을 주장하는 (아울러 진실을 표방하는 고요하고 안정된 법의 표면 아래서) '힘, 권력, 전쟁'의 메커니즘 및 사건으로 발동된다. 일반적으로 평화의 예외적인 파괴 상태로 전쟁이 정의되지만, 이와 반대로 푸코의 전쟁 모델에서는 평화가 '코드화된 전쟁 상태'로 이해된다(Foucault, 2003: 56~57).

이러한 역사 관점에서 볼 때, 인종주의는 생명정치의 역사적 변화 양상과 밀접하게 관련된다. 푸코의 구도에서, 18세기 전반까지는 훈육적이고 개별적이며 몸 중심적인 '해부 정치anatomo-politics'가 서구 통치 기술의 중심을 이루었다. 이 체제에서는 제도화된 조직 질서(교육, 보건, 의학, 군대 등)를 근간으로 하여 그 질서에 도발하는 개체들을 죽음으로 처벌하는 주권이 발달했다("그들을 죽게 만들고 살도록 내버려두다"). 이와 달리 18세기 중반 이후에 발전한 생명정치 체제에서는 인간은 단지 육체로서가 아니라 '살아 있는 존재man-as-living-being'로, 개인적인 몸 대신 '종족man-as-species'으로 인식된다. 죽음을 실현하는 주권 권력과 달리 생명정치에서는 "살도록 만들며 (살아남지 못하면) 죽도록 내버려두기make live and let die"의 통치 기술이 발달한다. 이러한 생명정치는, 해부-정치 기술인 훈육과 강제 대신, 종족으로 집단화된 인구 집단에 개입하고 조정하는 '조정의 권력power of regulation'으로 구체화된다. 이 권력은 개체적 몸들을 제한된 공간 안에서 강제로 훈련시키거나 억압하는 식으로 직접적인 구속력을 발동하는 대신, 인구의 집합적인 상태를 출생, 사망, 질병, 건강의 전 과정에서 측정·관리하는 정책 및 제도 실행의 방식으로 개진된다(Foucault, 2003: 240~251). 즉 집합적 존재로서 '인구'가 특정한 국가 구성원으로서 생성되고 생활하되 최대한 양질의 상태로 생명 활동을 수행하도록 조건과 수단을 제공하는 일이 국가의 책무로 설정되는 것이다. 이 대비적인 두 통치 기술은 각각 '육체-유기체-훈육-제도'(해부 정치) 계열과 '인구-생물학적 과정-조정 관리 메커니즘-주권 국가'(생명정치)의 계열로 대별

될 수 있다(Foucault, 2003: 250). 그러나 이 두 계열이 완전히 분리되거나 대립하는 것이 아니다. 실제 역사적 과정에서 직교하면서 한 사회의 '정상화normalising'하는 '규범norms'을 구축하는 핵심 요소로 결합했다.

이 지점에서 푸코는 매우 흥미로운 질문을 던진다. 내가 살도록 만드는 권력과 그러기 위해 적을 죽이도록 하는 권력은 어떻게 양립할 수 있는가, "죽음의 권력 혹은 죽음이 생명권력에 기초한 정치 시스템에서 어떻게 기능할 수 있는가?"(Foucault, 2003: 254). 이 역설에서 필수불가결해진 요소가 인종주의다. 우리 인종이 살아남기 위해서(생명정치의 요구) 다른 인종을 죽여야 하는 필요(전쟁 모델)가 적절히 만날 수 있는 원리로 인종주의는 매우 적합했다. 이 점에서 인종주의는 단순히 이념적이거나 정서적인 요소로서가 아니라 통치를 위한 실질적인 필요에서 야기된 '생물학적이고 사회학적인' 요소로 설명된다. 적이 된 타 인종은 나에게 '위협'이므로 그를 타도해야 한다, 우리 인종의 재생regeneration을 위해선 타 인종을 멸절degeneration시켜야 한다는 전쟁 논리가 성립된다. 이 타 인종의 살인에는 직접적인 죽임뿐 아니라 죽음의 위험에 더욱 노출시키기, 정치적 죽음, 배척, 거부 등의 간접적인 죽임도 물론 해당된다(Foucault, 2003: 256).

푸코의 생명정치와 이에 근거한 인종주의의 해석은 오늘날 인종 관계를 설명하는 중요한 틀로 받아들여진다. 퍼트리샤 클로Patricia Clough와 크레이그 윌스Craig Willse(2018)는 신자유주의 체제의 생명정치 안에서 인종주의가 더욱 심화되는 현실에 주목한다. 이를테면 서구 사회 안에서의 이슬람인들처럼, 영토, 종교, 젠더 등 특정한 범주에 따라 인구화된 집단을 '위기risk'를 야기하는 존재로 규정함으로써 장차 각 인종의 삶과 죽음을 결정하고자 하는 생명권력 체제가 작동한다. 특히 디지털 네트워크 체제에서 대중의 정동과 언어가 거대한 규모로 증폭되고 그 사회적 영향력이 강해지고 있는 현 상황에서 생명정치 속성이 강한 인종주의는 단지 개별 한 주권 국가 차원에서만 진행되지는 않는다. 클로와 윌스의 주장처럼, '초국가적인' 규모에서 미세하고 촘촘한 커뮤니케이션 네트워크를 통해 통제 불가능할 정도로 거대하고 빠르게 발산, 확산, 전염되므로 이는 가히 '인구적 인종주의population racism'라고 부를 수 있는 무엇이다. 이 개념을 제안함으로써 크로와 윌스는 인종주의가 한 주권 국가의 단위에서 진행되지 않으며, "인구 집단의 생명 가능성과 죽음의 확률 분포가 초국적으로 작동"한다고 강조한다(Clough & Willse, 2018: 45). 이 초국적인 배치와 작동에 정동적이고 감각적인 요소들이 미치는 영향력은 핵심적이다. 왜냐하면 특정 인구에 대한 관계, 그에 대한 소속감 내지 탈소속감 자체가 정동의 매개와 조율의 효과이기 때문이다. 특정한 정동을 불러일으키고 확산시키는 데 유용한 기술 중 하나가 '정치적 브랜딩'이다(Clough, 2018). 예컨대 특정한 인종에 속하는 인구를 효과적으로 배척하고 억압하기 위해 그 종족에 대한 '불안감과 위협감'을 증폭시키기는 데 '젠더 브랜딩'이 활용된다. 자국민 여성을 보호하기 위해 폭력적이고 문란한 타 인종을 거부해야 한다는 논리가 이에 해당한다(Clough & Willse, 2018: 45~48).

제주도의 예멘 난민 신청자는 푸코와 클로가 제시한 생명정치 체제 안에서의 인종주의 및 인구 인종주의 현상과 매우 흡사하다. 제주도에 머무는 예멘의 난민 신청자들은 제주도에 지역화된 초국적 훈육 정치와 생명정치의 불행한 결합물이다. 우선 예멘 신청자는 훈육 체제에서처럼 개별화된 인간으로 정체화되기도 하지만 인종 단위로 인구화하기도 한다. 개인을 대상으로 하는 난민 심사가 전자의 예라면, 인종 자체가 열등하고 타락한 인종으로 집단화되어 담론화되는 현상이 후자의 예다. 또한 그들의 생존은 한국에서 일정 기간 무사증 거주가 가능한 유일한 지역인 제주도에만 한정된다. 예멘 난민 집단으로 인구화하는 방식이 생명정치의 일환이라면 폐쇄적이고 억압적인 공간에 신체를 감금하는 방식은 훈육 정치의 일환이다. 또한 국제적 조약과 법률들에 의해 규정된 난민이라는 무소속의 조건과 제주도라는 제약적 조건이 충돌한다. 요컨대 초국적이고 추상적인 차원에서의 초국적 이동성(국제적 조약과 법률)과 지극히 구체적이고 지역적인 차원에서 물질성(제주도)이 난민의 몸에서 중첩하며 마찰을 일으킨다.

이처럼 상이한 질서들이 상충하면서 푸코가 말한 '전쟁'이 발발한다. 한국인의 생존은 난민 집단과의 전쟁 속에서 쟁투하여 획득해야 할 것으로 인식된다. 우리를 죽이기 위해 그들이 우리 땅에 들어온 것이므로 우리가 살기 위해선 그들을 죽여야 한다는 논리가 당연시된다. 이러한 비약과 억지로 점철된 주장이 설득력을 얻기 위해 앞에서 제시했듯이 '약자 브랜딩'이라고 부를 수 있을 담론 기술이 활용된다. 클로와 윌스가 젠더 브랜딩이라고 부른 정치화 기술을 참고할 때, 제주의 난민 반대 담론에서는 여성뿐 아니라 난민에 대한 지원 때문에 혜택을 박탈당했다고 주장되는 빈민을 포함한 사회적 약자가 보다 포괄적으로 거론된다. 타 인종의 약자를 억압, 차별하는 논리가 국내의 약자를 위한다는 논법을 취함으로써 정당화되는 것이다. 아울러 제주도의 예맨 난민 신청자 사안에서 형성되는 인구는 극단적인 국가주의 형태를 띤다. 놀랍게도 여기서 주장되는 국가주의란 국가의 통치 권력에 맞서고 초과하는 수준으로까지 강력해지기 때문이다. "국민이 먼저다"라는 슬로건이 집약적으로 표현하듯이, 국민과 이방인을 대립시키고 우선순위를 정하고자 한다. 나아가 그 위계질서는 단지 개별 국민들 또는 인종들 사이의 관계에 한정되지 않는다. 국민에 대비되어 배척되는 존재로서(북한이나 난민을 거쳐서), 궁극에는 가장 보편적이고 추상적인 가치를 상징하는 '사람'이 설정되고 이 모든 것들보다 국민이 앞선다고 주장된다. '국민'의 극렬한 반대에 부딪힌 정부는 국가의 위상과 국제 사회에서의 책임을 강조하면서 난민 반대 여론을 잠재우기 위한 수단으로서, 난민 심사 기간을 단축하거나 난민 신청자들의 관리에 보다 세심한 주의를 기울이겠다는 식의 일시적인 방편을 제안하는 소극적인 입장을 취할 수 있을 뿐이다. 난민에 반대하는 '국민'은 물론이고 심지어 난민 신청자들을 받아들인 '국가'도, 인도주의나 세계 평화라는 식의 상식화된 대의를 언급조차 하지 않는다. 서로 다른 방향에서 '국가'(통치자의 국가의 명예 논리)와 '국민'(피통치자의 자기 생존 논리)만을 주장할 따름이다. 난민보다, 북한보다, 궁극에는 사람보다 먼저라고 주장하는 '국민'은 한국인을 제외한 모든 '사람'과 전쟁을 벌이고 있는 셈이다.

지금도 계속 진행 중인 제주도의 예멘 난민 신청자의 사안은 정치성이 지역 공동체에 이미 내재하며 그것을 구성하는 핵심 요소임을 알려 준다. 흔히 지역 공동체가 국가 정치 나아가 국제 정치로부터 분리된, 소규모의 순수하며 평온한 자치체로 상상되지만, 이 상상은 매우 비현실적일 뿐 아니라 탈정치화의 오류를 낳을 수 있다. 또한 지역 공동체를 특정한 물리적 지역의 범위 안에서 이해하고 접근하려는 시도는 현재 초국적인 상황의 복잡성을 제대로 담아 내기 어렵다. 한 지역의 생멸이 지구적으로 발현되는 글로벌 상황에서 지역과 지역 공동체에 대한 사유 역시 글로벌 역동 안에서 설명되어야 한다.

지정학적으로 독립적인 '제주 자유 도시'에서 많다고 할 수 없는 겨우 500여 명의 난민 신청자가 한 주권 국가 내지 국제 사회에[6] 이토록 큰 불안과 염려를 야기한 사실은 지역 공동체 형성에 인종화된 정동과 담론이 큰 영향력을 미침을 알려 준다. 물리적으로 소규모의 지역, 이동이 제한된 상황, 소수의 사람들로 구성된 예멘 난민 신청자들의 조건은 그 폐쇄성과 제한성으로 인해 오히려 역설적으로 더 강력한 위기감과 두려움을 폭발시킨다. 난민 신청자를 실제로 보고 겪는 현실적 경험이 없으므로, 미디어에서 확산되는 언어들을 통해 근거가 희박하고 편향

6 일례로, 프란치스코 교황은 제주의 예멘 난민을 위해 1만 유로를 기증했다. 그 보도에 대한 댓글에는, "교황께서 예멘 난민이 애닯도록 걱정되시면 바티칸시국에 예멘 난민촌을 만드시어 무슬림들과 함께 동거동락하시면 예수님의 사랑의 실천도 되고 일거양득이 되겠구먼 왜 그 귀한 돈을 내시고 그러실까?"라는 식의 비판적인 어조가 많았다(허호준, 2018).

된 의식과 무의식 작용이 더욱 강렬하게 증식하는 것이다. 인터넷과 소셜 미디어는 무지와 몰이해에서 강화된 공포와 혐오가 더욱 증식되는 효과를 낳았다. 이처럼 지역과 지역 공동체의 현실이란 이미 주어진 객관적 실체가 아니라 복잡한 담론 실천을 통해 비로소 형성되고 의미화한다.

글로벌 환경에서 초국적으로 수행되는 인구적 인종주의가 제주도라는 지역 공동체 형성에 미치는 영향력은 심대하다. 국가의 국제적 위상 제고, 국제 자유 도시라는 제주도의 야망 등 평화와 번성을 추구하던 공식적인 — 그리고 적잖이 허황된 — 기획에서 파생된 예멘 난민 사태는 예전부터 보존되고 장차 지향되고 있었던 제주도 지역 도시의 상상적 정체성을 격렬하게 흔들고 있다. 적어도 '한국인'이 가지고 싶어 하는 제주도에 대한 낭만적인 향수나 발전 지향적인 미래상 같은 환상을 한꺼번에 무너트리는 제주도의 비참한 현실은 한국인과 예멘인, 지배적인 주체와 종속적인 타자, 힘센 정주민과 비루한 난민, 국민과 사람이 다투는 '전쟁'이다.

어쩌면 이미 기울어진 운동장에서 출발한 이 전쟁에서 '우리'뿐 아니라 '그들'의 삶이 행복한 공존의 서사로 구현될 수 있는 가능성은 새로운 지구적 공동성을 상상하고 지향하는 성찰적 정치 윤리에 근거한다. 내가 살아남기 위해서 그가 죽어 주어야 한다는 공포와 맹신을 따르는 대신, 발저의 가르침처럼, 타인을 이해하는 방법이라도 배우고자 하는 친절한 용기에서 싹튼다.

그래서 발저는 타인을 이해하는 방법을 알게 되었을까? 80세를 채 넘지 못한 1956년 크리스마스 아침 산책을 나간 길에서 홀로 눈밭에 쓰러져 죽은 모습으로 발견된 그로부터 정확한 답을 얻기란 어렵다. 단지 《산책자》의 거의 종결부에, 그가 적은 이 문장들이 하나의 희망어린 실마리가 될 수 있을 수도.

> 우리가 이해하고 사랑하는 것이 우리를 이해하고 사랑한다. 나는 더 이상 나 자신이 아니라 어떤 다른 존재였으며, 또한 바로 그렇기 때문에 비로소 진정으로 나 자신이었다(Walser, 1917/2017: 349).

이렇듯 서로 이해하고 사랑함으로 나와 타인의 경계가 없어지고 섞이고 뒤바뀌는 찰나, 비로소 진정으로 나 자신이라고 느끼는 곳, 다름 아닌 공동의 자리 이곳에서.

참고 문헌

강성현 (2018. 7. 16). "포로가 된 국민 버림받은 비국민," 〈한겨레21〉. http://h21.hani.co.kr/arti/culture/culture_general/45667.html

구자창 (2018. 6. 30). ""국민이 먼저다" vs "난민 반대에 반대한다" 난민 문제 찬반양론 격돌," 〈국민일보〉. http://news.kmib.co.kr/article/view.asp?arcid=0012485798

김지석 (2018a. 7. 10). "[김지석의 화 · 들 · 짝] 지구촌 휩쓰는 이주민 문제(상), 그 뿌리와 책임," 〈한겨레〉. http://www.hani.co.kr/arti/opinion/column/852737.html#csidxf394e6fac441e2c8194c01c030faf1f

김지석 (2018b. 7. 24). "이주민 문제(하), 어떻게 풀어야 하나," 〈한겨레〉. http://www.hani.co.kr/arti/opinion/column/854694.html#csidxf93224bdd296c96b16e82555a9587c9

박경준 (2018. 8. 1). "박상기 "난민법 폐지 어렵다… 허위난민 막기 위해 심사강화," 〈연합뉴스〉. http://www.yonhapnews.co.kr/bulletin/2018/08/01/0200000000AKR20180801068800001.HTML?input=1179m
박미라 (2018. 6. 21). "불법체류자 증가에… 제주 '무사증 입국' 다시 논란," 〈경향신문〉. http://news.khan.co.kr/kh_news/khan_art_view.html?art_id=201806212111035#csidx3a52a423016b7338723ccf32701e5ef.
여성국 · 이태윤 (2018. 7. 20). "제주 '예멘 난민' 길에 나앉기 시작했다," 〈중앙일보〉. https://news.joins.com/article/22818090
이민정 (2018. 8. 1). "박상기 "난민법 폐지 어렵다… 허위난민 막기 위해 심사강화," 〈중앙일보〉. https://news.joins.com/article/22851311
이유진 (2018. 8. 2). "'제주 난민 반대 청원' 법무부 답변에 인권단체들이 분노했다," 〈한겨레〉. http://www.hani.co.kr/arti/society/society_general/855899.html#csidx563f85f5f2823a684c01bd2894dd2e7
임성준 (2018. 8. 4). "'제주 여성 연쇄 실종?' 루머 확산… 제주 관광업 울상," 〈세계일보〉. https://news.v.daum.net/v/20180804104002244
조효석 (2018. 7. 9). "줄잇는 난민 신청자 엉터리 통역에 눈물… 드러난 난민심사 허점," 〈국민일보〉. http://news.kmib.co.kr/article/view.asp?arcid=0923977134
황정은 (2016). 《아무도 아닌》. 문학동네.
허호준 (2018. 7. 29). "프란치스코 교황, 제주 예멘 난민들 위해 1만유로 냈다," 〈한겨레〉. http://www.hani.co.kr/arti/society/area/855294.html

Ahmed, S. (2014). *The Cultural Politics of Emotion*. 2nd Edition. Routledge.
Agamben, G. (1998). *Homo sacer: Sovereign power and bare life*. Stanford University Press.
Bhabha, H. (1994). *The location of culture*. Routledge.
Butler, J. (2016). "Rethinking vulnerability and resistance," Butler, J., Gambetti, Z. & Sabsay, L. (Eds.), *Vulnerability in resistance* (pp.12～27). Duke University Press.
Clough, P. (2018). *The user unconscious: On affect, media, and measure*. University of Minnesota Press.
Clough, P. & Willse, C. (2018). "Gendered security/National security: Political branding and population racism," In P. Clough (2018). *The user unconscious: On affect, media, and measure*. University of Minnesota Press.
Foucault, M. (2003). *"Society Must Be Defended": Lectures at the Collège de France, 1975～1976*. Picador.

Foucault, M. (2005). *The hermeneutics of the subject. Lectures at the Collège de France 1981～1982*. Picador.

Hall, S. & Maharaj, S. (1999). *Annotations: Modernity and Difference No. 6*. Institute of International Visual Arts.

Walser, R. (1917). *Der Spaziergang*. [배수아 옮김.《산책자》. 한겨레출판. 2017].

‘지역 이야기하기’와 도시 지역 미디어

김용찬

2

“ 지역에 대해 말하고 떠드는 지역 이야기꾼으로서의 지역 미디어는 21세기 도시 환경 속에서도 지역 공동체의 생존과 성장을 위해 필수적인 요소다. 과거의 도시들과 마찬가지로 21세기 도시 역시 이야기하기의 공간이다. 21세기의 도시 공동체가 시민 참여적 소통을 바탕으로 작동하려면 지역 미디어가 지역 이야기하기의 주체로서 역할을 해야 한다. ”

김용찬은 미디어 사회학자로 연세대학교 언론홍보영상학부 교수이며, 커뮤니케이션 기술, 도시 커뮤니케이션, 위험/헬스커뮤니케이션 분야의 연구를 하고 있다. 미국 서던캘리포니아대학교(USC)에서 박사 학위를 받은 후 아이오와대학교, 앨라배마대학교의 교수를 역임했다. 저서로는 *The communication ecology of 21st century urban communities* 등이 있고 국내외 저명 학술지에 50여 편 이상의 논문을 게재하였다.

도시, 이야기, 이야기하기

도시는 "이야기하기storytelling"를 위한 공간이다. 이야기하는 동물storytelling animal(Gottshall, 2012; Fisher, 1989)들이 그곳에 모여 살아왔다. 수렵 채취에 의존하며 떠돌아다니던 그들이 어느 때부터인가 한곳에 정착해 살기 시작했다. 그곳에 자신들이 수집한 이야기를 공동으로 축적하고 그 이야기를 토대로 문화와 제도를 만들었다. 도시의 역사를 논하면서 루이스 멈포드Lewis Mumford(1961)는 소박한 고대의 도시로부터 마천루가 하늘을 찌르는 20세기 메트로폴리스까지 도시는 늘 이야기를 담는 그릇 같은 것이라 했다. 도시는 사람들이 도시 외부의 기회와 위험에 대한 정보를 집적하고, 그것들을 공간적으로, 시간적으로 공유하는 것을 효율적으로 할 수 있게 돕는 기술이다. 도시는 이야기의 저장 미디어이면서 동시에 전송 미디어다. 도시는 사람들이 공동의 이야기를 함께 표출하는 표현 미디어이기도 하다. 즉 도시는 이야기를 수집, 저장, 공유, 표현하는 공간 미디어spatial media(Kitchin, Lauriault & Wilson, 2017)[1]다. 도시는 미디어다. 도시는 인류가 지구 위에서 만든 가장 중요한, 어쩌면 가장 최초의 미디어다.

도시를 이야기의 생산, 공유, 소비 행위를 위한 미디어로 보게 되면, 도시가 이야기의 저장소라는 멈포드의 말은 도시와 이야기의 관계를 다소 정태적으로 표현한 말이 된다. 도시라는 것은 공동의 자원으로서의 이야기story를 저장하는 곳이기도 하지만, 사실은 이야기하기라는 '행위'를 가능하게 하는 공간 미디어이기 때문이다. 도시에는 이야기의 창고와 무덤만 있는 것이 아니라, 이야기하기의 활동이 펼쳐지는 무대와, 도로와, 광장이 있다. 스토리라는 명사뿐 아니라 스토리텔링이라는 동사가 도시를 유지한다.[2] 도시 안에 있는 다양한 스토리들도 중요하지만, 도시가 도시로서 움직이는 것은 그 안에서 이루어지는 다양한 방식의, 구체적이고 일상적인, 이야기하기 행위storytelling action다. 이야기하기 행위 속에서 사람들은 자신이 누구인지 알게 되고

1 키친, 로리올트, 윌슨(2017)은 공간 미디어라는 개념을 매핑 플랫폼, 공간 데이터, 공간 정보 시스템, 지오 코드 기능이 있는 증강 현실 기술, 장소 인식 기능이 있는 미디어 등을 가리키는 것으로 쓰고 있지만, 나는 인간이 만든 중요한 기술적 결과물이라 할 수 있는 도시 자체가 공간 미디어로서의 성격을 지닌다고 본다.

2 한국 사회에서 스토리텔링이라는 말이 넘쳐나는데, 대부분 분명한 개념 정의 없이 쓰인다. 그래서 많은 경우 그것이 무엇을 의미하는지 모호하다. 특히 지역과 연관되어 지역 스토리텔링이라는 말이 쓰이는데, 그 역시 모호하다. 지역 출신의 영웅 이야기, 전래 이야기, 특산물과 얽힌 명사로서의 이야기를 가리키거나, 그러한 얘깃거리를 재료로 해서 지역에 대한 브랜딩 활동을 스토리텔링이라고 하기도 한다. 이런 경우 스토리텔링은 명사다. 이미 박제화된 이야기다. 스토리텔링은 이야기를 생산하고, 공유하고 소비하는 구체적 행동이다. 동사다. 스토리텔링이란 지역 구성원들 스스로 지역 내의 자신들의 삶과 연관된 이야기를 생산, 공유, 소비하는 행동을 말한다.

identity, 자신이 무엇을 할 수 있는지(혹은 무엇을 할 수 없는지) 인식하게 되고efficacy, 무엇을 해야 하는지(무엇을 해서는 안 되는지)norm를 배우게 된다. 특히 도시에서 집합적으로 이루어지는 이야기하기의 행위는 그 행위의 참여자들이 갖는 집합적 문제가 무엇인지 인식하고, 그 문제를 어떻게 해결할 수 있을지에 대한 합의를 만들어 내기도 한다. 이야기하기를 통해 도시 안의 개인들은 장소를 기반으로 하는 '주민'이라는 정체성을 갖고, 주민으로서 갖는 공동의 문제를 인식하고, 공동의 해결 과정에 주체적으로 참여하는 경험을 하게 된다. 이야기하기의 행위가 멈추면 도시 역시 멈춘다. 이야기하기의 행위가 멈추면 도시를 움직이는 구성원들의 집합적 인식과 생각과 행동도 멈춘다. 이들 사이의 관계는 반대 방향으로도 작동한다. 도시가 작동을 제대로 하지 않으면 사람들은 다른 사람들과 함께 이야기할 힘을 잃는다. 이야기를 토대로 작동하는 인식과 생각과 행동할 힘을 잃는다. 그래서 도시의 쇠락은 이야기하기의 쇠락이다. 도시에 사는 사람들은 "여전히 (……) 좋은 이야기가 나오기를 기다(린다)."[3] 결국 그 이야기가 도시를 유지하고, 자신들의 삶을 떠받친다는 것을 알기 때문이다.

21세기의 도시 환경은 새로운 정보 통신 기술, 인공 지능과 사물 인터넷 등 지능화 기술과 결합하면서 혁명적인 변화를 겪는 중이다. 이런 변화 속에서도 21세기의 도시는 계속해서 이야기의 생산, 공유, 소통 행위를 위한 미디어로서 역할을 할 수 있을까? 도시화와 세계화가 급속히 진행되고, 도시 공간에 대한 사람들의 경험

3 인디 음악 가수 이랑이 부른 노래 〈신의 놀이〉에 나오는 표현이다.

이 바뀌고, 노령화와 다문화로 대표되는 인구 구성의 변화를 겪으면서 21세기의 도시는 다양한 기회와 도전에 직면했다. 특히 네트워크 사회network society(Castells, 2000), 네트워크 정보 경제networked information economy(Benkler, 2006), 네트워크 개인주의networked individualism(Rainie & Wellman, 2012) 등의 개념이 말하듯 개인과 개인, 지역과 지역, 개인과 지역이 맺는 관계의 성격이 역동적으로 변화하는 상황에서 도시에서 '이야기하기' 행위에 참여하는 방식도 변하였다. 이제는 개인들이 특정 장소place에 얽매이지 않으면서도 다양한 유형의 사회적 공간space과 그 공간에 결부된 이야기를 경험할 수 있게 되었고, 그런 과정에서 특정 장소의 한계에 매이지 않으면서 자신만의 개인 공동체personal community(Rainie & Wellman, 2012)를 구축하고 그 공동체의 이야기를 할 수 있게 되었다. 이 공동체는 더 이상 기존의 장소나 집단의 사슬에 묶여 있지 않다. 이러한 현상이 지역 차원에서도 이루어지는데, 전 지구적인 차원에서 만들어지는 흐름의 공간space of flow에 들어가느냐, 아니면 고립된 상태로 장소의 공간space of place에 머무르느냐에 따라 특정 지역의 운명이 결정되는 세상이 되었다(Castells, 2000). 흐름의 공간과 장소의 공간에는 각각 다른 이야기들이 있고, 다른 방식의 이야기하기가 가능하다. 흐름의 공간에는 세련되고 보편적인 '그들의 이야기'가 있고, 장소의 공간에는 촌스럽고 국지적이지만 '나와 우리의 이야기'가 있다. 이러한 21세기 거시적 사회 변화 속에서 이야기하기의 동기와 능력과 자원 역시 역동적으로 변하는 중이다.

우리가 사는 도시의 거시적 변화 상황을 염두에 두면서 이 글이 던지는 핵심적인 질문은 이것이다. 21세기 도시에 사는 우리는 과연 우리가 사는 장소에 대해 이야기할 동기와, 능력과, 자원을 갖고 있는가 하는 것이다. 특히 21세기 한국 사회가 겪는 가장 중요한 문제 중 하나는 자기가 사는 장소에 대해 이야기할 미디어 자원의 결핍이다. 이른바 중앙 정치의 이야기를 전하는 미디어는 넘쳐나지만 정작 내가 사는 장소의 이야기를 알려 줄 미디어는 부족하다. '지역 언론'이라 자칭하는 미디어들은 있지만, 지역 이야기하기의 주체들은 찾기 힘들다. 이것은 비단 서울과 대비되는 지방만의 문제가 아니다. 정작 서울 지역 내에서 서울에 대해 이야기하는, 서울의 구체적인 동네에 대해 이야기할 수 있는, 서울 안의 지역 미디어 역시 부족한 상태다. 서울이건, 지방이건, 한국에는 보편적 이야기꾼들만 넘쳐날 뿐, 보편에 대비되는 지역의 이야기꾼들을 찾기 힘들고, 그들의 이야기하기 활동을 지지할 자원이 매우 부족하다. 그래서 늘상 '저기'의 이야기들만 넘쳐나고 정작 '여기'의 이야기는 찾기 힘들다.

이 장의 목적은 도시 지역 내 시민 참여적 공동체 구성을 위해 필수 요소라 할 수 있는 '지역 이야기하기 자원local storytelling resource'의 개념을 통해 지역 기반 미디어(혹은 지역 미디어)[4]의 의의와 역할을 설명하는 것이다. 여기서 말하는 지역 이야기하기local storytelling란 '지역 구성원들이 지역 연관성, 지역 관점, 지역 문제 해결의 내용을 담은 이야기를 생산, 공유, 이용하는 행위'다. 지역 이야기하기를 위한 자원

4 이 장에서 말하는 지역 미디어는 제작 과정과 내용에서의 지역성을 중요하시면서 특정 장소를 기반으로 제작, 공유, 소비되는 미디어를 말한다.

은 지역 구성원들이 지역 주민으로서의 정체성을 구성하고, 지역 문제를 인식, 공유하고, 문제 해결을 위한 행동을 동원하는 데 꼭 필요한 지역 기반 자원이다. 지역 이야기하기 자원은 지역 기반 공동체를 구축하는 데 필수적이라 할 수 있는 커뮤니케이션 하부 구조communication infrastructure의 핵심 요소다. 커뮤니케이션 하부 구조는 지역 내의 이야기하기 주체storytelling agents들의 이야기하기 행위를 토대로 한다. 지역 미디어는 그러한 지역 이야기하기 주체들 중 하나다.

이 장에서 다룰 내용은 다음과 같다. 우선 김용찬과 샌드라 볼로키치Sandra Ball-Rokeach의 커뮤니케이션 하부 구조 이론communication infrastructure theory을 기반으로 지역 이야기하기 자원을 지역 기반의 공유 자원으로 개념화하고, 그것이 현대 도시 환경에서 왜 여전히 중요한지를 설명할 것이다. 그러한 설명을 토대로 지역에 대한 이야기하기 자원으로서의 지역 미디어의 역할을 어떻게 규정할 것인가를 논할 것이다. 또한 '지역 이야기하기의 관점'에서 지역 미디어가 지역 내 단체/모임 및 지역 주민과 어떤 관계를 맺어야 하는지, 지역 미디어와 주류 미디어와의 관계는 어떻게 설정해야 할지, 그리고 지역 미디어가 뉴 미디어 환경에 어떻게 적응해 나가야 하는지 등의 문제를 다룰 것이다.

지역 이야기하기 주체로서의 지역 미디어

커뮤니케이션 하부 구조 이론은 21세기 현대 도시에서도 "장소를 매개로 한place-mediated" 공동체가 중요하다는 것을 기본 전제로 삼는다(김용찬, 2014; Kim, 2018). 같은 아파트 거주자들과 서로 낯선 사람으로 살아가는 21세기의 도시인들도 그들이 일상에서 경험하는 다양한 문제들(재난, 환경, 교육, 보건, 부동산, 교통 문제 등)은 특정 장소를 중심으로 (이름도 모르는) 이웃들과 함께 경험할 수밖에 없다. 그렇기 때문에 21세기 도시의 삶에서도 장소를 기반으로 한 공동체[5]의 구축과 유지는 여전히 중요한 과제다. 이러한 장소 기반 공동체의 구축을 위해 무엇보다 필요한 것은 장소를 기반으로 하는 문제 인식과 문제 해결을 가능하게 하는 커뮤니케이션 자원이다(Kim, 2018; Kim & Ball-Rokeach, 2006). 이 자원이야말로 사람들이 자신들이 살아가는 장소에서 발생한 문제를 집합적으로 인식하고 그 문제 해결을 위해 공동의 집합적 노력을 기울이는 과정에 필수적으로 동원되어야 하는 것이기 때문이다(Kim, 2018). 커뮤니케이션 자원은 지역 문제와 해결책을 집단적으로 함께 이야기하는 과정(즉 지역 이야기하기)에 필요한 자원이다. 지역 이야기하기의 자원이 충분한 곳에서는 구성원들이 자신들의 집합적 정체성, 가치, 효능감, 관점, 행동에 대한 이야기를 쉽게 나눌 수 있다. 그리고 그것을 바탕으로 자신들이 함께 공유한 문제가 무엇인지 인식하고, 그러한 문제를 해결할 집합적 자원이 어느 정도인지 지각하고, 그러한 인식과 지각을 바탕으로 문제 해결을 위한 공동의 노력을 끌어낼 수 있다.

장소를 기반으로 한 커뮤니케이션 하부 구조의 핵심 요소는 우선

5 물론 21세기 도시 환경에서 지역 공동체가 어떤 성격을 띠어야 하고, 어떻게 작동할 수 있을지에 대해서는 현재 진행 중인 사회 환경의 변화, 미디어 기술 환경의 변화 등을 고려해서 별도의 체계적인 논의가 필요하다.

지역 이야기하기 주체들storytelling agents의 존재다. 커뮤니케이션 하부 구조 이론에서는 주민, 지역 모임/단체, 지역 미디어가 지역 이야기하기 주체들이 될 수 있는 잠재력을 갖는다고 본다(Kim & Ball-Rokeach, 2006). 이 이론에 따르면, 지역 이야기하기 주체들 각각의 활동이 중요하지만, 더 나아가 이 주체들이 함께 네트워크를 구축해야 하고 그러한 네트워크 안에서 지역 이야기하기 활동을 서로 촉진하는 선순환의 관계를 형성해야 한다. 이 네트워크에서 지역 미디어가 담당하는 역할은 필수적이다. 주민이나 지역 모임/단체와 달리 지역 미디어는 이야기를 생산하고 공유하는 것을 전문적으로 수행하는 기관의 역할을 할 것이라 기대받기 때문이다. 지역 내 다른 이야기하기 주체들(지역 주민, 지역 모임, 단체)도 지역 이야기하기 과정에 참여하기 위해서는 지역 정보와 이야기를 수집하고, 정리하고, 전달하는 전문적 기관으로 역할을 하는 지역 미디어에 의존할 수밖에 없기 때문이다. 그래서 지역 이야기하기 주체들 사이에서도 일종의 미디어 의존 관계media system dependency relation(Ball-Rokeach, 1998)가 존재한다고 할 수 있다.

지역 내에 존재하고 그 안에서 활동한다고 해서 모두 지역 이야기하기의 주체가 되는 것은 아니다. 당연한 말이지만 도시 지역 미디어가 지역 이야기하기의 주체가 되기 위해서는 지역에 대한 이야기를 생산, 발견, 공유하는 과정에 주도적으로 참여해야 한다. 단순히 특정 지역에서 특정 지역의 이름을 걸고 기사를 작성한다고 해서 지역 미디어, 즉 지역 이야기하기의 주체가 되는 것은 아니다. 가령 특정 지역의 지역 미디어가 자기가 속한 지역에 대한 이야기를 생산, 공유하기보다는 중앙 정치의 이야기나 보편적인 관심사(가령 연예, 스포츠 등)만 전달한다면 아무리 스스로를 동네 미디어, 마을 미디어라고 부르더라도 지역 이야기하기의 주체가 될 수 없다. 지역 미디어가 생산하는 이야기들이 지역 이야기가 되기 위해서는 적어도 다음의 세 가지 특성을 가져야 한다. 이는 지역 연관성local relevance, 지역 관점local perspective, 지역 문제 해결 지향local problem-solving이다.

지역 이야기하기의 첫 번째 요건은, 지역 미디어의 지역 이야기하기는 지역 연관성을 가져야 한다는 것이다. 지역 연관성을 갖는 이야기를 한다는 것은 결국 특정 지역의 '사람,' '장소,' '쟁점'에 대한 이야기를 한다는 것을 말한다. 이른바 지역 미디어가 그 지역 사람들의 이야기나 장소의 이야기를 담지 않고 있다면 지역 연관성이 높은 지역 이야기 주체라고 할 수 없다.

특정 장소(가령 이주민 밀집 지역)에서 만들어지는 이주민 미디어의 내용을 들여다보면 지역 연관성의 중요성을 잘 살펴볼 수 있다. 19세기 말 미국 도시에 이주해 온 유럽 이주민으로부터(Park, 1923) 21세기 한국에 온 중국 동포 이주민(김유정·김용찬 외, 2012)에 이르기까지 고향을 떠나 낯선 곳에 정착한 이주민들은 종종 자신들을 위한 미디어를 만들었다. 이주민들은 새로 이주해 온 도시의 특정 장소에 모여 게토를 만들어 살아간다. 그곳에서 생산되고 유통되는 이주민 미디어들은 종종 지역 연관성이 낮은 이야기를 담는 경우가 많다. LA 지역에서 아시아계와 중남미 이주민 공동체를 위해 발행되는 51개 이주민 미디어를 연구한 린과 송(Lin & Song, 2006)은 LA 지역의 이주민 미디어들이 대개 자기들이 떠나온 고향 나라의 이야기를 주로 전할 뿐, 자기들이 새롭게 뿌리 내려야 하는 지금 여기의 사람/장소에 대한 이야기는 별로 담지 않고 있음을 발견했다. 결국 LA 지역 이주민 미디어들의 이야기는 지역 연계성을 갖지 못하고 있으며, 그런 이주민 미디어들은 지역 이야기하기 주체로서의 역할을 충실히 수행하지 못한다고 평가할 수 있다. 이주민 미디어로부터 얻는 정보와 뉴스에 의존하는 이주민들은 고향에 대한 소식은 이주민 미디어를 통해 바로바로 접할 수 있을지 모르지만 자기들이 새로 터전을 잡은 바로 지금 여기의 이야기를 들을 수 있는 통로는 막혀 있거나 매우 협소한 상태에 처해 있는 것이다.

지역과 연관된 이야기하기의 결핍은 이주민 지역만의 문제가 아니다. 사실 그것은 21세기 도시가 겪는 일반적인 문제다. 특히 급진적인 산업화와 근대화 과정에서 지역에 대한 이야기를 생산하는 이야기하기 주체들이 사라져 버린 대한민국 도시들이 공통적으로 겪는 문제다. 한국 내 대부분의 도시 지역에서 지역 연관성을 가진 이야기가 부족하고, 지역과 연관된 이야기하기 활동에 참여하기 위해 필요한 자원이 부족하다. 전국적 이슈나 국제적 수준의 보편적 이야기들은 쉽게 접할 수 있지만, 내가 사는 바로 여기 이곳에서 어떤 일이 벌어지는지, 여기에 어떤 현안이 있는지, 어떤 행사가 열렸고, 열릴 예정인지 등에 대한 이야기를 하는 미디어는 찾기 힘든 상황이다. 지역을 기반으로 한 미디어가 있다 하더라도 지역 연관성을 가진 이야기를 발굴하여 전할 여력이 되지 않거나 혹은 그럴 동기를 갖지 못한 경우가 많다.

그럼에도 최근 한국 도시 지역 일부에서는 지역과 연관성이 높은 이야기하기를 시도하는 지역 미디어들이 등장했다(서울마을미디어지원센터, 2017). 이들은 마을 미디어, 지역 공동체 미디어, 동네 미디어, 동네 언론 등 다양한 이름으로 불리고, 종이 신문, 팟캐스트, 유튜브 방송 같이 다양한 채널을 사용하지만 특정 장소를 기반으로 그 장소와 연관된 이야기를 발굴하려 노력한다는 공통점을 지닌다. 예를 하나 들어 보자. 홍대 앞 동네 잡지로 불리는 〈스트리트H〉는 홍대 앞 지역 사람들과 홍대 앞 장소에 대한 이야기를 전하는 지역 이야기하기 주체의 역할을 감당한다. 〈스트리트H〉에서 가장 인상적인 지역 이야기하기 내용은 매달 새로 그리는 홍대 앞 지도다. 이 지도에는 프랜차이즈 업소(즉 보편적 정보)들은 없고, 홍대 앞 지역에만 있는 동네 커피숍, 동네 식당, 동네 술집, 동네 책방, 동네 갤러리, 동네 공방 등이 있다. 지도뿐 아니라 홍대 앞 사람들의 이야기가 실리고, 그 사람들이 홍대 앞이라는 장소와 어떻게 얽히는지에 대한 이야기가 실린다. 또한 이 잡지를 통해 홍대 앞 지역에서 어떤 행사들이 열리는지, 어떤 식당이 새로 들어섰고 어떤 식당이 없어졌는지 등 동네에 대한 최신 정보를 접할 수 있다. 즉 이 잡지는 홍대 앞 동네의 지역 이야기하기 주체로서 홍대 앞 커뮤니케이션 하부 구조의 한 부분을 떠받치는 활동을 하는 것이라 말할 수 있다.

지역 이야기하기의 두 번째 요건은 지역의 관점을 가져야 한다는 것이다. 같은 사안에 대해서도 그것을 어떤 지역 관점에서 보느냐에 따라 다른 이야기가 만들어진다. 가령 태풍이나 지진 같은 자연 재난, 메르스 같은 공중보건 위기 등에 대해서도 서울 지역과 포항 지역이 같은 관점을 가질 수 없다. 남북문제에 대해서 경기도 파주와 전라도 순천은 다른 관점을 가질 것이다. 1인 가구 문제에 대해서도 서대문구와 강남구에서는 다른 관점의 이야기가 만들어질 수 있다. 같은 이슈에 대해서도 각 지역의 다른 관점을 반영하면 다른 이야기가 만들어진다. 그런데 중요한 문제는 우리가 사는 도시 지역에서 그 지역의 관점을 갖고 이야기를 생산하고 공유하는 주체가 얼마나 있느냐 하는 것이다. 무엇보다 지역 미디어가 지역 관점이 담긴 이야기를 생산하는 주체가 되어야 한다. 지역 미디어 같은 지역 이야기하기의 주체가 제대로 지역 관점의 이야기를 만들어 내지 못한다면 그 지역 구성원들은 자기 지역의 현안을 지역 외 다른 관점에서 만들어진 이야기의 틀 속에서 볼 수밖에 없다. 지역 내에서 발생하는 젠트리피케이션gentrification 문제, 부동산 문제, 문화 행사, 교육 문제 등을 지역 밖의 시각, 즉 이른바 '중앙' 미디어의 보편적 관점에서 만들어진 이야기로 들어야 한다. 자기 이야기를 남의 목소리로 들어야 된다. 반면 지역의 관점에서 지역 이야기를 풀어내는 지역 미디어가 건재하다면, 그 지역에 사는 사람들은 전 지구적 사건도 자기 지역의 관점에서 해석하는(Lin, Song, & Ball-Rokeach, 2010) 이야기를 듣게 될 것이다.

지역 이야기하기의 세 번째 요건은 그것이 직접적, 간접적으로 지역의 문제에 대한 공동의 인식과 공동의 해결 과정에 연결되어야 한다는 것이다(Kim, 2018). 지역 이야기하기는 궁극적으로 그 지역의 구성원들이 공동으로 경험하는 '문제'에 대한 것이어야 한다. 물론 같은 지역에 사는 사람들끼리도 자기들의 문제가 무엇인지에 대해 생각이 일치하지 않을 수 있다. 특정 '문제'가 갖는 성격에 대해서도 사람들마다 다른 생각을 가질 수 있다. 그럼에도 지역 이야기하기는 어떤 문제가 한 개인이나 한 조직의 사적인 문제가 아니라, 특정 지역의 구성원들이 공동으로 겪는 문제라는 인식을 확장하는 과정이다. 문제에 대한 공동의 인식은 문제에 대한 공동의 해결 방안에 대한 이야기로 연결될 가능성을 높인다. 지역 이야기하기의 이런 특성은 문제 해결 저널리즘solutions journalism의 취지와 맞닿아 있다(Wenzel, Gerson, & Moreno, 2016). 본래 문제 해결 저널리즘은 지역적, 국가적, 국제적 문제들을 제기함과 더불어 그에 대한 해결책을 제시하는 저널리즘을 가리킨다. 지역 미디어야말로 문제 해결 저널리즘으로서의 성격을 지녀야 한다. 그래서 웬젤 등(Wenzel et al., 2016)은 문제 해결 저널리즘이 실제로 적용될 수 있는 것은 지역을 기반으로 한 문제들이라고 지적하면서 지역 중심의 문제 해결 저널리즘을 제안한다. 지역 내에서 지역 미디어는 감시와 발견을 통해 지역 문제에 대한 공동 인식을 만들어 내고 공동의 문제 해결 방안을 이야기한다. 그 과정에서 지역 미디어의 이야기하기 행위는 지역 내에 축적되어 있는 사회 자본, 문화 자본, 공유, 협력의 가능성을 만들어 낼 가능성에 대한 탐구로 나갈 수 있다.

지금까지 살펴본 대로 지역 이야기하기는 지역 연관성, 지역 관점, 지역 문제 해결의 내용을 담은 이야기를 생산, 공유, 이용하는 것이다. 특정 지역에서 지역 이야기하기의 활동이 활발하게 이루어질 수 있는 토대, 즉 커뮤니케이션 하부 구조가 잘 갖춰져 있다고 하는 것은 사람들이 자신들의 삶과 연관된 이야기를 자기 지역 내 이야기꾼들(가령 지역 미디어)로부터 쉽게 접할 수 있다는 것이고, 그 이야기들을 지역의 관점으로 바라보는 이야기에 더 쉽게, 더 자주 노출된다는 것이고, 지역 내에 존재하는 문제와 그 해결 방안에 대한 공동의 인식을 토대로 하는 숙의와 공론화의 통로를 갖는다는 것을 의미한다. 다시 말해 지역 이야기하기 자원이 풍부한 지역에 거주하는 사람들은 자기 지역(사람들과 장소)의 관점이 반영된 이야기를 듣게 되고, 그러한 이야기를 바탕으로 문제에 대한 공동 인식과 문제 해결 과정에 참여하게 되는 것이다. 그렇기 때문에 지역 이야기하기 자원은 지역 내 시민 참여의 효능감 및 실제 역량과 밀접한 관련을 맺을 수밖에 없다. 지역 미디어가 지역 연관성, 관점, 문제 해결 지향의 지역 이야기를 생산, 공유하는 지역 이야기꾼으로서의 역할을 충실히 수행할 때 비로소 지역 미디어는 지역 시민 참여의 토대로서 역할을 하게 된다. 지역 미디어의 지역 이야기하기 활동을 통해 지역 구성원들은 비로소 지역의 이야기에 접하고, 지역 주민으로서의 정체성을 강화시키고, 지역의 관점을 갖게 되고, 지역 가치를 존중하게 되고, 지역 문제를 함께 해결할 수 있을 것이라는 집합적 효능감colllective efficacy을 갖게 되고, 지역 문제에 참여할 다양한 방안에 대해 알게 되고, 실제 시간과 노력을 들여 참여의 경험을 하게 된다. 우리 사회 내에서 지역이 몰락하고 지역 공동체가 쇠락하는 것을 걱정한다면 결국 지역 이야기하기 행위의 주체들이 사라지고, 지역 이야기꾼들이 숨어 버린 것을 애도해야 한다. 좋은 이야기를 기다리기 전에 그런 이야기를 전할 이야기꾼을 기다려야 한다. 지역에 대해 이야기하는 이야기꾼! 우리가 지역 미디어에 기대해야 하는 것이 바로 이것이다.

지역 공동체 미디어와 지역 단체와의 연계

커뮤니케이션 하부 구조 이론에 따르면 도시 지역 안에서 지역 이야기하기의 주체로 활동할 잠재력은 지역 미디어뿐 아니라, 지역 내에 존재하는 모임과 단체, 그리고 지역 주민들에게서도 찾을 수 있다. 이 이론이 주목하는 것은 이들 지역 이야기하기 주체들이 지역 이야기의 활동을 각자 자신의 영역에서 활발히 할 뿐 아니라, 그들 사이에 지역 이야기 활동을 상호 활성화하는 선순환의 관계가 구축되어야 한다는 점이다. 그러한 관계를 커뮤니케이션 하부 구조 이론에서는 "지역 이야기하기 연결망local storytelling network"(Kim & Jung, 2018; Kim & Ball-Rokeach, 2016)이라 부른다. 지역 이야기하기 연결망의 틀 속에서 지역 미디어가 지역 이야기꾼으로 역할하기 위해서는 지역 단체 및 지역 주민들과의 유기적 연계가 중요하다. 먼저 지역 단체와의 연계 문제부터 살펴보자.

지역 미디어가 지역 단체나 모임과 갖는 관계는 다중적인 성격을 띤다. 지역 미디어와 지역 단체는 지역성을 강조한다는 점, 지역 이야기하기의 주체라는 성격, 그리고 지역의 발전을 지향한다는 점을 토대로 서로 협력하는 관계를 가질 수 있다. 그러나 그들은 동시에 지역 내에 있는 제한된 자원을 놓고 경쟁하기도 한다. 경쟁의 대상이 되는 제한된 자원에는 재정적인 것뿐 아니라, 인적 자원, 정치적, 문화적, 사회적 자본 등이 모두 포함된다. 그래서 종종 지역 미디어와 지역 모임/단체는 서로 대립하기도 하고, 서로 의존적이 되기도 한다(Matsaganis & Katz, 2013). 지역 미디어의 효과적인 활동은 어떻게 하면 지역 공동체의 협조를 받으면서, 동시에 지역 공동체로부터의 과도한 압박을 이겨내는가 하는 것이다. 김유정·김용찬 등(2012)은 서울 대림동과 가리봉동 지역에 거주하는 중국 동포 공동체에 대한 연구에서 그들이 발행하는 신문들과 그 지역 모임/단체들이 갖는 다중적인 성격을 관찰할 수 있었다. 예를 들어 중국 동포 신문들은 지역 단체의 존재와 활동을 지역민들에게 알리고, 중국 공동체 내 단체와 모임의 '순수성'과 '의도'를 검증하고, 중국 동포 단체들에게 그들의 활동을 위해 필요한 정보와 관점을 제시하고, 단체와 모임들이 나아갈 방향을 제시하는 등 협력 관계를 구축하려 하지만, 동시에 중국 동포 신문사와 지역 단체는 공동체 내 자원을 놓고 종종 심각한 경쟁을 벌이기도 한다.

지역 미디어와 지역 단체/모임 간 관계의 다중적 양상들을 보다 일반적인 상황에 적용해서 정리해 보면 다음과 같다.

서로의 존재를 부각시켜 줌

지역 미디어와 지역 모임/단체는 지역 내에서 서로의 존재를 부각시켜 줌으로써 각각 지역 내에서 자기의 역할을 수행하는 것을 돕는다. 지역 미디어는 지역 모임/단체의 이야기와 소식을 지역 주민들 혹은 다른 모임/단체에 알려 주고, 지역 모임/단체는 지역 미디어가 생산하는 이야기를 공유하면서 지역 미디어의 존재를 지역 내 다른 구성원들에게 알리는 역할을 한다. 예를 들어 지역 미디어가 지역 단체와 모임의 활동이 이루어지는 장소에서 미디어 제작을 한다든지(Hardyk, Loges, & Ball-Rokeach, 2005), 지역 모임과 단체 참여자들에게 지역 미디어의 내용을 공유한다든지 등의 방식을 통해 지역 미디어와 지역 모임/단체가 서로의 존재를 부각시켜 줄 수 있다.

상호 감시

지역 미디어와 지역 모임 및 단체 사이에는 지역 이야기하기의 주체로서 각각 자기의 역할을 제대로 수행하는지를 상호 감시하는 관계가 만들어져야 한다. 지역의 관점을 갖고, 지역의 가치를 토대로, 지역의 문제 해결 능력을 지향하는 지역 이야기하기의 활동을 서로가 충실히 수행하는지를 지역 미디어와 지역 모임/단체가 상호 평가하는 체제가 만들어져야 한다.

이야기하기 역량의 상호 강화

지역 미디어와 지역 모임/단체는 지역 이야기하기의 능력을 상호 배양하고, 상호 강화하는 활동을 할 수도 있다. 각자가 지역 이야기하기의 주체로서 제대로 역할을 할 수 있도록 서로 격려하고 필요한 자원을 공유한다. 가령 지역 모임과 단체는 지역 미디어가 쓸 이야깃거리를 만들어 주고, 지역 모임과 단체는 지역 미디어가 전하는 지역 이야기를 토대로 지역 이슈와 쟁점에 대한 참여자들 간 논의를 촉진할 수 있다. 뿐만 아니라 지역 미디어와 지역 단체 사이는 상호 인적 공유를 통해 이야기하기의 능력을 증가시킬 수 있다. 또 지역 모임이나 단체를 미디어 제작 과정에 직접 참여시킴으로서 이야기하기의 능력이 공유될 수 있다. 모임과 단체가 미디어 제작 과정에 참여하는 방식은 서로 간의 시설, 공간, 인력 공유의 형태로 나타날 수 있다.

지역 공동체 미디어와 지역 주민과의 연계

지역 이야기하기 연계망의 관점에서 지역 미디어와 지역 주민과의 관계 역시 중요하다. 앞에서 지역 모임/단체와 지역 미디어 사이의 다중적인 관계에 대해서 설명했다. 지역 미디어와 지역 주민 사이의 관계 역시 마찬가지로 다중적이다(Matsaganis & Katz, 2013). 지역 미디어는 주민들과 공생의 관계를 유지하면서 동시에 주민들이 보이는 무관심과 압박이라는 양극단의 반응 사이에서 자신의 위치를 찾아야 하는 상황에 종종 놓이게 된다. 지역 기반 미디어와 지역 주민은 다음 방식으로 연계한다.

지역 미디어와 지역 주민이 연계되는 첫 번째 방식은 지역 미디어가 지역 거주자들에게 지역 연계성, 지역 관점, 지역 문제 해결 지향의 이야기를 전달함으로써 지역민들 스스로 '주민'이라는 정체성을 갖고 스스로 지역 이야기하기의 주체가 되도록 북돋는 것이다. 지역 기반 미디어가 전하는 지역 이야기를 전달받은 주민들이 그것을 가지고 가족이나 다른 주민들과 자신의 일상 속에서 이야기할 기회를 갖는다면 주민들 스스로 지역 이야기꾼, 즉 지역 이야기하기의 주체가 되는 것이다. 이런 방식의 연계 속에서 주민들이 다른 주민들과 지역의 작고 큰 이슈들을 중심으로 만나게 되고, 그러한 만남을 토대로 지역 문제 해결을 위한 역량이 늘어나고, 그 결과 지역 참여를 촉진할 커뮤니케이션 하부 구조가 강화되는 것이다.

두 번째 방식은 지역 주민들이 지역 기반 미디어에 지역 이야기하기 활동을 위한 이야기 자원을 공급하는 것이다. 주민들 스스로 벌이는 다양한 지역 기반 자치 활동, 지역의 문제를 함께 제기하는 움직임, 문제에 대한 해결책을 찾아가는 과정 등이 지역 미디어의 지역 이야기하기 활동을 위해 요긴한 이야기 재료들이 된다. 지역 주민들의 지역 이야기하기 활동들이 지역 미디어의 지역 이야기 활동을 촉진하는 것이다. 이런 과정에서 지역 이야기하기의 선순환적 연계망이 만들어진다.

세 번째 방식은 가장 극적인 형태를 띠는데, 지역 주민이 직접 지역 미디어 제작에 참여하도록 돕는 것이다. 한국에서 최근 등장한 대부분의 이른바 '마을 미디어'들이 이런 형태를 띤다(서울마을미디어지원센터, 2017). 마을에 사는 주민들이 스스로의 목소리를 갖기 위해서 지역 미디어를 시작한다. 미디어의 형태는 다양하다. 환경 감시 기능을 하면서 저널리즘적 성격을 다분히 갖는 지역 신문부터 마이크 하나 놓고 신변잡기 넋두리의 이야기를 하는 동네 팟캐스트까지 목적과 방식에 있어서 다양한 형태의 지역 미디어가 나타났다. 지역 주민들 사이에서 이런 경험이 쌓이게 되면 주민 출신의 지역 미디어 전문가가 성장할 것이고, 그들이 다른 신규 참여자들과 함께 협업하는 형태가 나타날 것이다. 물론 처음부터 미디어 전문가들과 주민들이 함께 공동으로 운영하는 형식도 가능하다.

지역 미디어와 주류 미디어

지역 미디어와 주류 미디어는 이야기하기의 준거점reference point이 다르다. 우리 지역의 관점을 반영하는 우리 지역 현안에 대한 이야기를 주류 미디어에서 접할 것이라 기대하기는 쉽지 않다. 주류 미디어가 갖는 이야기하기의 준거는 특정 지역에 묶이지 않고 훨씬 더 보편적이고 거시적이다. 반면 지역 미디어의 이야기하기 준거는 국지적이고 미시적이다. 이렇게 준거의 수준level이 다르긴 하지만, 지역 미디어와 주류 미디어 모두 서로 공생의 관계를 추구할 수 있다.

지역 미디어와 주류 미디어가 만나는 첫 번째 방식은 지역 미디어가 주류 미디어의 거시적이고 보편적인 뉴스를 지역화하려 노력하는 것이다. 지역 이야기꾼으로서 지역 미디어가 해야 하는 역할 중 하나는 지역 밖의 주류 미디어로부터 전달되는 보편적 이야기들(예를 들어 국제 뉴스나 국내 뉴스 등)이 지역 이슈와 어떻게 연계되는지, 지역과 어떤 연관성을 갖는지, 그것들을 바라보는 지역 관점은 무엇인지, 지역 밖의 이슈는 지역에 어떤 새로운 문제를 만들 것인지, 기존의 지역 문제는 어떻게 변형될 것인지, 지역 문제를 해결할 새로운 기회와 새로운 장애물은 어떤 것들인지 등에 대해 이야기할 수 있다.

두 번째 방식은 지역 이야기의 일반적 가치를 발견하고 그러한 지역 이야기를 보편적 이야기로 '번역'하는 것이다. 그러한 발견과 번역은 지역 미디어 스스로 실천할 수 있지만, 주류 미디어와 지역 미디어의 다양한 협력적 연계 속에서 이루어질 수도 있다. 지역 이야기의 가치를 발견한 주류 미디어가 스스로 주체가 되어 지역 이야기에 보편성을 부여하는 작업을 할 수도 있다.

지역 미디어와 주류 미디어는 미디어 제작 관행과 뉴스 가치 등에 있어서 상호 영향을 미칠 수 있다. 지역 미디어의 활동가가 주류 미디어의 언론인들과 상호 작용을 하면서 저널리즘 가치, 관행, 규범 등을 배우기도 하고(Matsaganis & Katz, 2013), 주류 미디어가 지역 미디어의 활동과 생산물을 접하게 되면서 지역성에 대한 새로운 자각, 대안적 미디어 제작의 가능성에 대해 인식할 수도 있다.

지역 미디어와 뉴 미디어

지역 미디어에게 있어서 뉴 미디어 기술은 양날의 검이다. 특히 지역 미디어가 수행하는 지역 이야기하기 활동의 측면에서 그렇다. 뉴 미디어 기술은 지역 이야기하기의 자원을 늘릴 수도, 축소시킬 수도 있다. 최근의 소셜 미디어, IOT, 스마트 도시, 인공 지능 등의 기술들이 갖는 새로운 행동유도성affordance은 지역 이야기하기 활동을 위해 필요한 공유 자원을 황폐하게 만들 수도 있고, 그러한 자원을 더 확장시키고 증가시킬 수도 있다(Kim et al., 2015; Kim & Shin, 2016). 가령 새로운 미디어 기술은 사람들로 하여금 지역과 관계없는 사회 관계망을 확충시키고, 지역과 관계없는 다양한 이야기에 24시간 접할 수 있는 환경을 만들었다. 그렇기 때문에 사람들이 더 이상 지역 기반의 사회적 관계(가족, 이웃 등) 속에서만 사회적 필요를 채울 필요가 없어지고, 어느 곳에 사는 누구와도 쉽게 상호 작용하면서 그때그때 필요한 주제의 이야기를 공유할 수 있게 되었다(Rainie & Wellman, 2012). 이런 상황에서 지역적 관점보다는 보편적 관점이 더 중요해지고, 지역의 문제가 아니라 국제적, 국가적 수준의 문제에 대해 관심을 갖는 것이 더 중요하게 되었다. 이런 경향을 강조하는 사람들은 뉴 미디어 기술이 사람들로 하여금 지역에 대해 이야기할 관심과, 동기와 자원을 고갈시킨다고 본다. 하지만 다른 주장도 있다. 오히려 뉴 미디어 기술이 사람들로 하여금 전에는 쉽게 접하지 못했던 지역의 사회 연결망에 연결되도록 도와주고, 전에는 접하기 쉽지 않았던 지역의 이야기에 접하도록 도와주고, 지역 사람들과 함께 지역의 이야기를 하고 지역 현안 해결을 하기 위한 공동의 협력 활동(Benkler, 2006)을 전보다 훨씬 쉽고 효율적으로 벌일 수 있게 하는 등, 오히려 지역 이야기하기를 활성화시키는 측면도 있다는 것이다(Kim & Shin, 2016).

우리가 사는 도시에는 이 두 가지 가능성이 모두 열려 있다. 지역 미디어는 이 두 가지 상반된 가능성 가운데에서 지역 이야기하기 주체로서의 자기 역할을 강화시킬 방안을 찾아야 한다. 지역 미디어는 ICT 기술의 지역화localized ICTs 가능성을 극대화하면서 지역 주민들이 자기 지역의 이야기에 쉽게 접하고, 자기 지역 주민 사람들과 쉽게 연결되고, 지역의 이슈를 쉽게 공유하는 플랫폼 역할을 해야 한다(Chen, Ball-Rokeach, Parks, & Huang, 2012; Kim & Shin, 2016).

지역 이야기하기 공유 자원과 지역 미디어

커뮤니케이션 하부 구조 이론의 관점에서 보면 도시 지역 내에서 가장 중요한 공유 자원은 지역 구성원들의 지역 이야기하기 활동을 돕는 커뮤니케이션 자원이다. 지역 미디어는 그러한 커뮤니케이션 자원 중 하나다. 이 공유 자원의 특징은 다른 유형의 공유 자원들과 마찬가지로 제대로 관리하지 않으면 누구도 쓸 수 없게 된다는 것이다(즉 공유지의 비극!). 공유지 관리가 잘 되지 않는 것은 주로 이기심을 바탕으로 한 과잉 이용overuse 때문인 경우가 많지만, 종종 과소 이용underuse이 원인이 되기도 한다. 지역 이야기하기 활동을 위한 커뮤니케이션 공유 자원은 후자의 경우다. 과소 이용 역시 과잉 이용과 마찬가지로 이기심, 즉 무임승차free-riding를 기반으로 한다. 과소 이용과 연계된 무임승차를 최소화시키고, 공유 자원이 잘 관리되도록 하기 위해서는 특정한 조건들이 만족되어야 한다(Ostrom, 1990). 지역 이야기하기의 행위를 위한 지역 내 공유 자원이 유지되기 위해서는 무엇보다 지역 주체들이 무임승차를 피하고 적극적으로 지역 이야기하기 활동에 참여하도록 돕는 지역 수준의 하부 구조가 구축되어야 한다. 그 과정에서 지역 미디어의 역할은 필수적이다. 지역 이야기꾼으로서의 지역 미디어가 활발히 활동하면서 지역 이야기하기의 공유지가 잘 관리되어서 지역 관점, 지역 문제, 지역 역량 등에 대한 이야기가 구성원들 사이에 원활하게 공유되는 환경이 만들어지고, 그러한 환경 속에서 지역 현안의 해결을 위한 방안들이 숙고되고, 논의될 수 있는 여건이 유지된다면 21세기 도시 환경 속에서도 시민 참여적 지역 공동체의 가능성은 여전히 열려 있다고 할 수 있다.

지역에 대해 말하고 떠드는 지역 이야기꾼으로서의 지역 미디어는 21세기 도시 환경 속에서도 지역 공동체의 생존과 성장을 위해 필수적인 요소다. 과거의 도시들과 마찬가지로 21세기 도시 역시 이야기하기의 공간이다. 21세기의 도시 공동체가 시민 참여적 소통을 바탕으로 작동하려면 지역 미디어가 지역 이야기하기의 주체로서 역할해야 한다. 하지만 우리 사회 대부분 지역에서 그런 지역 미디어가 부족하고 부실하다. 그래서 여전히 그들을 기다려야 한다.

참고 문헌

김유정 · 김용찬 · 김지현 · 우지희 · 정혜선 · 손해영 (2012). "중국동포 커뮤니티 형성과 에스닉 미디어의 역할: 커뮤니케이션하부구조의 관점에서," 〈한국언론학보〉, 56권 3호, pp.347~375.

김용찬 (2014). "인프라로서의 커뮤니케이션," 한국언론학회 엮음, 《커뮤니케이션의 새로운 은유》. 커뮤니케이션북스.

서울마을미디어지원센터 (2017). 《마을미디어 대표선수를 만나다: 2017 마을미디어 성과모델 발굴 프로젝트》. 서울마을미디어지원센터.

Ball-Rokeach, S. J. (1998). "A theory of media power and a theory of media use: Different stories, questions, and ways of thinking," *Mass Communication and Society*, 1(1/2), pp.5~40.

Benkler, Y. (2006). *The wealth of networks: How social production transforms markets and freedom*. New Haven, CT: Yale University Press.

Castells, M. (2000). *The rise of the network society* (2nd ed.). Malden, MA: Blackwell.

Chen, N. -T N., Dong, F., Ball-Rokeach, S. J., Parks, M., & Huang, J. (2012). "Building a new media platform for local storytelling and civic engagement in ethnically diverse neighborhoods," *New Media & Society*, 14(6), pp.931~950.

Fisher, W. (1989). *Human communication as narration: Toward a philosophy of reason, value, and action*. Columbia, SC: University of South Carolina Press.

Gottschall, J. (2012). *The storytelling animal: How stories make us human*. [노승영 옮김. 《스토리텔링 애니멀: 인간은 왜 그토록 이야기에 빠져드는가》. 민음사. 2014].

Hardyk, B. Loges, W. E. & Ball-Rokeach, S. J. (2005) "Radio as a successful local storyteller in Los Angeles: A case study of KKBT and KPCC," *Journal of Radio Studies*, 12 (1), pp.156

~181.

Kim, Y. C. & Jung, J. -Y. (2018). "Communication infrastructure theory as an ecological theory: Theoretical framework and key concepts," In Kim, Y. C., Matsaganis, M., Wilkin, H., & Jung, J. Y. (2018). *The communication ecology of 21st century urban communities*. New York: Peter Lang.

Kim, Y. C. (2018). "Communication infrastructure theory as a theory for collective problem recognition and problem-solving in urban communities: Beliefs, assumptions, and propositions," In Kim, Y. C., Matsaganis, M., Wilkin, H., & Jung, J. Y. (2018). *The communication ecology of 21st century urban communities*. New York: Peter Lang.

Kim, Y. C., Shin, E., Cho, A., Jung, E., Shon, K., & Shim, H. (2015). "SNS dependency and community engagement in urban neighborhoods: The moderating role of integrated connectedness to a community storytelling network," *Communication Research*. Advance online publication.

Kim, Y. C. & Shin, E. (2016). "Localized use of information and communication technologies in Seoul's urban neighborhoods," *American Behavioral Scientist*, 60, pp.81~100.

Kim, Y. C. & Ball-Rokeach, S. J. (2006). "Civic engagement from a communication infrastructure Perspective," *Communication Theory*, 16, pp.173~197.

Kitchin, R., Lauriault. T. P. & Wilson, M. W. (2017). *Understanding spatial media*. London: Sage.

Lin, W. -Y. & Song, H. (2006). "Geo-ethnic storytelling: An examination of ethnic media content in contemporary immigrant communities," *Journalism*, 7, pp.362~388.

Lin, W. -Y., Song, H., & Ball-Rokeach, S. J. (2010). "Localizing the global: Exploring the transnational ties that bindin new immigrant communities," *Journal of Communication*, 60, pp.205~229.

Matsaganis, M. D., Katz, V. S., & Ball-Rokeach, S. J. (2011). *Understanding ethnic media: Producers, consumers, and societies*. Thousand Oaks, CA: Sage.

Matsaganis, M. D. & Katz, V. S. (2014). "How ethnic media producers constitute their communities of practice: An ecological approach," *Journalism: Theory, Practice and Criticism*, 15(7), pp.926~944.

Mumford, L. (1961). *The city in history*. San Diego, New York, London: A Harvest Book Harcourt.

Ostrom, E. (1990). *Governing the commons: The evolution of insitutions for collective action*. New York: Cambridge University Press.

Park, R. E. (1923). "The natural history of the newspaper," *Journal of Sociology*, 24(3), pp.273

~289.

Rainie, Lee & Wellman, Barry (2012). *Networked: The new social operating system*. Cambridge: MIT Press.

Wenzel, A., Gerson, D., & Moreno, E. (2016). "Engaging communities through solutions journalism," *Tow Center Report: The Tow Center for Digital Journalism*. Retrieved from https://www.cjr.org/tow_center_reports/engaging_communities_through_solutions_journalism.php/

학술 담론을 통해 본 공동체 미디어

강진숙

3

“ 어린이, 청소년, 여성, 노인, 장애인, 이주민 등 소수자들의 특이성은 특수한 어느 하나가 아니라 다양한 복수의 존재들이 행동하는 자기 자신, ‘차이 그 자체’의 가능성과 잠재성을 통해 발현되는 것이다. 이러한 특이성의 발현은 고립된 개인이 아니라 더 많은 이용자들의 주체성을 지닌 연합체인 다중의 네트워크를 통해 더 많은 권리 획득으로 이어진다. ”

강진숙은 중앙대학교 미디어커뮤니케이션학부 교수로 미디어 교육과 디지털 리터러시, 그리고 질적 연구방법론에 대해 연구하고 있다. 독일 라이프치히대학교에서 미디어 커뮤니케이션학 박사 학위를 받았다. 책으로는 《커뮤니케이션과 미디어교육 연구의 주사위: 질적 연구방법론》, 논문으로는 “포스트휴먼 담론의 사유와 미학적-윤리적 역량 연구: 시몽동과 들뢰즈, 과타리의 인간-기계 사유를 중심으로”가 있다.

> "그러므로 이제 모든 것을 다시 발명해야 한다. 사회적 삶의 양식들뿐만 아니라 노동의 목적도, 자유뿐만 아니라 권리도."
>
> — 펠릭스 가타리 · 안토니오 네그리(1990: 9~10)

근대 이후의 새로운 주체와 실천을 고민하는 펠릭스 가타리Félix Grattari와 안토니오 네그리Antonio Negri의 이러한 고민은 공동체와 미디어의 역할에 대한 새로운 변화를 배경으로 한다. 인터넷은 기존의 사회적 관계와 다른 유연한 온라인 공동체를 통해 사람들을 연결하고, 스마트폰은 도처에서 사람들과의 말과 영상 기술의 소통을 가능하게 하기 때문이다. 즉 디지털 환경의 변화는 공동체를 형성하는 참여 주체와 활동 영역, 참여 방식들까지도 변화시키는 것이다.

이러한 상황을 바라보는 데 여러 시각이 교차한다. 우선 디지털 환경의 변화에 대한 비판적 시각은 《액체 근대*Liquid Modernity*》로 유명한 폴란드의 사회학자 지그문트 바우만Zygmunt Bauman을 통해 발견된다. 그는 《고독을 잃어버린 시간*44 Letters from the liquid modern world*》에서 휴대전화에 기록된 번호의 '네트워크'를 늘 소유자 뒤를 따라다니는 달팽이집에 비유한다(Bauman, 2010/2012). 소유자는 휴대전화가 자신의 기분과 소망에 따라 순종적으로 반응하는 것처럼 느끼게 된다. 그 이유는 손쉬운 접속과 끊기가 소유자의 통제 아래 있다고 오인되기 때문이다. 여기서 바우만은 의문을 제기한다. 휴대전화나 트위터, 페이스북 등이 과연 진정한 소통을 가능케 하는가? 이러한 뉴미디어를 통한 의사소통 기술의 성취는 진정한 사회적 관계의 형성보다는 오히려 공동체의 다양하고 복잡한 관계를 "가늘고 얄팍한 층으로 압축했다"는 것이 그의 비판적 관점이다(Bauman, 2010/2012: 86).

반면, 체코의 디지털 사상가인 빌렘 플루서Vilém Flusser는 《코무니콜로기*Kommunikologie*》에서 인간 커뮤니케이션의 목적을 "죽음의 판결을 피할 수 없는 인생의 잔인한 무의미함"을 잊고 저항하는 것에 둔다(Flusser, 1996/2001). 죽음에 직면할 때 지금까지 가꾸어 온 공동체는 무의미해지기 때문에, 오히려 새로운 소통의 세계에 뛰어들어 의미를 추구할 것을 주장한다. 이러한 참여가 가능한 것은 지식인 중심의 해독능력이 중시되었던 문자 시대에서 벗어나 일반 대중의 기술적 상상과 능동적 참여가 중요한 '기술적 형상'의 시대가 도래했기 때문이다. 이러한 낙관적 시각에서 볼 때, 뉴 미디어 환경의 변화는 이용자들 사이의 새로운 사회적 관계를 바탕으로 역동적인 공동체 형성을 촉진시킨다.

이 두 사상가의 입장을 모두 수렴할 때, 가타리와 네그리의 '새로운 발명'은 새로운 공동체의 형성과 참여 주체들의 실천에 대한 방향성 모색과 연결된다. 사회적 위계와 권력 및 통념을 극복하려는 아래로부터의 삶-정치의 기획은 고립되고 파편화된 개인에서 벗어날 때 펼쳐진다. 즉 "더 많은 사람들의 연합체"를 강조하는 바뤼흐 스피노자 Baruch Spinoza(1673/2011: 400)의 언급처럼, 자유와 노동의 가치에 대한 이용자들의 네트워크가 더 공고해지고 다양한 계층의 연대로 확장될 수록 '더 많은 권리 획득'이 발명될 수 있는 것이다.

이러한 맥락에서 이 장의 목적은 공동체 미디어 담론에 나타난 다양한 공동체의 유형과 참여 주체 및 실천 방식들을 분석하여 대안적인 공동체 미디어 실천의 방향성과 해결 과제들을 탐색하는 데 있다. 이를 위해 온라인 공동체에 대한 논의가 촉발되기 시작한 2000년대 이후 현재까지의 국내 학술지와 저널에 게재된 공동체 및 마을 미디어 담론을 분석하여 공동체 미디어와 주체와 관련된 현안과 쟁점을 분석하고자 한다.

공동체 미디어의 관점: 네트워크, 지역, 소수자, 다중

공동체 미디어란 무엇인가? 이것은 기본적으로 공동체 구성원들의 미디어에 대한 참여와 접근이 자본과 권력으로부터 자율적으로 이루어지는 상황을 전제한다. 즉 기존의 상업 미디어나 지배적 권력 구조를 대변하는 미디어와 달리 공동체의 자발적인 참여와 접근을 통해 대안적 미디어 활동이 이루어지는 것을 의미한다. 물론 이러한 정의도 공동체 미디어의 이론과 실천에 대한 다양한 관점들 속에서 서로 이론의 여지가 발생할 수 있다. 여기서는 공동체 미디어에 대한 학술 담론의 지형을 분석한 강진숙(2017)의 구분을 발전시켜 공동체 미디어의 관점을 재구성하고자 한다. 이 관점은 공동체 미디어의 위상과 역할과 연관되는데, 여기서는 크게 네 가지 측면에서 구분한다. 즉 네트워크, 지역, 소수자, 다중이 그것이다.

우선, 공동체 미디어를 네트워크로 연결된 사회적 관계로 보는 입장이다. 이것은 다양한 공동체의 명칭으로 나타나는데, '사이버 커뮤니티,' '인터넷 커뮤니티,' '온라인 서포트 커뮤니티,' '미니홈피 커뮤니티,' '인터넷 팬 커뮤니티,' 'SNS 독서 커뮤니티' 등이 대표적인 사례다(강진숙, 2017). 이러한 공동체의 주요 위상과 역할은 기본적으로 친밀감과 사회적 관계의 형성에 있다. 특히 온오프라인 활동을 통해 전개되는 회원들 사이의 소통과 정보 교류는 상호 관계이나 소속감 및 동질감의 획득, 놀이나 유희의 추구, 정체성 찾기 등을 위해 활성화된다. 이러한 공동체 네트워크의 잠재력은 온라인 회원제 활동을 통해 이루어지는 경우 문화적, 정치적, 경제적 이슈에 대한 사회적 캠페인과 집단행동 등을 통해 사회적 영향력을 행사하는 점에서 발견할 수 있다.

두 번째는, '지역'에 기반을 둔 공동체 미디어의 입장이다. 이것은 공동체 미디어를 지역 공동체의 정체성과 대안 미디어의 가능성을 통합적으로 고려한 입장에서 비롯된다. 반명진과 김영찬(2016)은 공동체 미디어의 주요한 위상과 역할을 공동체 구성원들의 삶과 제작 참여, 그리고 문화적 실천이 유기적으로 상호 작용하는 과정에서 발견한다. 왜냐하면 공동체 미디어는 해당 지역 공동체의 정체성과 당면한 지역 상황에 대한 문제의식을 공유하는 과정에서 출현했기 때문이다. 따라서 공동체 미디어의 콘텐츠 생산보다는 지역 공동체 구성원들의 삶과 지역 상황에 초점을 둔다.

이러한 입장은 공동체 미디어의 역할을 대안 미디어의 가능성에서 찾는다는 점에서 공동체 구성원들의 실천적 측면을 지향한다. 김은규와 최성은(2013)은 공동체 미디어 중에서도 공동체 라디오의 사회적 가치와 활성화에 관심을 둔다. 이를 위해 언론학자와 미디어 단체 전문가들을 중심으로 심층 인터뷰 분석을 실시하여 공동체 라디오의 운영 구조와 정책적 개선점을 모색하였다. 이러한 공동체 미디어의 대안 미디어적 가능성은 다양한 관점에서 접근되었다. 예컨대, 문화 정체성, 항쟁의 에토스, 시청 공동체 등이 여기에 포함된다(강진숙, 2017).

세 번째로, 소수자 관점에 토대를 둔 공동체 미디어의 입장이다. 이것은 주로 소수자 미디어나 이주민 미디어로 표현되는 공동체 미디어 담론을 통해 나타난다. 소수자 미디어는 '소수자에 의해,' '소수자를 위해,' '소수자되기'를 실천하는 미디어를 의미한다. 즉 소수자 미디어는 양적으로 소수인 미디어가 아니라 사회적 소외 계층이면서 동시에 사회적 위계나 집단주의에서 벗어나 문화 다양성을 실현할 수 있는 사회적 소수자들이 접근, 참여, 실천하는 미디어를 가리킨다. 그러면 소수자란 무엇인가?

질 들뢰즈Gilles Deleuze와 가타리(Deleuze & Guattari, 1980/2001)에 의하면, 소수자는 다수성이 만드는 지배적이고 획일적인 규범에서 벗어난다. 다수성은 양적·수적으로 큰 것이 아니라 어떤 상태나 가치의 표준(남성-백인-어른-비장애인-이성애자 등)을 의미하며, 사회는 일반적으로 다수성의 지배 상태에 놓여 있다(강진숙·박지혜, 2015). 반면, 소수자는 여성-흑인-어린이-장애인-동성애자 등 사회의 지배 질서나 권력으로부터 차별받고 배제되는 약자이지만, 다른 한편으로는 다양성의 가치와 차이의 힘을 실현할 수 있는 존재를 의미하기도 한다. 따라서 소수자는 단순히 다수자에 동화되고 예속되는 대상이 아니라 '소수자되기'를 통해 차이의 생성이 가능한 특이성의 주체인 것이다(Deleuze & Guattari, 1980/2001). 즉 소수자는 다수자를 모방, 재현함으로써 그들과 동일한 세계에 편입하기보다는 소수자의 욕망과 차이를 생성할 수 있는 가능성을 지닌다.

이러한 맥락에서 소수자 미디어의 역할은 주류 미디어에서 소수자의 부재invisibility와 악마화villification에 대한 대응이며, 소수자가 목소리를 내고 정치·문화 과정에 참여하고 인정받을 수 있게 하는데 있다(Husband, 2005; Silverstone & Georgiou, 2005; 정의철, 2011: 499 재인용). 예컨대, 소수자 미디어의 '여성되기'는 가부장제 사회에서 벗어나 성 평등의 가치를 실천하는 것이라면, '아이되기'는 어른의 욕망 경제로부터 벗어나 어른과 다른 창의성과 상상력을 구사할 수 있는 실천 방법이다. 여기서 중요한 것은 남성이나 성인도 이러한 소수자 미디어의 제작과 '소수자되기' 활동에 참여할 수 있다는 점이다. 왜냐하면 소수자되기는 신체 크기의 차이나 여성 신체의 모방이 아니라 누구나 가능한 복수성의 가치 존중과 체화를 위한 실천적 의미를 지니기 때문이다.

한편, 소수자 미디어에 포함되는 이주민 미디어는 '에스닉 미디어ethnic media,' '공동체 미디어community media,' 다문화 미디어multicultural media' 등으로도 표현된다(강진숙, 2017). 특히 '주류 미디어'에 대한 저항의 공간이자 선주민과 이주민이 공동 제작하는 다문화 공동체의 가능성을 강조하는 관점에 기초한다. 이러한 측면에서 채영길(2013)은 이주민 미디어의 역할을 주류 미디어의 구별 짓기에 대한 대안으로 설정한다. 주류 미디어가 '우리 : 그들'의 분리를 통해 외국인 혐오주의나 인종차별주의 콘텐츠를 확대 재생산하는 기능을 수행한다는 점에서 이주민 미디어의 역할이 중요하다. 예컨대, '선주민(원주민)'과 이주민이 함께 제작하는 공동체 라디오는 다문화적 공동체의 정체성을 형성하는 '권능화' 과정의 장이 될 수 있다(안진 · 채영길, 2015)는 점에서 그 역할이 발견된다. 소수자 미디어는 이주민 등 소수자의 집합적 행동을 통해 자기 재현의 공간을 창출하고 주류 사회의 편협하고 고정관념적인 재현에 도전하는 "다양성과 다문화주의의 도구"(Sreberny, 2005; Georgiou, 2005; 정의철, 2011)로서 역할을 한다는 점에서 주류 미디어와 차별화된다.

마지막으로, 다중multitude 실천의 사유에 근거해 공동체 미디어의 역할을 바라보는 입장이다. '다중'은 스피노자가 폭력적인 집단인 '폭민'과 구분하여 민주주의를 실천하는 주체들을 가리키는 개념이다. 그는 주체적인 사람들의 집합체로서 다중을 강조하는데, 그 이유는 "사람들이 연합 형태로 결합하면 할수록, 그들은 그만큼 집단적으로 보다 많은 권리를 갖게 되기" 때문이다(Spinoza, 1951/2011: 400). 이러한 스피노자의 사유를 이어받고 있는 안토니오 네그리와 마이클 하트Michael Hardt는 현대 사회의 다중과 실천에 대해 보다 구체적으로 접근한다. 여기서 다중이란 한 개별적 존재가 아니다. 대신 사회적 지위와 부의 차이에 상관없이 공통의 관심사나 이슈, 혹은 취향을 중심으로 상호 연결된 주체성의 네트워크다(Negri & Hardt, 2001/2008). 이러한 다중의 기획은 물질 노동에서 비물질적 노동으로 변화된 시대적 특징을 배경으로 한다. 왜냐하면 현대 사회 다중의 토대는 근대 포디즘 시대의 물질적 재화 생산과 다른 영역, 즉 언어, 소통, 정보, 정서 등의 비물질적 노동 행위를 통해 구축되고, '공통의 것'을 재생산하게 되었기 때문이다(강진숙 · 소유석, 2016). 특히 노동 과정에서 점차 언어를 통한 비물질적 소통의 중요성이 부상하였고(Virno, 2001/2004), 이를 통해 인간의 지성도 다중의 협업과 언어적 소통을 통해 재생산되는 환경에 놓여 있다는 점에서 공동체 미디어와 다중의 실천적 측면이 함께 탐색되어야 한다. 네그리와 하트의 공동체와 다중에 대한 사유는 현대 사회의 다양한 사회 구성원들의 미디어 활동과 실천들을 조명하는 데 도움을 준다. 그들은 공동체를 동일한 목적과 의도를 기반으로 한 위계적 집단이 아니라 서로 다른 이해와 관심으로 연결된 사람들의 차이에 기초한 집합체를 염두에 둔 까닭이다.

이상에서 볼 때, 공동체 미디어는 공동체의 구성원과 실천적 지향점을 어떻게 두는지에 따라 다양한 정의와 역할이 도출됨을 알 수 있다. 이 중에서도 주요한 역할을 정리하면, 지역 공동체에 기반을 둔 대안 미디어로서의 역할, 주류 미디어의 혐오와 차별주의의 재생산에 대한 이주민 미디어의 '커뮤니케이션 권리'적 대응의 역할, 그리고 다중의 네트워크에 기반을 둔 '공통의 것'을 만들어 내는 다중 실천의 역할 등이 핵심적으로 제기된다.

공동체 미디어의 실천 유형과 참여 주체

공동체 미디어에는 어떠한 실천 유형들이 있고, 어떠한 주체들이 참여하고 있는가? 공동체 미디어의 실천 유형과 참여 주체는 불가분의 관계에 있다. 왜냐하면 전문적인 제작자들과 상업 자본에 기초한 주류 미디어와 달리 공동체의 활동이 미디어의 작동 방식으로 표출되기 때문이다. 이 점을 고려할 때, 공동체 미디어는 크게 세 가지 측면에서 실천과 참여 주체들의 특징을 살펴볼 수 있다. 즉 온라인 공동체로서 운영되는 공동체 미디어의 활동, 소수자 미디어의 활동, 그리고 공동체 라디오의 다중 활동이 여기에 포함된다(강진숙, 2017).

우선, 온라인 공동체 활동은 가장 광범위하게 작동하는 공동체 미디어의 실천 유형이다. 여기에는 인터넷을 비롯해 소셜 네트워크 서비스(social network service: SNS) 등 다양한 온라인 공동체 활동들이 포함된다. 특히 'SNS 독서 커뮤니티'는 SNS를 통해 실천하는 독서 공동체를 의미한다. 예컨대, '책 읽는 지하철BookMetro'은 SNS를 소통의 매개로 하여 정기적으로 독서 모임과 지하철 책읽기 플래시몹flash mob을 행하고 있다. 플래시몹은 약속한 시간과 장소에 모여 주어진 행동을 한 후 곧바로 흩어지는 행동으로서 가벼운 문화적 행위로부터 집단의 정치적 항의 표출까지 다양한 실천의 스펙트럼을 지닌다.

이 공동체의 취지는 일방적인 계몽주의 독서 전략이 아니라 책읽기의 경험을 공유하고 독서를 '놀이를 통한 유희'로서 즐기고 문화적 행위를 공유하는 데 있다(김지연·강진숙, 2015). 따라서 SNS와 지하철 공간을 활용하여 온·오프라인 독서 활동을 전개하고 있다는 점에서 독서 공동체의 실천적 함의가 발견된다. 이러한 SNS 독서 커뮤니티에서 참여 주체는 지하철 독서 인증샷을 인스타그램에 올리며 공동체 회원들 사이의 소속감과 동질감을 획득하는 한편, 타자에 의한 일방적 강요가 아닌 자발적인 유희와 독서 실천의 능동적 행위자가 되기 때문이다.

두 번째로, 지역 공동체에 기반을 둔 공동체 미디어의 활동 유형과 참여 주체들이다. 지역 공동체 미디어는 주로 지역 공동체나 마을 공동체 등을 활동 공간으로 삼는다. 예컨대, 서울 지역의 마을 미디어인 동작FM, 강북FM, 창신동라디오 덤, 마포FM 등을 중심으로 지역 공동체 구성원들의 문화적 플랫폼으로 위치하며, 궁극적으로는 주류 상업 미디어와 차별화된 대안 미디어나 시민 미디어의 문화정치적 지향점을 추구한다. 또한 현실적으로 당면한 재정난의 극복을 위해 경제적 모델을 기획하기도 하는데, 미디어 협동조합, 사회적 기업, 마을 기업 등은 대표적인 사례다(이희랑 · 김희영, 2017).

세 번째로, 소수자 미디어의 활동을 통해 또 다른 공동체 미디어의 활동 유형과 참여 주체들을 살펴볼 수 있다. 소수자 미디어에는 '에스닉 미디어'로 표현되는 이주민 미디어나 노인 미디어, 장애인 미디어 등이 포함된다. 에스닉 미디어는 특정 지역 내 이주민이나 인종적 · 언어적 소수자를 위한 혹은 이들이 만드는 모든 미디어를 통칭하는 것으로서, 여기에는 지역적 경계를 넘어 언어나 민족, 인종적 연원을 같이 하는 사람들이 이용하는 미디어들도 포함된다(김유정 외, 2012; Matsaganis, Katz, & Ball-Rokeach, 2011). 예컨대, 중국 동포 신문들은 에스닉 미디어로서 현지 지역 공동체의 소식들을 이야기하는 역할을 한다는 점에 함의가 있다. 또한 노인 미디어인 '은빛둥지'는 사회적 기업으로 법인화되어 활동 중에 있고, 그 참여 주체는 노인 소수자들이다(장유정, 2016). 특히 시청자미디어재단이 주관하고 방송통신위원회가 정기적으로 주최하는 '장애인미디어축제'는 "장애에 대한 인식을 개선하고 장애인과 비장애인이 미디어로 함께 소통함"(신혜진, 2016)을 목적에 둔 '장애인되기'의 사례다. 2016년 축제에서도 영화 〈오빠생각〉(이한/2015)을 '배리어프리 영화'로 지정해 시· 청각 장애인과 비장애인이 영화 감상하도록 '자막'과 '화면 해설'을 제공하였기 때문이다.

마지막으로, 다중의 정치적, 문화적 실천 행위들을 지향하는 공동체 라디오 활동이다. 예컨대, 결혼 이주 여성의 공동체 라디오 참여 활동과 커뮤니케이션 권리 찾기, 동작FM의 다중 참여와 실천 행위, 그리고 마을 미디어의 공동체 공론장 역할 등에 대한 사례는 연구들을 통해 다양한 접근이 이루어졌다(강진숙, 2017). 이 연구들의 함의는 공동체 미디어의 다양한 참여 방식과 다중의 실천 사례들을 탐구한다는 점에서 의미가 있다. 하지만 주지할 것은 '다중'의 위상과 역할을 공동체 라디오 활동에서 찾을 경우 그 이념적 지향성에 비해 현실 사례는 여러 가지 장애 요인들에 직면해 있다는 점이다. 특히 재정적 불안정성과 일부 활동가들의 희생적 헌신과 사적 네트워크에 의존하는 조직 구조는 미디어 교육의 법제도적 위상 정립 차원에서 성찰적 접근이 필요하다.

요컨대, 공동체 미디어의 실천 유형과 참여 주체는 공동체의 구성원과 실천 방식을 중심으로 서로 차이점을 지닌다. 여기서는 온라인 공동체, 지역 공동체, 소수자 미디어, 다중 참여 활동 등을 중심으로 살펴보았다. 물론 각각의 공동체 미디어들의 역할은 명확히 분리되기보다 서로 중첩되는 속성을 지닌다. 예컨대, 소수자 미디어와 다중 참여의 방식은 차이의 다양성과 주체성을 지향할 뿐 아니라 구성원들에 있어서도 공통점을 지닌다. 하지만 이러한 구분이 필요한 이유는 참여 주체들의 참여 방식과 지향점을 보다 세분화하여 공동체 미디어의 소수자되기와 다중 실천의 함의들을 포착하기 위함이다.

공동체 미디어에 관한 학술 담론

공동체 미디어를 다룬 학술지에는 어떠한 경향과 특징이 있을까? 이러한 물음을 해결하고자 공동체 미디어와 관련한 다양한 학술 담론의 주제와 방법들을 분석하여 공동체 미디어의 대안적 정립 방안을 모색하고자 한다. 이와 관련하여 두 가지 문제가 제기되는데, 하나는 학술 담론에 나타난 공동체 미디어가 어떠한 유형과 특징을 지니는가 하는 점이라면, 다른 하나는 학술 담론에 나타난 공동체 미디어가 어떠한 참여 주체와 참여 방식들을 주요하게 보고 있는지에 대한 것이다. 분석 결과를 정리하면 다음 표 1과 같다.[1]

[1] 이 연구는 국내 학술지들에 나타난 공동체 미디어 담론의 지형과 접근 방법들을 분석하여 공동체 미디어의 대안적 방향성과 연구 과제들을 탐색하는 데 그 목적이 있다. 이를 위해 DBpia 검색 도구를 사용하여 '마을 미디어,' '공동체 미디어' 등의 키워드들을 1차, 2차 단계로 입력한 후 분석 대상을 산출하였다. 그 결과 1차 '마을 미디어'를 투입한 결과 총 52건, '공동체 미디어'의 경우 총 263건의 자료들이 산출되었다. 2차 단계에서는 1차 단계의 산출 결과 중에서도 직접적으로 주제 관련성이 미미하거나 중복성이 있는 경우를 제외한 결과, 2004년 8월부터 2018년 3월 현재까지 총 38건의 학술 논문들이 집계되었다.

분석 방법으로는 메타분석 방법론을 적용하였는데, 이는 역사적으로 어떠한 학술 담론들이 등장했는지를 탐색하여 담론의 경향적 특징과 함의, 한계들을 도출하는 데 유의미한

표 1 공동체 미디어에 관한 학술 담론의 사례(게재 연도순)

사례	제목	연도	게재 학술지
1	가상공간의 공동체 문화 탐색 — 사이월드 문화를 중심으로	2004. 8	〈언론과 사회〉, 12권 3호, pp.55~89
2	사이버 공동체의 사회 자본적 속성에 관한 연구: 사회 자본에 대한 개념적 탐색을 중심으로	2004. 11	〈미디어 경제와 문화〉, 2권 3호, 55~96
3	사이버공동체의 정체성과 집합행동	2004. 12	〈정보사회와 미디어〉, 6호, pp.105~138
4	온라인 게임에서의 공동체 경험과 몰입에 관한 연구	2005. 6	〈정보사회와 미디어〉, 7호, pp.69~81
5	공동체라디오	2005. 9	〈황해문화〉, 48호, pp.354~358
6	미니홈피 커뮤니티의 사회문화적 특징: 대학생 이용자의 사례를 중심으로	2007. 3	〈사이버커뮤니케이션학보〉, 21호, pp.83~122
7	복지사회 구현을 위한 '소공동체 네트워크 인프라(Small Community Network)' 델	2009. 6	〈정보사회와 미디어〉, 15호, pp.27~47
8	컨버전스의 현실화: 다중 미디어 실천에 관한 인간, 문화, 사회적 관점	2010. 2	〈언론정보연구〉, 47권 1호, pp.5~42
9	온라인 소셜 미디어와 참여적 사회 자본: 한국과 미국 대학생의 연결적 vs. 결속적 이용을 중심으로	2010. 9	〈한국방송학보〉, 24권 5호, pp.9~46
10	한국의 지역사회와 지역커뮤니케이션의 구조: 인천광역시의 사례를 중심으로	2011. 3	〈한국민족문화〉, 39, pp.327~365
11	소셜미디어 유력자의 네트워크 특성: 한국의 트위터 공동체를 중심으로	2011. 8	〈언론정보연구〉, 48권 2호, pp.44~79
12	다문화사회와 이주민 미디어: 〈이주민방송〉을 중심으로	2011. 12	〈언론과학연구〉, 11권 4호, pp.489~526
13	넷과 SNS를 통한 감성적 참여와 공유	2012. 6	한국언론학회 심포지움 및 세미나, pp.369~397
14	문학 커뮤니티의 집합적 창작(collective creation) 과정에 대한 생태계적 모형 연구: 온라인 커뮤니티 문장(Munjang)을 중심으로	2012. 9	〈사이버커뮤니케이션학보〉, 29권 3호, pp.163~218
15	정규방송 도입 이후 공동체 라디오 운영구조 및 정책에 대한 평가적 고찰: 전문가들의 인식을 중심으로	2013. 9	〈언론과학연구〉, 13권 3호, pp.184~214
16	차이와 소수성을 위한 이주노동자 미디어교육에 대한 질적 연구: MWTV 이주노동자 미디어교육 교수자 및 학습자와의 질적 심층인터뷰를 중심으로	2013. 12	〈한국언론학보〉, 57권 6호, pp.441~468
17	다문화사회와 상호주관 소통권: 미디어 중심에서 커뮤니티 중심의 커뮤니케이션을 위하여	2013. 12	〈커뮤니케이션이론〉, 9권 4호, pp.136~175
18	누구와 소통하는가: 연결된 청소년의 공동체적 삶 역량 계발	2014. 2	〈한국언론학보〉, 58권 1호, pp.5~38
19	궐기하는 자들의 웃음 공동체되기(becoming)의 가능성: '국정원 파파라치' 사례를 중심으로	2014. 6	〈한국언론학보〉, 58권 3호, pp.59~86

20	'서울마을미디어'의 다중 실천과 문화정치적 의미에 대한 연구: 네그리와 하트의 '다중' 개념을 중심으로	2014. 9	〈방송과 커뮤니케이션〉, 15권 3호, pp.143～185
21	마을과 사람을 잇는 마을미디어	2014. 12	〈국토〉, pp.398, 92～100
22	이주민의 커뮤니케이션 권리와 역량강화: 이주민 미디어와 이주민 미디어교육을 중심으로	2015. 4	〈한국언론학보〉, 59권 2호, pp.257～286
23	공동체 라디오를 통한 다문화 인식개선과 스토리 설계 방안	2015. 5	〈한국콘텐츠학회논문지〉, 15권 5호, pp.98～107
24	공동체 미디어 실천과 다문화 정체성의 재구성: 결혼이주여성의 공동체 라디오 참여활동과 권능화	2015. 11	〈한국방송학보〉, 29권 6호, pp.94～136
25	공동체 미디어의 참여자 네트워크 특성과 의미 분석: 마포FM 사례를 중심으로	2016. 5	〈한국콘텐츠학회논문지〉, 16권 5호, pp.720～731
26	서울시 마을공동체미디어와 공동체 공론장의 분화와 재구성	2016. 6	〈커뮤니케이션이론〉, 12권 2호, pp.4～46
27	미디어는 공동체에 어떠한 기여를 해야 하나	2016. 6	〈미디어와 교육〉, 6권 1호, 28～39
28	공동체 라디오와 지역 공동체 구성원의 상호 작용에 대한 현장연구: 마포FM 사례를 중심으로	2016. 8	〈한국언론정보학보〉, 78호, pp.79～115
29	공동체 라디오 동작FM의 다중참여와 실천사례 연구: 네그리와 하트, 비르노의 다중이론을 중심으로	2016. 10	〈한국언론학보〉, 60권 5호, pp.292～318
30	마을미디어 실천에 대한 탐색적 연구: 서울마을미디어 활동에 대한 근거이론을 통한 분석	2017. 2	〈한국언론정보학보〉, 81호, pp.75～121
31	마을공동체미디어 생산자의 미디어 경험에 관한 탐색적 연구: 제주지역 공동체미디어의 생산과 과제, 정책적 함의를 중심으로	2017. 2	〈한국언론정보학보〉, 81호, pp.153～186
32	마을미디어의 참여와 정치문화에 대한 비판적 검토	2017. 2	〈언론과 사회〉, 25권 1호, pp.141～194
33	공동체는 발명되어야 한다: 서울시 마을미디어 형성과 활동을 중심으로	2017. 2	〈한국언론정보학보〉, 81호, pp.40～74
34	온라인 공동체 미디어(Community Media) 실천 연구: 대덕밸리라디오를 중심으로	2017. 6	〈한국콘텐츠학회논문지〉, 17권 6호, pp.39～54
35	소수자운동으로서의 기자단교육의 성과와 대안적 방향 모색: 이주민의 목소리 내기 관점을 중심으로	2017. 6	〈한국언론학보〉, 61권 3호, pp.87～118
36	공동체 미디어 활동가의 다중 실천과 정동 체험에 대한 연구: 미디어 제작 활동을 중심으로 한 미디어 비오그라피 분석	2017. 9	〈한국방송학보〉, 31권 5호, pp.50～77
37	중국 칭다오 조선족 이주자의 민족네트워크 실태 분석	2017. 12	〈디아스포라연구〉, 11권 2호, pp.161～189
38	여성주의 실천 전략으로 바라본 공동체 미디어: 대구, 경산 공동체 미디어 실천 활동을 중심으로	2018. 3	〈한국여성학〉, 34권 1호, pp.105～140

공동체 미디어의 유형과 변화 추이 분석

학술 담론에 나타난 공동체 미디어의 유형과 특징을 분석한 결과는 표 2와 같다. 이는 크게 온라인 공동체 미디어, 지역 공동체 미디어, 소수자 공동체 미디어, 다중 공동체 미디어 등 네 가지로 분류할 수 있다. 각각의 특징을 살펴보면 다음과 같다.

우선, 공동체 미디어의 유형 중에서도 가장 큰 비중을 차지한 것은 온라인 공동체 미디어와 지역 공동체 미디어로서 12건을 나타냈다. 온라인 공동체 미디어의 배경이 되는 공동체는 주로 '사이월드 공동체,' '사이버 공동체,' '온라인 게임 공동체,' '미니홈피 커뮤니티,' '소셜 네트워크,' '트위터 공동체,' '문학 커뮤니티,' '온라인 네트워크,' '온라인 공동체' 등으로 각각 지칭되었다. 이러한 온라인 공동체는 주로 2000년대 초반인 2004년에서 2012년까지 집약적으로 연구되었고, 그 외 2014년과 2017년에 간헐적으로 총 두 편의 논문이 발견되었다. 이것은 2000년대 온라인 공간의 네트워크화와 조직화 속도가 빠르게 진행되면서 사이월드, 미니홈피뿐 아니라 SNS까지 다양한 커뮤니티 활동과 사회적 실천들이 이루어졌음을 알 수 있게 한다. 예컨대, 주제별 초점을 보면 공동체 문화, 사회 자본의 확대, 컨버전스, 감성적 참여와 공유, 집합적 행동과 청소년의 사회적 관계 확장 등이 대표적이다.

방법이다(강진숙, 2011; 2016; 2017). 이러한 접근은 학술 담론에 사용된 중심 주제와 방법론의 적용, 그리고 관련 이슈 및 쟁점들을 파악하여 비판적 성찰과 새로운 학술 담론의 방향성을 모색하는 데 기여한다. 이를 위해 강진숙(2017)의 선행 연구에서 적용한 방법론을 참조하여 이 주제에 맞게 새롭게 적용, 분석하였다. 따라서 메타분석 방법을 적용하여 공동체 미디어에 관한 학술 담론의 주제와 이론, 연구 방법 등을 정리하고자 한다.

표 2 학술 담론에 나타난 공동체 미디어의 유형과 주제별 초점

공동체 미디어 유형	공동체 명칭	주제별 초점	사례
온라인 공동체 미디어(12건)	사이월드 공동체	가상 공간의 공동체 문화(사이월드)	1
	사이버 공동체	사이버 공동체의 사회 자본적 속성	2
	사이버 공동체	사이버 공동체의 정체성, 집합 행동	3
	온라인 게임 공동체	온라인 게임의 공동체 경험, 몰입	4
	미니홈피 커뮤니티	미니홈피 커뮤니티	6
	소셜 네트워크	컨버전스, 다중 미디어 실천	8
	소셜 네트워크	온라인 소셜 미디어, 참여적 사회 자본	9
	트위터 공동체	한국의 트위터 공동체	11
	온라인/소셜 네트워크	넷과 SNS 감성적 참여, 공유	13
	문학 커뮤니티	온라인 문학 커뮤니티, 집합적 창작 과정	14
	온라인 네트워크	연결된 청소년의 공동체적 삶 역량	18
	온라인 공동체	온라인 공동체 미디어 — 대덕밸리라디오	34
지역 공동체 미디어(12건)	시민 미디어	공동체 라디오	5
	소규모 공동체	소공동체 네트워크(Small Community Network, SCN): 개인의 삶과 사회 경제 기반이 되는 공동체 네트워크	7
	스페이스 미디어	지역 커뮤니케이션의 구조 — 인천광역시 사례	10
	공동체 방송	공동체 라디오 운영 구조, 정책 — 전문가 인식 사례	15
	웃음 공동체	웃음 공동체 — '국정원 파파라치' 사례	19
	지역 공동체	마을과 사람을 잇는 마을 미디어	21
	지역 공동체	미디어와 공동체	27
	지역 공동체	공동체 라디오, 지역 공동체 구성원의 상호 작용 — 마포FM 사례	28
	마을 공동체	서울 마을 미디어 활동, 근거 이론 분석	30
	마을 공동체	제주 지역 공동체 미디어, 생산자의 미디어 경험	31
	마을 공동체	마을 미디어 참여, 정치 문화 — 관악FM, 창신동 라디오 덤, 도봉N	32
	마을 공동체	서울시 마을 미디어 형성, 활동	33

소수자 공동체 미디어(9건)	소수자 담론 공동체	이주민 방송	12
	소수자 공동체	차이와 소수성, MWTV 이주 노동자 미디어 교육 — 교수자, 학습자 심층 인터뷰	16
	다문화 공동체	다문화 사회, 상호 주관적 소통권, 공동체 중심의 커뮤니케이션	17
	이주민 공동체	이주민의 커뮤니케이션 권리, 역량 강화, 이주민 미디어/미디어 교육	22
	다문화 공동체	공동체 라디오, 다문화 인식 개선	23
	다문화 공동체	공동체 미디어, 다문화 정체성 — 결혼 이주 여성의 공동체 라디오 참여 활동, 권능화	24
	디지털 공동체	소수자 운동, 기자단 교육, 이주민의 목소리 내기	35
	민족 네트워크	중국 칭다오 조선족 이주자, 민족 네트워크	37
	여성주의 공동체	여성주의 실천 전략, 공동체 미디어: 대구, 경산 공동체 미디어 실천 활동	38
다중 공동체 미디어 (5건)	다중 네트워크	서울 마을 미디어의 다중 실천 — 네그리와 하트의 다중 개념	20
	참여자 네트워크	공동체 미디어의 참여자 네트워크 – 마포FM 사례	25
	공동체 공론장	서울 마을 공동체 미디어, 공동체 공론장	26
	다중 네트워크	공동체 라디오, 동작FM의 다중 참여	29
	다중 네트워크	공동체 미디어 활동가, 다중 실천, 정동 체험 — 미디어 제작 활동 미디어 비오그라피	36

두 번째로, 지역 공동체 미디어 역시 다양한 공동체에 기초해 연구되었다. 일례로 시민 미디어, 소규모 공동체, 스페이스 미디어, 공동체 방송, 웃음 공동체, 지역 공동체, 마을 공동체 등이 여기에 포함된다. 이러한 지역 공동체 미디어에 대한 주제별 초점을 보면, 주로 시민 미디어의 위상과 역할, 지역 공동체 구성원과 마을 미디어 사이의 상호 작용, 마을 미디어의 참여와 활동, 정치 문화적 함의 등이 주요하게 탐색되었다. 이러한 지역 공동체 미디어의 함의는 미디어를 단순히 기

술적, 도구적 차원에서 보는 시각을 벗어나 지역 사회의 현안을 공유하고 구성원들 사이의 유대와 공동체 의식을 복원하기 위한 대안 미디어의 지향점을 지닌다는 점에 있다. 하지만 이상적 모델과 달리 현실 분석 과정에서 지역 사회의 위계 구조와 중앙집권적인 조직 운영 등의 문제는 지역 공동체 미디어의 해결 과제로서 제기되었다.

세 번째로, 소수자 공동체 미디어는 총 9건으로 주로 이주민과 여성을 중심으로 한 소수자 연구 사례에서 발견되었다. 이 경우 미디어의 배경에는 '소수자 공동체'뿐 아니라 '다문화 공동체,' '이주민 공동체,' '디지털 공동체,' '민족 네트워크,' '여성주의 공동체' 등이 등장하였다. 특히 이주민 방송인 MWTV와 관련된 이주민/소수자 미디어 제작자 및 참여자들에 대한 심층 인터뷰가 활발히 이루어졌다. 주제별 초점을 보면, 이주 노동자와 이주민 미디어 교육, 소통권의 확보, 다문화 인식 개선, 다문화 정체성과 권능화의 필요성, 소수자 운동으로서 이주민의 목소리 내기, 민족 네트워크의 현 주소와 개선점, 그리고 여성들의 공동체 라디오 창립과 골목 방송을 통한 미디어 실천 활동 등이 중요하게 이슈화되었다. 여기서 핵심은 주류 상업 미디어에서 주변화되고 배제된 소수자들이 어떻게 소수자 미디어를 통해 자신의 목소리와 소통권을 확보할 것인지, 나아가 다수자 중심의 사회적 통념과 차별 구조를 변화시킬 것인지 하는 과제들을 통해 집약적으로 표출된다. 요컨대, 다문화 인식의 개선은 궁극적으로 소수자되기의 실천 속에서 함께 전개되어야 한다. 소수자되기는 신체적이고 존재론적인 젠더 구분이나 장애 요인의 구분이 아니라, 선주민과 이주민, 여성과 남성, 장애인과 비장애인, 청년과 노인이 함께 서로 다름을 인정하고 공존의 가치들을 획득하기 위한 실천이기 때문이다.

마지막으로, 다중 공동체 미디어는 5건으로 저조한 편이지만, 2014년 이후 2017년까지 지속적으로 탐색되어 왔다는 점에서 향후 추이가 주목되는 분야다. 이 경우 공동체는 주로 '다중 네트워크,' '참여자 네트워크,' '공동체 공론장' 등 지역성보다는 네트워크 형성 구조와 공통의 생산물로서 다중 지성을 탐구하는 데 초점을 둔다. 주제별 초점은 네그리와 하트의 다중과 정동 사유를 적용하여 서울마을미디어와 공동체 미디어 활동가들의 다중 실천 방식들에서 두드러지게 나타났다. 이러한 다중 실천과 정동 체험의 측면은 공동체 미디어의 활동가와 주민 참여 방법 등을 기획하고 문제점들을 개선하는 데 기여할 수 있다. 왜냐하면, 공동체 미디어의 활성화는 소수의 활동가의 헌신이나 희생, 개별 네트워크의 의존성을 벗어나 놀이와 유희, 공통의 생산물을 제작하고 경험하기 위한 다양한 참여자들의 집단 지성과 협력 작업을 통해 모색될 수 있기 때문이다.

참여 주체의 유형과 참여 방식

각각의 공동체 미디어들에는 어떠한 참여 주체의 유형과 참여 방식들이 나타나는가? 분석 결과, 학술 담론에 나타난 공동체 미디어의 참여 주체와 참여 방식은 표 3과 같다.

표 3 공동체 미디어의 참여 주체와 참여 방식

공동체 미디어 유형	참여 주체의 활동 영역과 참여 방식				사례
	공동체 명칭	참여 주체	활동 영역(지역)	참여 방식	
온라인 공동체 미디어 (12건)	사이월드 공동체	• 축구 · 영화 동아리 대학생 9명 • 미니미(주인)	• 가상 공간: 미니홈피, 미니룸	• 가족 공동체, 지역 공동체 형식 부정 • 의미 공유자들의 연결망(축구, 영화): 방문록, 일촌 맺기, 사진첩 등(사이버 민속지학방법)	1
	사이버 공동체	• 대학생 • 172명 설문 조사	• 사이버 공간: 사회적 공간	• 관계 공동체: 동호회, 동창회 활동 • 친분, 유대/정보, 지식 습득	2
	사이버 공동체	• 디시인사이드(디시폐인, 햏자): '유연적 대중' • 에세랄클럽(디카 마니아): '한정된 집단성원' • 붉은악마: '열광하는 군중' • 사례 분석	• 온라인(디시)/온오프라인 결합(에세랄, 붉은악마)	• 디시: 대규모 비회원제, 비제도화된 방식, 온라인(사이버 시위) • 에세랄: 소규모 회원제, 제도화된 방식, 온라인(항의 게시물), 오프라인(토론회, 청문회) • 붉은악마: 대규모 회원제, 제도화된 방식, 온라인(서명운동), 오프라인(캠페인, 응원)	3
	온라인 게임 공동체	• 리니지 2 이용자 • 1523명 온라인 설문 조사	• 온라인 게임 세계	• 공동체 경험: 공동 목표, 집단 유대감, 집단 존중감, 집단 영향력(오프라인과 유사)	4
	미니홈피 커뮤니티	• 20대 대학생 미니홈피 이용자 • 9명, FGI	• 미니홈피(부산, 창원 지역): 사회적 공간	• 인간관계 유지, 인맥 관리 • 감각적 상호 작용, 단순 펌질, 홈피 꾸미기 • 전통적 집단 의식과 첨단 정보화, 개인화와 비개인화 시스템 혼재	6
	소셜 네트워크	• 20 대학생 · 음악가, 30대 미디어 전문가(CEO) • 7명, IDI	• 디지털 다중 미디어 환경	• 평등 구조의 네트워크 활동 • 문화/산업, 생산/소비의 혼종 • 사회관계의 대중 정서: 찬미, 숭배의 위계 구조에 자발적 순응, 열광	8

소셜 네트워크	• 한미 대학생 • 총 332명, 설문 조사	• SNS 이용 환경(한국/미국)	• 참여적 사회 자본: 시민 참여, 공동체 위한 사회 운동 적극적 • 미국: 가족, 친구와의 친교 활동 중심 • 한국: 공동체 시민 참여, 사회 운동 중심	9
트위터 공동체	• 한국인 트위터 이용자 • 총 11,379명	• SNS 이용 환경(한국)	• '매개적 유력자 intermediary influentials' 역할: 추천과 평판에 기반을 둔 쌍방향 의사소통	11
온라인 소셜 네트워크	• 한국 사회의 인터넷, 팟캐스트, SNS 이용자	• 인터넷, 모바일, SNS	• 정치 커뮤니케이션 • 공론장 활동	13
문학 커뮤니티	• '문장Munjang' 커뮤니티 회원 중 12명(IDI), 20명 • 이메일 인터뷰	• 솔루션 공간, 창작 경험 공간, 생산 공간	• 솔루션 공간: 크리에이티브 유저의 집합 창작, 작품 공유 • 창작 경험 공간: 문학 작품 창작의 암묵적 지식 공유, 학습 • 생산 공간: 문학 커뮤니티, 시장, 미디어, 플랫폼 결합	14
온라인 네트워크	• 한국 청소년	• 온오프라인	• 오프라인 기반 친구: 학연, 혈연, 지연 기반 친구와 소통 • 온라인 기반 친구: 가상 공간의 친구와 소통 • 오프라인 친구와의 소통: 공동체적 삶의 역량에 미치는 영향 제한적 • 온라인 소통: 시민적 관여, 대안적 참여 기능	18
온라인 공동체	• 대덕밸리라디오 관계자 (제작진, 단순 참여자, 시민 제작단, 지원 기관) • 11명, IDI, 참여 관찰	• 온오프라인 (대덕)	• 지역 공동체 활동: 지역 정체성 유지, 온라인(카카오톡, 밴드), 오프라인(지역 행사) • 시민 미디어 활동: 페이스북 라이브 생방송	34

지역 공동체 미디어 (12건)	시민 미디어	• 공동체 라디오 참여자	• 지역 사회	• 시민 미디어로서 제3의 방송 • 기존 방송 산업과 다른 공적 영역	5
	소규모 공동체	• 소규모 공동체 네트워크(Small Community Network, SCN) 모델	• 농어촌, 도서 지역 등	• 부가가치형 서비스 기능: 농촌형, 어촌형, 산촌형, 도서형, 농공 단지형, 도시형 • 주요 사업: R&D, 시범 사업(세종시), 환경 개선 사업	7
	스페이스 미디어	• 인천문화재단, 주안영상미디어센터(이주 여성, 노인, 장애인 등)	• 지역 사회 (인천)	• 참여적 문화 예술 정책 • 정보 미디어 교육	10
	공동체 방송	• 언론학 전공자, 미디어 단체 임원진 • 전문가 IDI	• 공동체 라디오	• 국내 공동체 라디오 활성화 과제 및 방향 논의 • 사회적 지향점: 비영리성, 참여성, 지역성, 다양성, 미디어 접근권, 표현의 자유 • 기타: 출력 증강, 편성/내용 규제 완화, 공적 지원	15
	웃음 공동체	• '국정원 파파라치' 참여 디지털 주체들	• 온/오프라인	• 소셜 미디어 – 퍼포먼스 – 시위 영역 횡단 • 패러디, 플래시몹	19
	지역 공동체	• 마을 미디어: 동작FM, 강북FM, 창신동라디오덤	• 서울	• 문화 예술형 콘텐츠 제작 • 마을 공론장: 소통, 교육, 마을 경제	21
	지역 공동체	• 도시, 농촌 공동체 구성원	• 도시, 농촌	• 상업화, 관변화된 주류 언론에 대항하는 대안 미디어 • 마을 공동체의 복원, 활성화 위한 공론장	27
	지역 공동체	• 마포FM 상근 활동가, 공동체 라디오 참여 지역 공동체 구성원들 • 6명, IDI	• 마포, 성미산 마을 공동체	• 직접 참여를 통한 미디어/문화 실천, 사회적 관계망 구축 • 사회 문화적 맥락과 공동체적 삶의 매개체 • 지역 공동체 구성원들의 문화적 플랫폼	28
	마을 공동체	• 마을 미디어 활동가 • 6명, IDI, 근거 이론	• 창신동, 동작구, 용산구, 성북구, 서울	• 마을 미디어 교육, 마을 방송국 만들기 • 마을 공론장 형성 • 경제적 모델 고민: 미디어 협동조합, 사회적 기업, 마을 기업	30

	마을 공동체	• 마을 공동체 미디어 참여자 • 12명, IDI	• 제주	• 이주민 중심의 활동: 재미, 열정, 보람 • 콘텐츠: 마을 주민들의 일상적 삶 이야기 • 수평적 소통: 개인의 의견 반영 • 과제: 소통의 활성화와 마을 공동체 복원	31
	마을 공동체	• 서울 마을 담당관, 공동체 미디어 활동가 • 7명, IDI	• 서울, 은평구, 관악구, 동대문구, 도봉구	• 미디어 교육, 기사 청탁, 프로그램 섭외 • 제한적인 참여적 공동체 • 평등성에 기초한 참여의 정치성	32
	마을 공동체	• 마을 미디어 활동가 • 4명, IDI	• 창신동, 마포구, 성북구	• 정책과 대안적 시민 정치, 사업적 접근과 공공적 가치의 공존 • 현안: 재정난, 노동 불안정성, 인력 부족, 공적 지원, 이념 및 계층 갈등, 현실 정치의 취약성	33
소수자 미디어 (9건)	소수자 담론 공동체	• 이주민 방송 MWTV 대표 등 제작진 • 이주민 7명, 한국인 6명, IDI	• 서울 문래동	• 방송 활동: 다국어 뉴스, 다큐, 토크쇼, 기자 아카데미 운영 • 웹페이지 활동: 영상 뉴스, 기획 기사, 칼럼, 라디오PG • '이주민 영화제' 개최	12
	소수자 공동체	• 이주민 방송 MWTV 영상아카데미 교수자(4), 학습자(6) • 10명, IDI	• 서울 문래동	• 미디어 교육: 미디어 제작, 주체성 자각, 사회적 소통 • 한계점: 교재 부재, 짧은 교육 기간, 교사 확충, 국내 다문화 시민 단체와의 소통 부재	16
	다문화 공동체	• 이주민, 이주 노동자 등 다문화 공동체 구성원	• 공동체적 다문화 사회	• 소통권 확보: 정의 실현의 매개적 권리	17
	이주민 공동체	• 이주민 • 21명, IDI	• MWTV, 생각나무BB센터(이주여성자조센터), 외국인 지원 센터	• 이주민 미디어 교육 참여에 만족 • 이주민 미디어, 미디어 교육 경험의 미비 • 이주민의 소통권 강화 방안 모색	22

다문화 공동체	• 공동체 라디오 관악 FM의 다문화 프로그램 〈굿모닝 세상의 아줌마들〉 제작진 · 출연진 • 결혼 이주 여성 6명, 한국인 제작진 3명, IDI	• 서울 관악구	• 이주 여성: 자국 문화, 기후, 풍습 등 대표성을 갖는 공적 담론 활동 • 한국 제작진: 이주 여성의 문화 이해, 소통, 사적 경험의 공유 기대 • 다문화 스토리텔링 설계: 양쪽 문화 · 언어 경험의 유학생, 연구자, 교육자, 사업가 등 매개 필요	23
다문화 공동체	• 공동체 라디오 관악 FM의 다문화 프로그램 〈굿모닝 세상의 아줌마들〉 제작진 · 출연진 • 결혼 이주 여성 6명, 한국인 제작진 3명, IDI, 참여 관찰	• 서울 관악구	• 상호 주관적 소통 공간이자 미디어 • 결혼 이주 여성의 다양한 권능화 소구: 모국어의 방송 언어 사용, 공동체 인적 네트워크 형성, 상호 인정의 선주민 – 이주민 연대 활동	24
디지털 공동체	• 이주민 미디어 • MWTV 기자단 교육 관계자 · 수료자 • 이주민 4, 한국인 4, IDI, 참여 관찰	• 서울 문래동	• 저널리즘 교육: 이주민 스스로 뉴스 제작, 공유, 권리 주장 • 소수자 풀뿌리 운동: 웹진 칼럼, 기사 게재 • 과제: 중 · 고 · 대학 방송반(국)과 연계 이주민 기자단 교육 실시	35
민족 네트워크	• 중국 칭다오 조선족 이주자 • 10명, 방문 조사, IDI	• 중국 칭다오 조선족 학교, 한국계 국제 학교	• 조선족 단체: 민족 문화 유지, 전승, 민족 교육의 권리 수호 저조 • 조선족 학교: 교육 서비스의 경쟁력 미비 • 조선족 미디어: 정보 전달, 조선족 사회의 발전 양상 제시, '바른 소리' 확산 못함	37

	여성주의 공동체	• 공동체 미디어 제작 및 참여자 • 8명, IDI	• 대구, 경산	• 성서공동체FM(2005. 8): 4명의 여성 활동가들이 개국한 한국 최초 공동체 라디오 (제작진: 지역 주민/대학생, 사회적 경제 영역 활동가) • 수성주민광장 인터넷 방송국(2011): 지역 밀착형, 대표는 여성 단체 활동가, 골목 방송 • 대구여성영화제(2012): 대구북구여성회의 주민 영상 제작 교실 운영(2012), 주민 참여 영화제 개최 • 경산미디어센터(2017): 〈경산신문〉에서 출발, 지역 주민들의 출자금(1억 원) 건립	38
다중 공동체 미디어 (5건)	다중 네트워크	• 창신동라디오 덤, 프로젝트 이리, 동작FM, 도봉N • 8명, IDI	• 서울 창신동, 동작구, 도봉구	• 연대 활동: 라디오 프로그램 제작, 마을 간 협동 미디어 교육 • 대안 공론장: 시민 저널리즘 지향, 마을 정책, 사회적 사건에 대한 비판적 보도	20
	참여자 네트워크	• 마포FM 제작자, 활동가, 구의원, 구청 공무원 • 6명, IDI	• 서울 마포구	• 상근자의 개인 네트워크, 마을 공동체 내 시민 사회 네트워크에 의존, 주민들의 낮은 인지도 • 제한적인 개방성, 참여, 소수에 집중된 위계적 관계와 소통 구조 • 정책적 함의: 다양한 주민 참여 사업의 개방성, 지원 체계 구축 필요	25
	공동체 공론장	• 공동체 미디어 활동가, 공무원(1) • 11명, IDI	• 서울	• 마을 활동가들: 공동체의 다양한 주체 재발견, 각자의 이념, 관심, 동기에 따라 연결망 구성 • 공동체 공론장: 더 많은 시간, 자본(물질적, 사회적, 문화적 자본)을 지닌 주체들에 의해 주도	26

다중 네트워크	• 공동체 라디오 동작 FM 제작, 참여자 • 7명, IDI, 참여 관찰	• 서울 동작구	• 마을 주민들의 협동에 의한 수평적 네트워크: 주체성 찾기 • 다중 네트워크를 통한 공통의 생산물 제작: 청소년 가정 환경, 학교 생활 고민, 대학생 취업 문제 등 • 지식, 정보 • 심층적 미디어 교육의 부재	29
다중 네트워크	• 공동체 미디어 〈수지Q〉 제작 · 활동가 • 3명, IDI	• 경기 용인시 수지구	• 대안학교 이우의 학부모 모임: 세월호 사건 후 4·16 지역연대위원회 세 부분과 미디어팀 활동으로 시작 • 팟캐스트, 웹진 제작: 개인화, 사람과 마을 공동체 관심, 고민, 특이성들의 네트워트화와 주체성 형성 • 정동 체험: 소통과 협력, 트라우마 치유	36

우선, 온라인 공동체 미디어의 경우 참여 주체는 주로 대학생들을 대상으로 설문 조사와 심층 인터뷰가 진행되었고, 그 외 게임 이용자, 트위터 이용자, 인터넷/팟캐스트/SNS 이용자, 문학 커뮤니티 회원, 청소년, 그리고 시민 미디어 제작진 및 참여자들에 대한 다양한 접근이 이루어졌다. 활동 영역은 미니홈피, 미니룸, 온라인 게임 세계, 인터넷, 모바일, SNS 공간 등을 중심으로 나타났다. 이러한 활동 영역은 참여 방식의 차이점과 연관된다. 예컨대, 미니홈피의 경우 주로 가족 공동체나 지역 공동체의 형식을 벗어나 '의미 공유자들의 연결망'이나 동호회, 동창회 등 관계 공동체 형성, 그리고 홈피 꾸미기와 단순 펌질

등 감각적 상호 작용의 활동들을 추구하였다. 반면, SNS 이용자들의 참여 방식은 사회관계의 대중 정서(찬미, 숭배의 위계 구조)에 자발적으로 순응, 열광하는 경향도 존재하지만, 일반적으로 시민 참여와 사회운동, 공론장 활동의 방식들이 두드러지게 발견되었다. 요컨대, 미니홈피 등 초창기 활동이 주로 인간관계의 유지와 사회적 관계의 확장이 주요했다면, SNS 환경으로의 변화는 온라인 네트워크를 통한 보다 확장된 시민 참여와 문화적 취향의 공유, 그리고 공론장의 기능을 모색할 수 있도록 하였다.

두 번째로, 지역 공동체 미디어의 참여 주체는 주로 공동체 라디오 참여자, 지역 영상 미디어 센터, 마을 미디어 제작진 및 참여자와 활동가 등이 관여되었다. 예컨대, 인천문화재단과 주안영상미디어센터, 마을 미디어 동작FM, 강북FM, 창신동라디오 덤 제작자 및 참여자, 마포FM 상근 활동가, 공동체 라디오 참여 지역 공동체 구성원들, 서울 마을 담당관, 공동체 미디어 활동가 등이 여기에 포함된다. 활동 영역은 제주, 인천, 서울 등 다양한 지역 사회를 배경으로 한다. 주요한 활동 방식은 공동체 라디오의 경우 기본적으로 비영리성, 참여성, 지역성, 다양성, 미디어 접근권, 표현의 자유 등의 사회적 지향점을 추구한다는 점은 공통적으로 제기되는 바다. 또한 직접 참여를 통한 미디어 교육 활동과 문화 실천, 그리고 사회적 관계망의 구축을 주요한 활동의 기조로 삼고 있었다. 궁극적으로는 소통의 활성화와 마을 공동체 복원이 주요한 현안으로 다루어졌다. 하지만 현실적인 과제로서 지역 공동체 구성원들의 제한적 참여의 현실, 재정난과 노동 불안정성, 인력 부족, 공적 지원, 이념 및 계층 갈등, 현실 정치의 취약성 등이 마을 미디어 활동가들과의 인터뷰 속에서 수렴되었다. 이 점은 지역 공동체 미디어의 공통적인 과제로서 지역적 특수성과 공동체 구성원들의 구성 맥락 등을 고려해 정책적인 접근이 필요하다.

세 번째로, 소수자 공동체 미디어는 이주민 방송 제작진 및 참여자를 비롯하여 공동체 라디오, 그리고 중국 동포 이주민 등에 대한 질적 심층 인터뷰가 이루어졌다. 예컨대, '이주민 방송 MWTV' 대표 등 제작진, 이주 노동자를 중심으로 한 영상 아카데미 교수자 및 학습자, 공동체 라디오 관악FM의 다문화 프로그램 〈굿모닝 세상의 아줌마들〉 제작진·출연진, 결혼 이주 여성 6명, 한국인 제작진, MWTV 기자단 교육 관계자·수료자, 중국 칭다오 조선족 이주자, 그리고 대구 지역의 공동체 미디어 제작 및 참여자(성서공동체FM, 수성주민광장 인터넷 방송국, 대구여성영화제, 경산미디어센터) 등이 주요하게 연구 참여자로 관여하였다. 활동 지역은 주로 서울, 중국 칭다오, 대구 경산 등을 무대로 하는 연구 참여자들로서 다양한 소수자 미디어 활동들을 전개했다. 참여 방식은 이주민 미디어의 경우, 주로 이주민 미디어 교육, 방송 제작 및 웹페이지 운영, 이주민 영화제 개최가 중심이었고, 그 지향점은 이주민의 소통권 강화와 권능화에 초점을 두고 있으며, 이를 위해 선주민-이주민 연대 활동을 모색하는 것을 기조로 한다. 또 다른 한편, 이주민 방송의 기자단 교육의 지향점은 저널리즘 교육을 통해 소수자 풀뿌리 운동의 전개이며 이를 위해 지역 사회의 학교 방송국과의 연계 활동 등을 실천 대안으로 제시하는 입장도 존재한다. 덧붙여 중국 내의 중국 동포들이 활동하고 있는 민족 네트워크의 경우 민족 교육의 권리 수호나 교육 서비스의 경쟁력 확보, 그리고 '바른 소리'

의 확산 등을 한계점이자 지향점으로 제시하였다. 요컨대, 소수자 공동체 미디어의 참여 주체는 이주 노동자, 결혼 이주 여성, 중국 동포, 여성 지역 활동가 등 소수자 중심으로 분류할 수 있고, 참여 방식은 이주민 미디어 활동 외에는 다른 공동체 미디어 사례들과 유사하게 공동체 미디어 활동을 전개함을 알 수 있다. 따라서 소수자되기 차원에서 노인 남성, 노인 여성, 장애인, 탈북민, 청소년 등 보다 세분화된 소수자 참여 계층과 맞춤형 미디어 교육 참여 방식의 다각화가 모색되어야 한다.

마지막으로, 다중 공동체 미디어는 주로 서울 마을 미디어를 중심으로 탐색되었다. 참여 주체를 보면, 창신동라디오 덤, 프로젝트 이리, 동작FM, 도봉N 활동가를 비롯하여 마포FM 제작자, 활동가, 구의원, 구청 공무원, 동작FM 제작, 참여자, 〈수지Q〉 제작·활동가 등이 연구 참여자로 인터뷰에 참여하였다. 주로 서울과 경기 지역에서 활동하는 이 참여자들에 대한 분석은 주로 연대 활동, 상근자의 네트워크 활용, 마을 주민들의 협동에 의한 수평적 네트워크 형성 등 주로 다중에 참여하는 과정과 계기들을 중심으로 탐색되었다. 이러한 활동의 지향점은 주로 대안 공론장이나 공동체 공론장의 형성에 초점을 두지만, 현실적으로 더 많은 시간과 자본을 지닌 주체들에 의해 주도되는 현실의 한계점이 비판적으로 제기되었다. 또한 다중 네트워크를 통한 공통의 미디어 생산물을 제작하는 활동이 이루어지고 있지만, 심층적인 미디어 교육의 부재는 다중 참여의 재생산을 위한 교육적 과제를 환기한다. 이러한 점은 정책적 대안을 고려할 때, 소수에 집중된 위계적 관계와 소통 구조를 개선할 수 있도록 다중 참여자들의 미디어 교육 참여 기회의 확대와 주민 참여 사업의 개방성 등에 대한 방안 창출이 요구된다. 여기서 중요한 시사점은 대안학교 이우의 학부모들이 추진하고 있는 〈수지Q〉의 사례처럼 팟캐스트 웹진 제작을 모델로 하여 미디어 교육 및 주민 참여 사업과 연계함으로써 궁극적으로 구성원들의 특정 정치적, 사회적 사건으로 인한 트라우마의 치유와 정서적 변이를 꾀할 수 있는 정동 체험의 장으로 기획할 수 있다는 것이다.

새로운 공동체 미디어를 위하여

이제 다시 우리의 과제를 정리하면 다음의 문제로 압축된다. 과연 새로운 공동체 미디어를 발명하기 위해 어떻게 더 많은 사람들이 연합하여 '더 많은 권리 획득'을 가능하게 할 것인가?

이러한 물음은 앞에서 살펴본 네그리와 하트의 '다중'의 주체적 참여와 실천을 환기한다. 즉 공동체 미디어 참여자들은 온오프라인 공간뿐 아니라 전통적인 지역 사회의 활동 영역에서 다양한 실천과 다중의 형성 주체가 되고 있다. 물론 공동체 미디어 제작진과 참여자들과의 인터뷰 결과를 분석할 때, 아직까지 재정적인 열악함이나 활동가 중심의 제한적 네트워크, 그리고 위계적 소통 구조 등의 문제들은 '다중'의 형성을 이상주의적인 피안의 일로 간주하게 한다.

하지만 목적론적인 시각에서 벗어나 '과정'으로서의 공동체 형성과 주체의 참여 활동들을 고려할 때, '도래하는 공동체'는 피안이 아닌 바로 여기에서 움직인다. 네그리와 하트의 다중이나 조르조 아감벤

Giorgio Agamben(1990/2013)의 공동체는 보편적이거나 특수한 것이 아니라 차이의 특이성을 실천의 동력으로 삼기 때문이다. 어린이, 청소년, 여성, 노인, 장애인, 이주민 등 소수자들의 특이성은 특수한 어느 하나가 아니라 다양한 복수의 존재들이 행동하는 자기 자신, '차이 그 자체'의 가능성과 잠재성을 통해 발현되는 것이다. 이러한 특이성의 발현은 고립된 개인이 아니라 더 많은 이용자들의 주체성을 지닌 연합체인 다중의 네트워크를 통해 더 많은 권리 획득으로 이어진다. 결국 새로운 공동체의 발명은 이러한 특이성의 집합체들이 모여 이룰 수 있는 과정으로서의 혁명을 통해 가능하다. 도달해야 할 하나의 고정된 목적지를 절단할 때, 특이성의 공동체는 수많은 실천의 발을 가지게 될 것이기 때문이다.

참고 문헌

강진숙 (2011). "영상미디어의 유형과 특성," 한국언론정보학회 엮음. 《현대사회와 매스커뮤니케이션》. 한울, pp.183~202.

강진숙 (2016). 《커뮤니케이션과 미디어교육 연구의 주사위: 질적 연구방법론》. 지금.

강진숙 (2017). "공동체 미디어의 담론 흐름과 연구경향," 〈한국언론정보학보〉, 81호, pp.9~39.

강진숙 · 박지혜 (2015). "청소년의 욕망 생성과 소수자되기를 위한 미디어교육 사례 연구: 청소년 미디어 동아리 'S.Y.Media' 참여자들의 인식과 실천을 중심으로," 〈한국방송학보〉, 29권 4호, pp.117~148.

강진숙 · 소유석 (2016). "공동체 라디오 동작FM의 다중참여와 실천사례 연구: 네그리와 하트, 비르노의 다중이론을 중심으로," 〈한국언론학보〉, 60권 5호,

pp.292~318.
강진숙 · 이은비 (2013). "공동체라디오 DJ의 미메시스적 실천과 유희성 연구: 창신동 라디오방송국 〈덤〉을 중심으로," 〈방송문화연구〉, 25권 2호, pp.37~66.
강진숙 · 이은비 (2014). "'서울마을미디어'의 다중 실천과 문화정치적 의미에 대한 연구," 〈방송과 커뮤니케이션〉, 15권 3호, pp.143~185.
금희조 (2010). "온라인 소셜 미디어와 참여적 사회 자본,"〈한국방송학보〉, 24권 5호, pp.9~46.
김예란 (2012). "가상공간의 공동체 문화 탐색—사이월드 문화를 중심으로," 〈언론과 사회〉, 12권 3호, pp.55~89.
김예란 · 김용찬 · 채영길 · 백영민 · 김유정 (2017). "공동체는 발명되어야 한다," 〈한국언론정보학보〉, 81호, pp.40~74.
김유정 · 김용찬 · 김지현 · 우지희 · 정혜선 · 손해영 (2012). "중국동포 커뮤니티 형성과 에스닉미디어의 역할: 커뮤니케이션 하부구조의 관점에서," 〈한국언론학보〉, 56권 3호, pp.347~375.
김은규 · 최성은 (2013). "정규방송 도입 이후 공동체 라디오 운영구조 및 정책에 대한 평가적 고찰: 전문가들의 인식을 중심으로," 〈언론과학연구〉, 13권 3호, pp.184~214.
김지연 · 강진숙 (2015). "SNS 독서 커뮤니티의 집단지성과 미메시스 실천에 관한 연구: 벤야민의 미메시스와 레비의 집단지성을 중심으로,"〈한국방송학보〉, 29권 4호, pp.225~257.
김창남 (2005). "[미디어] 공동체라디오," 〈황해문화〉, 48호, pp.354~358.
김희영 (2014). "마을과 사람을 잇는 마을미디어," 〈국토〉, pp.92~100.
반명진 · 김영찬 (2016). "공동체 라디오와 지역 공동체 구성원의 상호 작용에 대한 현장연구: 마포 FM사례를 중심으로," 〈한국언론정보학보〉, 78호, pp.79~115.
신혜진 (2016). "2016 장애인 미디어 축제," 〈미디어리터러시〉, 2016. 6. 10.
안진 · 채영길 (2015). "공동체 미디어 실천과 다문화 정체성의 재구성: 결혼이주여성의 공동체 라디오 참여활동과 권능화," 〈한국방송학보〉, 29권 6호, pp.94~136.
양소은 · 김은미 (2014). "누구와 소통하는가: 연결된 청소년의 공동체적 삶 역량 계발," 〈한국언론학보〉, 58권 1호, pp.5~38.
원도연 (2016). "미디어는 공동체에 어떠한 기여를 해야 하나," 〈미디어와 교육〉, 6권 1호, pp.28~39.
유숙 · 강진숙 (2017). "공동체 미디어 활동가의 다중 실천과 정동 체험에 대한 연구,"

〈한국방송학보〉, 31권 5호, pp.50~77.

윤명희 (2007). "미니홈피 커뮤니티의 사회문화적 특징: 대학생 이용자의 사례를 중심으로," 〈사이버커뮤니케이션학보〉, 21호, pp.83~122.

윤상길 (2011). "한국의 지역사회와 지역커뮤니케이션의 구조," 〈한국민족문화〉, 39호, pp.327~365.

이기형 · 이영주 (2012). "넷과 SNS를 통한 감성적 참여와 공유," 한국언론학회 심포지움 및 세미나, pp.369~397.

이상우 (2017). "중국 칭다오 조선족 이주자의 민족네트워크 실태 분석," 〈디아스포라연구〉, 11권 2호, pp.161~189.

이원태 · 차미영 · 양해륜 (2011). "소셜미디어 유력자의 네트워크 특성," 〈언론정보연구〉, 48권 2호, pp.44~79.

이은비 · 강진숙 (2013). "차이와 소수성을 위한 이주노동자 미디어교육에 대한 질적 연구: MWTV 이주노동자 미디어교육 교수자 및 학습자와의 질적 심층인터뷰를 중심으로,"〈한국언론학보〉, 57권 6호, pp.441~468.

이희랑 · 김희영 (2017). "마을미디어 실천에 대한 탐색적 연구," 〈한국언론정보학보〉, 81호, pp.75~121.

장시연 · 채영길 (2016). "공동체 미디어의 참여자 네트워크 특성과 의미 분석," 〈한국콘텐츠학회논문지〉, 16권 5호, pp.720~731.

장용호 · 공병훈 (2012). "문학 커뮤니티의 집합적 창작(collective creation) 과정에 대한 생태계적 모형 연구,"〈사이버커뮤니케이션학보〉, 29권 3호, pp.163~218.

장용호 · 김영주 (2004). "사이버 공동체의 사회 자본적 속성에 관한 연구," 〈미디어경제와 문화〉, 2권 3호, pp.55~96.

장용호 · 공병훈 (2012). "문학 커뮤니티의 집합적 창작(collective creation) 과정에 대한 생태계적 모형 연구: 온라인 커뮤니티 문장(Munjang)을 중심으로," 〈사이버커뮤니케이션학보〉, 29권 3호, pp.163~218.

장유정 (2016. 2.). 〈노년세대의 갈등유형과 소수자 미디어교육 경험에 대한 현상학적 연구〉. 중앙대학교 대학원 박사 학위 논문.

장지은 (2018). "여성주의 실천 전략으로 바라본 공동체 미디어," 〈한국여성학〉, 34권 1호, pp.105~140.

정성영 · 전효리 · 고순주 (2009). "복지사회 구현을 위한 '소공동체 네트워크 인프라(Small Community Network)' 모델," 〈정보사회와 미디어〉, 15호, pp.27~47.

정용복 (2017). "마을공동체미디어 생산자의 미디어 경험에 관한 탐색적 연구," 〈한국언론정보학보〉, 81호, pp.153~186.

정의철 (2011). "다문화사회와 이주민 미디어,"〈언론과학연구〉, 11권 4호, pp.489~526.

정의철 (2015). "이주민의 커뮤니케이션 권리와 역량강화: 이주민 미디어와 이주민 미디어교육을 중심으로," 〈한국언론학보〉, 59권 2호, pp.257~286.

정의철 (2017). "소수자운동으로서의 기자단교육의 성과와 대안적 방향 모색," 〈한국언론학보〉, 61권 3호, pp.87~118.

정준희 · 김예란 (2010). "컨버전스의 현실화," 〈언론정보연구〉, 47권 1호, pp.5~42.

채영길 (2013). "다문화사회와 상호주관적 소통권: 미디어 중심에서 커뮤니티 중심의 커뮤니케이션을 위하여," 〈커뮤니케이션이론〉, 9권 4호, pp.136~175.

채영길 · 김용찬 · 백영민 · 김예란 · 김유정 (2016). "서울시 마을공동체미디어와 공동체 공론장의 분화와 재구성," 〈커뮤니케이션이론〉, 12권 2호, pp.4~46.

최순희 (2017). "온라인 공동체 미디어(Community Media) 실천연구,"〈한국콘텐츠학회논문지〉, 17권 6호, pp.39~54.

한선 (2014). "궐기하는 자들의 웃음 공동체되기(becoming)의 가능성: '국정원 파파라치' 사례를 중심으로," 〈한국언론학보〉, 58권 3호, pp.59~86.

홍숙영 (2015). "공동체 라디오를 통한 다문화 인식개선과 스토리설계 방안," 〈한국콘텐츠학회논문지〉, 15권 5호, pp.98~107.

황상민 · 임정화 · 김지연 (2005). "온라인 게임에서의 공동체 경험과 몰입에 관한 연구," 〈정보사회와 미디어〉, 7호, pp.69~81.

황지연 (2004). "사이버공동체의 정체성과 집합행동," 〈정보사회와 미디어〉, 6호, pp.105~138.

Agamben, G. (1990). *La communità che viene.* [이경진 옮김.《도래하는 공동체》. 꾸리에. 2013].

Bauman, Z. (2010). *44 Letters from the liquid modern world.* [조은평 · 강지은 옮김.《고독을 잃어버린 시간》. 동녘. 2012].

Deleuze, G. & Guattari, F. (1980). *Mille Plateaux: capitalisme et schizophrérie 2.* [김재인 옮김.《천개의 고원: 자본주의와 분열증》. 새물결. 2001].

Flusser, Vilém (1996). *Kommunikologie.* [김성재 옮김.《코무니콜로기》. 커뮤니케이션북스. 2001].

Guattari, F. & Negri, A. (1990). *Communists like Us: New Spaces of Liberty, New Lines of Alliance*, trans. M. Ryan, New York: Semiotext(e).

Husband, C. (2005). "Minority ethnic media as communities of practice: Professionalism and identity politics in interaction," *Journal of Ethnic and Migation Studies*, 31(3), pp.461 ~479.

Matsaganis, M. D., Katz, V. S., & Ball-Rokeach, S. J. (2011). *Understanding ethnicmedia: Producers, consumers, and societies*. Los Angeles: SAGE.

Negri, A. & Hardt, M. (2001). *Multitude: War and democracy un in the age of empire*. [조정환 · 정남영 · 서창현 옮김. 《다중: 제국이 지배하는 시대의 전쟁과 민주주의》. 세종서적. 2008].

Silverstone, R. & Georgiou, R. (2005). "Editorial Introduction: Media and minorities in multicultural Europe," *Journal of Ethnic and migration studies*, 31, pp.433~441.

Spinoza, B. d. (1673; 1677). trans. by R. H. M. Elwes (1951). *A Theologico-Political Treatise and A Political Treatise*. [최형익 옮김. 《신학정치론/정치학논고》. 비르투. 2011].

Sreberny, A. (2005). "'Not Only, But Also': Mixedness and media," *Journal of Ethnic and Migration Studies*, 31(3), pp.443~459.

Virno, P. (2001). *Grammatica della moltitudine*. [김상운 옮김. 《다중》. 갈무리. 2004].

공동체와 공동체 미디어는 약자들만의 것인가

박지훈

4

“ 젊은이들은 지역 기반, 면대면 기반의 공동체에 대한 부담을 느끼고 네트워크 공간을 중심으로 형성되는 공동체에 더 많은 호감을 가지는 듯하다. 공통의 관심사를 바탕으로 SNS상에서 교류하는 것, 서로 만나지는 않지만 자유롭고 평등하게 소통하며 관계 맺는 것이 부담 없기 때문은 아닐까? ”

박지훈은 고려대학교 미디어학부 교수로 영상 재현에 대한 관심을 중심으로 미디어 생산자, 텍스트, 수용자를 폭넓게 아우르는 연구를 하고 있다. 연세대학교 언론홍보영상학부를 졸업한 후 캐나다 사이먼프레이저대학교에서 석사, 미국 펜실베이니아대학교에서 박사 학위를 받았다. 옮긴 책으로는 《댈러스 보기의 즐거움: 우리의 삶을 드라마처럼 상상하다》, 논문으로는 “성소수자에 대한 미디어의 시선: 텔레비전에 나타난 홍석천과 하리수의 이미지 유형을 중심으로”(공저) 등이 있다.

공동체라는 단어가 주는 불편함

'공동체'라는 단어는 내게 매우 낯설다. 공동체에 대한 학문적 관심도 부족하고 공동체라는 단어를 논문에 쓴 기억도 없다. 우연히 다년간 공동체를 연구해 온 학자 및 활동가로 구성된 포럼에 초대된 적이 있다. 그들과의 세미나를 통해 그동안 내가 진행했던 연구가 공동체 연구와 느슨하게나마 연결되어 있음을 알게 되었고 공동체와 공동체 미디어에 관한 일상적, 학술적 담론을 비판적으로 성찰해 볼 수 있었다. 이 글은 그러한 지적 성찰의 결과물이다.[1]

1 나는 수용자 의미 해독 연구를 오랜 시간 수행해 왔다. 이 글은 공동체 연구자가 해 온 작업에 대한 엄밀한 분석이 아니라, 공동체 연구 및 담론을 바탕으로 수용자들이 생산할 수 있는 의미에 관한 것이다. 따라서 여기서 논의한 주요 사안들은 공동체 연구자들이 가정하거나 의도한 것이 아닐 가능성이 크며, 따라서 이들이 내 주장에 동의하지 않을 가능성을 충분히 염두에 두고 있음을 먼저 밝힌다.

그런데 나는 왜 공동체 연구 포럼에 초대를 받았을까? 이는 아마 내가 지난 십수 년간 다문화, 여성, 퀴어 등 소수자와 미디어를 연구했고 다큐멘터리를 제작했던 점과 관련이 있다고 생각한다. 이 포럼은 내가 소수자 또는 사회적 약자의 문제를 공동체적 관점에서 논의해 주기 바란 것이 아니었을까? 혹시 소수자 미디어가 소수자 공동체 형성에 이바지한 바를 논의해 주기 바란 것이 아니었을까? 소수자 공동체에 대한 학문적 관심은 물론 중요하다. 하지만 공동체 포럼이 진행되는 동안 다음 질문이 내 머릿속을 떠나지 않았다.

"공동체와 공동체 미디어는 약자들만의 것인가? 왜 다수자의 공동체는 논의되지 않는가?"

2000년대 초반쯤 있었던 일이다. 내가 연출한 트랜스젠더 커플에 관한 다큐멘터리를 본 대학 선배가 다소 불만 섞인 표정과 말투로 내게 물은 적이 있다. "왜 다큐멘터리는 사회적 약자만 주로 다루는 거야? 왜 기득권에 있는 사람들의 삶은 다루지 않지? 예를 들어 노조의 입장만 다루는 다큐멘터리보다 회사 경영진의 입장을 다루는 다큐멘터리가 훨씬 더 재미있지 않아?"

선배는 많은 (주로 독립) 다큐멘터리가 다루는 이야기들이 소수자의 삶에 너무 치우치고 있다고 말한 것인데, 당시 사회적 약자의 가시성이 중요하다고 굳게 믿었던 나는 다음과 같이 반박했다. 주류 미디어는 사회적 권력을 가지고 목소리를 가진 다수자의 관점과 경험을 주로 다루기 때문에 다큐멘터리와 같은 대안 미디어가 목소리를 부여받지 못한 사회적 약자의 이야기를 다루는 것이 의미 있는 작업이라고 말이다.

그런데 십수 년 전에 그 선배가 던졌던 질문을 지금 시점에서 다시 한 번 생각해 본다. 다큐멘터리, 또는 공동체에 관한 학문적 연구는 왜 대부분 소수자 공동체에 관심을 가질까? 왜 다수자 공동체에 대한 연구는 없을까? 드라마를 보면 재벌 2세 파티 장면이 종종 등장하는데 재벌 2세들의 공동체는 없을까? 최고경영자 공동체에 대한 연구는 왜 없나? '골프 공화국' 대한민국에서 골프를 매개로 형성되는 공동체에 대한 연구는 진행된 적이 없나? 해병대 전우회에 대한 연구는? 이들에 관한 학문적 관심이 부족한 이유는 사회적 약자에 비해 접근이 어려워서일까? 아니면 공동체는 소수자에게만 어울린 개념이기 때문일까? 공동체·미디어는 사회적 약자의 전유물인가?

연대 출신 고대 교수인 내가 가장 많이 듣는 질문 중 하나는 "고대에 연대 출신 교수 모임이 있지 않느냐"는 것이다(이에 대한 답이 궁금하다면 그런 모임은 없다). 연대 출신 '소수자'들은 공동체를 형성해야 한다는 전제가 내심 나를 불편하게 만든다. 내가 30년을 고대에서 근무하더라도 결국 나는 연대 출신 교수로만 정의되기 때문이다. 소수자로 규정되는 내 정체성은 더 큰 공동체에 관한 소속감과 가능성을 차단한다. 이는 단지 나만 느끼는 감정일까? 공동체 연구는 소수자는 공동체적인 삶을 살고 있다는 또는 살아야 한다고 가정하는 것이 아닐까? 개인이기에 앞서 공동체의 일부로 간주되는 소수자들은 내가 느꼈던 불편함을 느끼지 않을까? 연구자의 선한 취지에도 불구하고 사회적 약자 공동체에 관한 연구는 소수자에 대한 편견을 견고하게 하고 이들의 삶과 경험을 공동체라는 굴레에 가두어 놓는 것은 아닐까? 이러한 문제의식을 바탕으로 논의를 진행하고자 한다.

왜 강남구 청담동이 아닌 도봉구 쌍문동인가

〈응답하라 1988〉(tvN)을 보면서 많은 시청자들이 향수를 느낀 부분은 쌍문동 주민들이 보여 준 끈끈한 공동체 의식이었다. 힘들 때 서로 도와주고 의지하는 이웃 간의 정이 그것인데 지금은 경험하기 어려운 현실이 되었다. 같은 아파트에 사는 주민과는 안면만 있을 뿐 아는 척을 하더라도 간단히 눈인사를 나누는 정도가 일반적일 것이다. 그 외에 불필요한 말 걸기는 프라이버시에 대한 침해이고 무례한 것이 될 수 있기에 주의해야 한다. 이런 현실에서 〈응답하라 1988〉이 묘사한 쌍문동 주민들의 이야기에는 개발 중심의 도시 계획 속에서 사라진 공동체에 대한 향수와 그리움이 물씬 묻어난다.

〈응답하라 1988〉의 주인공들은 왜 하필 강남구 청담동이 아니라 도봉구 쌍문동에 살고 있을까? 1988년 강남구 청담동에 살았던 나는 주택이 아닌 빌라에 살았지만, 이웃 간 교류도 많았고 나름대로 끈끈한 정도 느낄 수 있었다. 우리가 가진 이웃 공동체에 대한 향수는 쌍문동과 같은 왠지 촌스러운 어감의 동네와 집단에 투영되는 건 아닐까?

공동체와 관련된 단어들(예를 들어 '마을,' '풀뿌리 민주주의,' '동네')은 좋게 말하면 정겹지만 나쁘게 말하면 촌스럽고, 듣는 사람을 '오글거리게' 만든다. 이런 단어들은 수도권이 아닌 지방/지역이, 강남이 아닌 강북이, 아파트가 아닌 다세대 주택이, 주류 집단이 아닌 소수 집단과 잘 결합한다. 노원구 중계동 '백사마을'은 제법 자연스럽지만, 강남구 압구정동과 마을은 전혀 어울리는 조합이 아니다. 압구정동은 마을보다는 로데오가 그나마 더 잘 어울린다. 우리가 익히 알고 있는 강남의 유일한 마을인 '구룡마을'은 강남의 위상과 완전히 대비되는 판자촌이기 때문에 마을로서 존재할 수 있었는지 모른다. 심지어 마을 버스는 '서민의 발'이라는 상투적인 언어로 설명되기도 한다.

주변부와 결합하는 공동체·미디어 개념은 일상적 담론에서만 발견되는 현상이 아니다. 공동체를 키워드로 학술 연구를 찾아보니 사회적 약자, 중심부가 아닌 주변부와 결합하는 공동체 연구의 특징을 쉽게 찾아볼 수 있다(표 1 참조).

학자들이 약자와 주변부에 관심을 갖는 이유는 주변부 지역/집단의 주체성, 행위성에 주목하기 때문으로 보인다. 연구자들은 과소하게 재현되는 소수자와 사회적 약자의 문제에 주목하고, 이들을 하나의 대상이 아닌 적극적 행위자로서 구성하고자 하는 것이다. 무엇보다도 공동체 연구는 공동체의 풀뿌리 민주주의의 가능성, 정치 공동체로서의 가치에 주목하는 것 같다. 예를 들어 곽현근(2018)은 풀뿌리 민주주의를 위한 읍·면·동 공동체 허브로서 주민자치회 역할을 논의한다. 주류 미디어에서 상징적 소멸symbolic annihilation, 왜곡, 주변화 대상이 되는 사회적 약자가 스스로 목소리를 내기 위해서는 공동체 미디어가 중요한 역할을 수행해야만 한다는 가치 판단이 전제되어 있다. 예컨대, 공동체 미디어는 결혼 이주 여성으로 하여금 사회적 편견과 차별에 저항하며, 그들의 존재 가치를 인정받도록 하는 권능화empowerment를 가능하게 해 줄 수 있기 때문이다(안진·채영길, 2015).

표 1 주변부와 결합하는 공동체 연구의 예

저자	논문
안진 · 채영길(2015)	공동체 미디어 실천과 다문화 정체성의 재구성: 결혼이주여성의 공동체 라디오 참여활동과 권능화
이명호(2016)	공동체의 위기와 복원에 관한 탐색적 연구: 향촌공동체와 마을공동체를 중심으로
박병춘 · 최현석(2012)	지역공동체 실태분석 및 정책적 시사점: 풀뿌리운동에 기반을 둔 지역공동체를 중심으로
전희경(2014)	마을공동체의 '공동체'성을 질문하다: 서울시 마포 · 은평 지역 비혼/퀴어 페미니스트들의 경험을 중심으로
오용준 · 윤갑식(2013)	공동주택단지 공동체 활성화사업의 효과분석: 충청남도의 살기 좋은 아파트 만들기 사업을 사례로
이승재 · 오단이(2016)	2015 서울시 다문화 마을공동체 활성화 사업 사례연구
박경옥 · 정지인(2015)	도심 마을 공동체 내 거주자의 상호 작용과 공동체 의식: 성미산 마을을 중심으로
이광동 · 백승대(2014)	상주 봉강마을 꾸러미공동체운동의 의미에 관한 연구
김문정(2015)	여성 정체성의 정치에서 아고니즘 정치로: 대구 안심마을공동체 여성들을 중심으로
김백수 · 이정화(2013)	귀농인의 결혼만족도와 마을 공동체의식이 심리적 복지감에 미치는 영향: 성차를 중심으로

공동체·미디어의 정치적 가치에 대해서는 십분 동의한다. 그런데 일상생활에서 그리고 연구진들이 부여하는 공동체·미디어에 대한 향수와 가치는 (연구진의 의도와는 별 관계없이) 특정 지역의 낙후성, 특정 집단의 대상화와 열등함을 생산할 위험이 있지 않을까? 무엇보다도 공동체 담론은 '주변부에 사는 약자임에도 불구하고 행복하다'라는 의미를 만들 수 있다. 〈응답하라 1988〉의 쌍문동 이웃들이 보여 준 것처럼, 공동체 일원들은 경제적인 여유는 없지만 늘 긍정적이고, 밝고, 행복하다. 이들 간의 갈등과 분열은 전혀 찾아보기 어렵다.

'돈 없어도 공동체 속에서 행복하게 잘 지내는 우리 동네'에 잘 부합하는 자치구가 하나 있다. 바로 내가 현재 살고 있는 서울 노원구다. 노원구는 택시운전사들도 가기 꺼려하는 서울 끝자락에 있는 변두리로 서울에서 집값 싸기로 둘째가라면 서러운 곳이지만, 지역 공동체를 위한 사회복지 시설이 다른 구에 비해 많아 아이들 키우고 살기 좋다고 알려진 곳이다. 공동체 포럼에 나와 함께 참여한 서울마을미디어지원센터의 정은경 활동가에 따르면 서울에서 마을 라디오가 가장 활성화된 지역 중 하나가 바로 노원구라고 하니 공동체 의식이 강한 동네라고 해도 의심할 바 없어 보인다.

노원구 주민들은 이러한 이미지에 대해 어떻게 생각할까? 2017년 노원구는 'No won(돈 없어도) Now on(지금), No. 1(행복은 1등)'이라는 홍보 문구를 만들었는데 이는 큰 논란을 불러일으켰고 주민들의 원성을 샀다. 주민들의 항의에 노원구청은 "돈 없이도 행복하게 살 수 있는 지역구라는 점을 강조하려고 했다"며 해명했지만(권오석, 2017), 정작 노원구 주민들은 아무리 복지 시설이 잘 갖추어진 곳이더라도 돈 없어도 행복한 동네 사람들이라는 이미지가 전혀 달갑지 않은 것이다. 노원구 주민들이라고 변두리가 아닌 중심으로 이동하고자 하는 욕망이 왜 없겠는가? 불균형한 개발로 인한 중심부와 벌어진 생활 격차, 열악한 교통 인프라로 인해 노원구는 지난 십수 년간 더욱 주변화되었다. 2017년 11월 상계동에 수학문화관이 착공에 들어가자 내 이웃들은 또 교육 시설이냐며 부동산에 호재가 될 수 있는 상업 시설이나 산업단지가 조성되면 좋겠다는 의견을 표출하기도 했다. 정리하자면, 공동체 속에서 행복하게 잘 지내는 우리 동네는 현실이라기보다는 우리가 믿고 싶은 공동체에 대한 환상인지 모른다. 공동체 담론은 주변부 지역의 사람들을 공동체라는 굴레와 환상 안에 가두어 놓음으로써 공동체를 벗어나 중심부의 일원이 되고자 하는 이들의 욕망을 과소평가하는 것은 아닐까?

한편 공동체에 대한 향수 또는 환상은 반개발주의와 연결되기도 하는데, 이 역시 주변부의 공간과 집단에 투영된다. 문재인 정부 핵심 국정 과제로 추진하는 '도시 재생 뉴딜' 사업의 후보인 서울의 12개 자치구는 대부분 낙후된 지역이다. 서울 집값을 잡기 위해 아파트 (재)건축을 제한하고 '우리 동네 살리기'를 하고자 하는 의도는 이해하나, 이와 같은 재생 사업은 주변부의 낙후성을 또 한 번 확인하는 결과를 가져올 수 있다. 그나마 남아 있는 공동체의 흔적은 비록 주민들은 낙후되고 개발을 간절히 원하더라도 최대한 남겨두어야 한다는 가정이 이러한 사업에 내포된 것은 아닐까? 이러한 사고는 우리가 낙후된 지역에 투영하는 공동체에 대한 환상과 관련된 것은 아닐까? 공동체와 결합한 반개발주의 담론은 주변부 지역과 집단의 열등함을 기반으로 한 것은 아닐까?

공동체는 개발되지 않은 원시적인 상태로 남아 있어야 한다

10여 년 전 나는 미국 미시건주에 위치한 작은 대학에서 조교수로 근무하고 있었다. 이 대학의 여러 학과는 여름 방학마다 아프리카 대륙에 단기 자원봉사 팀을 파견했다. 2008년 여름 공대, 간호대, 교육대 교수들과 학생들이 주축이 된 단기 자원봉사 팀에 합류해 해외 단기 자원봉사의 함의에 대한 연구를 할 기회가 내게 주어졌다. 이 팀은 카메룬에 있는 엔쿠브Nkuv라는 전기 공급도, 상수도 시설이 없는 낙후된 지역에 몇 주간 머무르며 이전 해에 설치한 정수기의 효과를 점검하고, 시냇물의 접근이 어려운 가정을 위해 작은 댐을 건설하고, PVC 파이프를 이용한 상수도관을 매립하며, 엔쿠브 주민들에게 기본 청결과 위생에 대한 교육을 실시했다.

우리 팀은 엔쿠브를 언제나 엔쿠브 공동체community로 명명했다. 엔쿠브에서의 첫 며칠간 팀원들은 엔쿠브에서 경험하는 모든 것들을 신기해했고 때로는 이들의 삶을 낭만화했다. 특히 미국 대학생들은 가사와 농사일을 함께하고 서로 가족같이 챙겨 주는 엔쿠브의 공동체 생활이 인상적이라고 느꼈다. 한 학생이 나와 공유한 일기의 한 부분을 보자. 다음 발췌 부분은 도구 없이 원시적으로 집을 짓고 농사를 하는 엔쿠브 사람들의 삶을 낭만화시키고 있음을 알 수 있다. 실제로는 주민들은 도구를 구입할 경제적인 여유가 없었기 때문에 손을 주로 이용한 것이었는데, 이 학생은 이들의 모습을 자연 친화적 삶으로 낭만화했다.

> 엔쿠브 사람들은 지금까지 만나본 사람 중 가장 무욕적이고, 똑똑하고, 친절하고 겸손하고 열심히 일하는 사람이다⋯⋯ 이곳 사람들은 농사를 짓고 잡초를 뽑고 모든 일을 손으로 한다. 특별한 도구와 기술 없이 그들 스스로를 도구로 사용해 열심히 일한다. 그들은 진정으로 노동을 즐기고 있고 뭐든지 쉽게 하려 하지 않는다. 도구 없이도 스스로 할 수 있다면 굳이 왜 도구를 쓰겠는가? 이게 아름다움이다.

엔쿠브 공동체와 현지인에 대한 찬사는 매일 저녁 식사 후에 진행되는 팀 미팅에서도 여러 차례 발견되었다. 팀원들은 프로젝트에 주민들의 협조에 감사했는데, 특히 상수도 공사를 위해 온종일 땡볕에 앉아 돌을 부수는 현지 남성들의 인내력에 놀라곤 했다. 학생들은 현지인들은 이해력이 훌륭하고 '똑똑하다'는 찬사를 보내기도 했다. 실제로 우리 팀이 엔쿠브 성인들을 교육하기 위해 준비한 도구들은 미국 초등학교 저학년 수준으로 매우 낮았는데(예컨대 그림이나 손 씻는 방법 보여 주기 정도), 이러한 우리 팀의 담론에는 현지인들은 일반적으로 지적이지 못하다는 전제가 깔려 있었다.

엔쿠브에서 프로젝트를 진행한 지 일주일 남짓 되었을 때 중요한 사건이 발생했다. 상수도관이 엔쿠브 전체가 아니라 시냇물에 대한 접근이 가장 어려운 지역(대략 마을 전체의 3분의 2)에만 매립될 것이라는 사실이 주민들에게는 뒤늦게 알려졌고 급기야는 상수도를 공급받지 못하는 지역에 사는 주민들은 댐 건설에 대한 도움을 중단하게 된 것이다. 엔쿠브의 촌장은 주일 예배 후 마을 모임에서 더 많은 주민들의 참여를 촉구하였지만 댐 건설과 상수도관 매립을 돕는 엔쿠브 주민은 전혀 늘지 않았다.

상수도가 공급되는 지역 주민들과 공급되지 않는 지역 주민들 사이에 질투와 시기가 조장됨으로써 공동체의 균열이 발생하게 된 것이었다. 우리 팀 리더였던 공대 교수는 예상치 못했던 공동체의 분열을 막기 위해서 상수도를 엔쿠브 전역에 확대할 수 있는지 여부를 점검하기 위한 측량을 서둘러 실시했다. 상수도 확대는 또 다른 댐 건설을 요하는 것이었으므로 상당한 추가 비용과 노동을 전제로 하고 있었는

데, 이에 관한 토론이 이루어졌다. 대부분의 팀원들은 상수도 공사 확대를 반대했을 뿐 아니라 우리 팀이 계획했던 것 그 이상을 요구하는 엔쿠브 주민들을 이기적으로 보았다. 다음 내용을 살펴보자.

학생 1 그들이 궁극적으로 원하는 것이 뭐야? 공동체가 바라는 것은 무엇이야? 그들이 현실적이라고 생각하는 건 뭐지?

학생 2 그걸 모르겠어. 그들이 현실적이라고 생각하는 게 도대체 뭔지.

학생 3 마을 전체에 상수도를 매립하는 것보다 새로운 마을에 가서 정수기를 설치하는 게 더 유익한 일 아니야?

학생 1 이 마을에만 너무 많은 투자를 한 것 같아.

학생 2 이곳 사람들은 왜 마을의 3분의 2에만 상수도를 건설하냐고 말하는데, 마을 전체에 상수도를 만들어 준다고 치자고. 그러면 분명히 쿰보[엔쿠브에서 가장 가까운 소도시]까지 가는 포장도로를 만들어 달라고 할 것 아냐? 그 후에는 교육 시설을 원할 것이고.

학생 3 병원, 의료 시스템 등을 원하겠지.

학생 4 교육, 의료 시스템, 병원. 정말 끝이 없잖아. 끝낼 때는 끝낼 줄 알아야지.

학생 1 한 마을에 서구 문명을 몇 년 안에 다 가지고 올 수는 없잖아. 이 마을 하나만 발전시키고 도움을 필요로 하는 다른 마을을 등한시하는 것은 좋지 않아.

레나토 로살도Renato Rosaldo(1989)는 서구가 파괴한 비서구의 전통적이고 원시적인 문화에 대한 향수를 제국주의적 노스탤지어

imperialist nostalgia라는 개념으로 설명했다. 우리는 엔쿠브 마을에 우리가 가진 공동체에 대한 환상을 투영했다. 제국주의적 향수에 따르면 공동체는 최대한 원형 그대로 개발되지 않은 원시적인 상태로 남아 있어야 한다. 우리 팀의 눈에 비친 자연 친화적 삶을 살고 있었던 엔쿠브는 이러한 원형에 가까운 곳이었다. 따라서 이들은 정수기와 상수도관 이외에는 더 많은 문명을 요구해서는 안 된다! 하지만 엔쿠브 공동체에 대해 가졌던 환상은, 주민들이 보다 많은 문명의 이기를 요구하는 순간 부서지고 만다. 이들은 더 이상 자연을 사랑하는 공동체 친화적인 사람들이 아닌, 개발과 물질적인 풍요를 원하는 이기적인 사람이 된다. 주변화된 공동체를 벗어나고자 하는 이들의 욕망, 문명에 대한 이들의 욕망은 이기적인 것, 분수에 넘치는 것, 그른 것이 된다.

공동체는 약자와 주변부에 투영될 뿐 아니라 이상적으로 그려진다. 하지만 원시적이어도 행복하고, 주민 간 끈끈한 관계를 유지하고, 갈등과 반목이 존재하지 않는 이상적인 엔쿠브 공동체는 애초부터 존재하지 않았고 우리가 투영한 환상에 불과한 것이었다. 현지인들과 심층 인터뷰를 수행한 결과, 엔쿠브 주민들은 본인의 삶을 터전을 결코 이상적으로 보지 않았다. 대부분은 가난의 대물림이 지속되는 지긋지긋하고 구질구질한 공동체의 일원이기보다 나 자신으로 존재하고 자아실현을 할 수 있는 도시로 진출하는 것을 소망으로 하고 있었기 때문이다.[2]

2 나는 다음 논문에서 우리 팀이 엔쿠브에 투영한 환상과 제국주의적 노스탤지어에 대해 자세히 다루었다. Park(2018)을 참고하라.

지속 가능한 공동체가 아닌 잠정적인 '공동체적' 연대와 행동에 관심을

사회적으로 소외된 집단의 가시성을 높이고자 하는 공동체·미디어 연구는 소수자, 약자, 주변부 지역에 초점을 맞추는 성향이 강하다. 주류 집단에 대한 연구 접근성의 문제 역시 이에 한몫했다(학술 연구에 응해 줄 재벌 2세를 찾기란 매우 어렵다). 이러한 맥락에서 나는 앞에서 공동체에 관한 연구는 (연구자의 의도와 전혀 관계없이) 소수자와 주변부에 대한 편견을 견고하게 하고 이들의 삶과 경험을 공동체라는 굴레에 가둘 수 있지 않을까라는 의문을 던졌다. 그렇다면 나와 같은 외부자가 가질 수 있는 공동체 연구에 대한 오해를 불식하기 위해서는 어떤 작업이 필요할까?

공동체가 사회적 약자의 전유물이 아니라면, 주류 집단이나 기득권 공동체, 주변부가 아닌 중심부 지역에 대한 연구가 필요하다. 예를 들어, 정규직 교수들의 공동체는 어떤 양상을 가졌나? (연구자들이 가장 쉽게 접근할 수 있는 공동체는 대학교수 공동체가 아닐까?) 법조인은 어떤 공동체 의식을 가지고 있을까? 대치동 엄마들의 공동체는 어떤 방식으로 형성되고 정보는 어떻게 공유되는가? 온라인상에서 형성되는 남성 공동체는 어떤 이슈를 중심으로 어떤 방식으로 결집하는가?

주류 집단의 공동체 연구에서 로런스 오티스 그레이엄Lawrence Otis Graham(1996)의 저서는 참고할 만하다. 프린스턴대학교에서 학부 과정을 마치고 하버드대학교 로스쿨을 졸업한 뒤 명성 있는 로펌에서 근무하던 흑인 변호사 그레이엄은 백인 공동체 문화를 이해하기 위해 코네티컷주 골프장 레스토랑에서 1년간 웨이터로 일했다. 그 경험을 바탕으로 그는《골프 클럽의 구성원: 인종적으로 양극화된 사회에서의 삶에 대한 성찰*Member of the club: Reflections on life in a racially polarized world*》이라는 책을 낸다. 그는 인종별로 분리된 미국 사회에서 백인들끼리 느끼는 친밀한 유대감과 공동체 형성이 흑인과 같은 유색 인종이 중심부로 진입하는 것을 방해하는 결과를 가져온다는 점을 밝혔다. 즉 소수자의 위치를 영속화시키는 주류 집단 공동체에 대한 연구를 수행했다는 점에서 그 책은 중요한 가치를 가진다. 주류 집단 공동체에 대한 연구는 우리 사회에도 적용할 수 있는 여러 가능성이 많은데, 다수자와 소수자의 권력 관계를 밝힐 수 있을 뿐 아니라 소수자의 삶과 경험을 공동체로 제한하는 한계를 극복할 수 있다는 점에서 중요하다.

최근 우리는 공동체의 위기라는 이야기를 너무나 자주 듣는다. 동문회가 안 되는 것은 기본이고 속칭 '대한민국 3대 마피아' 중 하나인 고대 교우회도 잘 되는 것 같지 않다. 내가 한때 주임 교수로 담당했던 최고경영자 과정은 모집도 잘 안 되고 수료 후에도 잘 뭉치지 않는다. 종교 공동체인 교회도, 학문 공동체인 학회도 잘 안 된다. 공동체 미디어도 마찬가지다. 대부분의 공동체 미디어는 운영상 어려움이 많고, 공적 지원이 끊김과 동시에 명맥이 끊어질 위기에 처하게 된다고 한다. 이런 상황임에도 불구하고 연구자들은 결국 가시적으로 드러난 공동체, 오랜 기간 운영되는 공동체와 공동체 미디어에 초점을 맞추다 보니 공동체와 공동체 미디어에 대해 과도한 의미를 부여하게 되는 결과를 가지고 왔는지 모른다. 따라서 내 두 번째 제언은, 공동체· 미디어가 잘 운영되기 어려운 맥락은 무엇인지, 공동체· 미디어가 성공적으로 운영됨에 있어서 필요한 물질적, 인적 요건은 무엇인지에 대해 분석해 보자는 것이다.

2018년 초에 개봉한 다큐멘터리 〈공동정범〉은 공동체의 현실과 균열을 잘 포착한 수작이다. 이 작품은 2009년 1월 20일 새벽 6명의 사망자가 발생한 용산 참사에 대한 책임 때문에 공동정범으로 기소되어 범죄자가 된 다섯 명에 관한 이야기다. 〈공동정범〉은 용산 4구역 재개발 보상 대책에 반발해 온 철거민과 이들을 돕기 위해 온 전국철거민연합회 회원 사이에 형성된 연대가 어떻게 파괴되고 서로 반목하게 되는지를 추적한다. 이 다큐멘터리는 절대적인 선(용산 철거민, 전국철거민연합)과 절대적인 악(이명박, 공권력)이라는 이분법을 지양하고 소수자 공동체가 단일한 목표를 지향하더라도 갈등을 경험하거나 구성원 간 의견을 차이를 좁히지 않을 수 있다는 점을 잘 보여 준다. 서울시 마을 공동체에 대한 논의에서 김예란 등(2017)은 "구성원 간 이념 및 계층 갈등, 현실 정치에 대한 취약성 등의 서울시 마을 공동체 사업 특유의 한계점이 지적된다"(p.17)며 공동체 내부에 존재하는 동학을 분석할 필요성을 논의한다. 소수자 공동체 내부에 존재하는 이질성, 권력 관계, 균열, 입장 차이를 섬세하게 분석하는 작업은 소수자와 주변부에 대한 투영되는 환상과 편견을 극복할 수 있는 하나의 방법이 될 것이다.

셋째, 공동체 연구는 정치 공동체에 대한 분석을 넘어 취향 공동체나 경제적 공동체의 형성과 운영 양상에 주목할 필요가 있다. 전자보다 후자의 공동체가 현 사회에서 훨씬 더 가시적이기 때문이다. 특히 주거하는 지역에 대한 소속감은 지역과 관련된 경제적 이익과 관련되어 있을 때 현저히 드러나는 성향이 강하다. 지역 공동체성이 약화한 이 시점에 구 단위로 작동되는 인터넷 부동산 커뮤니티야말로 견고한 지역 공동체라 말할 수 있지 않을까? 구를 기반으로 하고, 공동의 목표가 개인의 이해관계와 연결되기 때문에 신속한 연대가 이루어지기도 한다. 2018년 3월에는 9호선 4단계 연장 사업 조기 확정 발표 촉구를 위해 강동구 고덕동과 명일동 일대 주민들 100여 명이 궐기대회를 열고 거리 시위를 했다(김성우, 2018). 누군가는 이러한 대규모 집회를 지역 이기주의의 사례로 치부할 수 있으나 정치권의 약속 이행을 요구한다는 측면에서 정치 공동체로서의 가능성을 보여 준 사례로 볼 수도 있다. 이 시위에 대한 평가가 어떠하든 분명한 것은 경제적 이익에 관한 지역 공동체가 잘 작동했다는 점이다.

넷째, 공동체 연구는 공동체의 지속 가능성에 주목하기보다는, 특정한 목표를 위한 잠정적인 '공동체적' 연대와 행동에 주목할 필요가 있다. 1990년대 초 철학자 주디스 버틀러(1990)는 여성이라는 고정된 정체성을 기반을 둔 정치는 불가능하다고 주장했다. 여성에 대한 공유된 정체성을 상정하는 것은 젠더 이분법을 고정시킨 구조에 종속되는 결과를 낳을 뿐 아니라, 여성이라는 범주 내에 존재하는 계급, 인종, 국적에 기반을 둔 차이를 간과하기 때문이다. 이 개념을 공동체에 적용해 보자면, 억지로 정체성과 지역에 근거한 공동체를 강조하는 것은 공동체 내부에 존재하는 차이를 망각하고 구성원 일부를 배제하는 결과를 가져올 수밖에 없다. 이러한 이유로 버틀러는 고정된 정체성에 바탕을 둔 정치는 불가능하며, 구체적인 행동을 통한 '잠정적 통합provisional unity'만 가능하다고 주장한다. 버틀러의 주장은 성소수자 활동가 한 명이 내게 해 주었던 이야기와 연관된다. 이성애자는 성소수자를 하나의 단일한 집단으로 보는 성향이 있으나 실제 성소수자 사회는 다양한 구성원으로 이루어진 파편화 사회이며, 따라서 성소수자 공동체 참여를 유도하기가 쉽지 않다. 그러나 퀴어 문화 축제를 방해하는 호모포비아 세력이 도전할 때, 차별금지법과 같은 당면한 사회적 의제가 있을 때는 다양한 성소수자 공동체와 개인들이 함께 모여서 싸운다. 즉 지속 가능한 성소수자 공동체는 비교적 미약한 편이지만 중요한 현안이 발생할 경우 공동체적인 연대와 행동이 이루어진다. 이러한 맥락에서 공동체·미디어에 관한 연구는 그 지속 가능성보다는 공동체적 행동과 연대에 주목해야 할 것이다.

마지막으로, (주거) 지역을 뛰어넘는 네트워크 시대의 공동체·미디어에 주목해야 할 것이다. 전통적인 주거 지역 기반 공동체 담론에 대한 비판적인 시각을 표출한 구현모의 페이스북 포스팅을 보자.[3]

> 마을, 지역, 공동체에 상당히 회의적이다. 정확히 말하면, 내가 거주하는 지역을 기반으로 구성된 지역 사회 커뮤니티 활동에 상당히 부정적이다. 광역시라면 모를까, 구와 동 단위 활동은 정말로 싫다. 서울시를 중심으로 모인 청년 단체나 직능이라면 모를까 강동구 그리고 고덕동으로 구성된 단체 활동을 하면 내가 자유롭게 떠나지 못한다는 문제점이 너무나 크다. 특히나 내 선택과 역량이 발휘되는 직능 모임이 아니라 단순 지역 모임이라면 더더욱. 난 지역 이웃, 이웃사촌, 그리고 이웃이란 단어도 싫

3 이 포스팅은 제자 구현모의 허락을 받아 공유한다.

어하고, 이웃에 대한 관심이 무연고 사망 방지책이라는 기사도 싫어한다. 적어도 거주 영역에 있어선 서로 모르고 사는 게 편하다.

반면, 내가 일하는 지역 혹은 분야 공동체에 대한 호감도는 매우 높다. 시골의 어두운 면은 지역 공동체의 어두운 면이기도 하다. 난 그게 싫어서 큰집도 안 가는 마당에 퍽이나. 여튼, 이번 서울 시장 선거에선 마을이란 구호가 안 보여서 너무나 좋다. '한 다리 건너 다 아는 사이'는 여러 번 겪었지만, 그게 내 성씨와 지역으로 구성된다면 너무나 답답할 듯하다. 우리 세대는 이전보다 더더욱 자유롭게 접속하고 단절하는데, 지역은 그 자유로움이 없다. 다른 지역이 아닌 '제주'에 대해 많은 사람들이 열광하는 이유도 타 지역에 비해 접속과 단절이 자유롭기 때문일 거다. 여행지라는 특성도 있고, 거주보단 잠시 일하러 가는 곳이기도 하고. 내가 귀농과 탈서울 그리고 사람 없는 동네를 싫어하는 이유기도 하다. 난 군중 속에서 자유롭게 접속하는 커뮤니티가 좋지, 서로밖에 없는 커뮤니티는 너무나 싫다.

(주거) 지역 기반의 공동체 미디어 역시 한계를 경험할 수밖에 없다. 공간의 개념을 재구성하는 유튜브라는 전 지구적인 방송 플랫폼은 전통적인 방송보다 훨씬 더 중요한 위상을 차지한다. 공동체 라디오와 같은 전통적인 미디어가 중요한 상징적 의미를 갖지만, 그 영향력에 있어서는 유튜브에 비할 바 아니다. 예를 들어 '전업 주부'와 같은 게이 유튜버가 만드는 영상은 거의 조회 수 100만을 기록하고 있고 댓글을 살펴보면 성소수자 공동체 의식 형성에 있어 매우 큰 역할을 수행하는 것 같다. 이런 상황에서 지역 기반의 공동체 미디어, 공동

체 라디오와 같은 전통적인 공동체 미디어만을 연구의 대상으로 논한다면 현실과의 괴리는 더 커질 수밖에 없을 것이다.

요컨대 커뮤니케이션 테크놀로지가 시공간의 개념을 재구성하고 있는 현 상황에서 공동체에 대한 논의는 물리적 장소에만 한정되어 이루어질 필요는 없다. 지역 기반의 공동체가 사이버 공간의 그것보다 우위에 있다고 볼 수 있는 근거는 없기 때문이다. 만약 그렇게 생각한다면 앞서 언급한 지역 공동체에 대한 환상과 관련된 건 아닌지 성찰해 볼 필요가 있다. 커뮤니케이션 테크놀로지 발전 이전에 이미 KTX가 전국을 하나의 생활권으로 묶으면서 지역을 초월한 공동체 활동이 가능해진지 오래다. (비록 공적 지원 구조를 고려하더라도) 구와 도 같은 행정 단위로만 공동체·미디어를 상상하고 조직하는 것도 한계가 있다. 사이버 공간에서의 커뮤니케이션이 오프라인에서의 커뮤니케이션 이상으로 중요해진 사회에 살고 있을 뿐 아니라, 지구 반대편에 사는 사람과 소통 가능한 사회에서 우리의 정체성은 거주 지역을 훌쩍 뛰어 넘어섰기 때문이다.

파편화된 사회에서 공동체가 대안이 될 수도 있지만(김미영, 2015), 누군가에게 공동체는 간절히 벗어나고 싶은 굴레일 수 있다. 현대 사회의 많은 사람은 타인과의 관계 맺기에 부담감을 느낀다. 반상회가 대부분 사라진 것처럼 아파트에서도 이웃 간 모르고 지내는 것이 속 편하다. 사생활을 중시하는 젊은 세대들은 특정 지역, 정체성에 대한 귀속을 불편해하고 그야말로 얽히고 싶지 않은 것이다. 내가 대학에 입학했던 1990년대 초반 동아리는 1학년 때만 가입을 했고 졸업 후에도 후배들을 챙기는 것이 일상적이었지만, 동아리 가입과 탈퇴가 학년과 상관없이 자유로워진 지 오래다. 이는 한 동아리에 본인을 구속하지 않겠다는 현시대의 문화를 반영한 것이기도 하다.

그리고 무엇보다도 오프라인의 관계는 젠더, 섹슈얼리티, 계급, 외모, 나이 등에 따른 다양한 종류의 권력 관계가 작동하기 때문에 피곤할 때가 많다. 아무리 고귀한 목적으로 모인 공동체라도 '꼰대질하는 선배'가 없다는 보장은 없다. 퇴사의 사유 1위가 인간관계라는 점을 고려하면(도재진, 2018) 오프라인 공동체 활동 역시 인간관계로부터 오는 스트레스로부터 결코 자유로울 수 없을 것이다. 오프라인에서는 느낄 수 없는 면대면 만남이 주는 인간적인 유대감도 중요하지만, 공과 사의 경계가 불분명한 오프라인의 관계가 피곤할 때가 많다. 젊은 이들은 지역 기반, 면대면 기반의 공동체에 대한 부담을 느끼고 네트워크 공간을 중심으로 형성되는 공동체에 더 많은 호감을 가지는 듯하다. 공통의 관심사를 바탕으로 SNS상에서 교류하는 것, 서로 만나지는 않지만 자유롭고 평등하게 소통하며 관계 맺는 것이 부담 없기 때문은 아닐까? 소통의 피로가 발생하면 SNS상에서는 (눈치 봐야 하는 오프라인과는 대조적으로) 눈치 볼 필요 없이 접속을 중단하면 된다. 페이스북에는 수많은 그룹이 생성되고 사라지는 것처럼 현대인은 이처럼 SNS을 중심으로 결집하고 흩어지기를 반복한다. 메르스 사태를 둘러싼 여성 혐오 현상으로 메갈리아라는 여성 공동체가 형성되었지만 다른 공동체로 이동하고 나른 공동체로 분화되었다. 젊은 세대들에게는 이 같은 방식의 버틀러식의, SNS상의 잠정적 공동체 형태가 더욱더 보편적인 형태로 자리 잡을 것으로 보인다.

참고 문헌

곽현근 (2018). "풀뿌리민주주의를 위한 읍 · 면 · 동 공동체 허브로서 주민자치회 역할: '지역공동체주축조직 역할 수행해야 한다'," 〈월간주민자치〉, 77호, pp.14~17.

권오석 (2017. 8. 25). "'노원=No won'… 서울 노원구 '돈 없어도' 홍보에 주민들 '디스 하나?'" 〈이데일리〉.

김미영 (2015). "현대사회에 존재하는 공동체의 여러 형식," 〈사회와 이론〉, 27호, pp.181~218.

김문정 (2015). "여성 정체성의 정치에서 아고니즘 정치로: 대구 안심마을공동체 여성들을 중심으로," 〈한국여성학〉, 31권 4호, pp.295~329.

김백수 · 이정화 (2013). "귀농인의 결혼만족도와 마을 공동체의식이 심리적 복지감에 미치는 영향: 성차를 중심으로," 〈한국지역사회복지학〉, 47권, pp.361~382.

김성우 (2018. 5. 16). [님비, 집값전쟁 ④] "지역이기주의라는 '님비', 우유부단한 정치권도 문제," 〈헤럴드경제〉.

김예란 · 김용찬 · 채영길 · 백영민 · 김유정 (2017). "공동체는 발명되어야 한다: 서울시 마을미디어 형성과 활동을 중심으로," 〈한국언론정보학보〉, 81호 pp.40~74.

도재진 (2018. 8. 17) "재취업 준비생 퇴사 사유 1위 '인간관계,'" CPBC News.

안진 · 채영길 (2015). "공동체 미디어 실천과 다문화 정체성의 재구성: 결혼이주여성의 공동체 라디오 참여활동과 권능화," 〈한국방송학보〉, 29권 6호, pp.94~136.

박경옥 · 정지인 (2015). "도심 마을공동체 내 거주자의 상호 작용과 공동체의식: 성미산마을을 중심으로," 〈한국생활과학회지〉, 24권 2호, pp.185~204.

박병춘 · 최현석 (2012). "지역공동체 실태분석 및 정책적 시사점: 풀뿌리운동에 기반을 둔 지역공동체를 중심으로," 〈지역사회연구〉, 20권 3호, pp.1~22.

이광동 · 백승대(2014). "상주 봉강마을 꾸러미공동체운동의 의미에 관한 연구," 〈민족문화논총〉, 58호, pp.625~656.

이명호 (2016). "공동체의 위기와 복원에 관한 탐색적 연구: 향촌공동체와 마을공동체를 중심으로," 〈사회사상과문화〉, 19권 1호, pp.87~115.

이승재 · 오단이 (2016). "2015 서울시 다문화 마을공동체 활성화 사업 사례연구," 〈한국지역사회복지학〉, 57호, pp.173~201.

오용준 · 윤갑식 (2013). “공동주택단지 공동체 활성화사업의 효과분석: 충청남도의 살기좋은 아파트 만들기 사업을 사례로,” 〈한국지역개발학회지〉, 25권 2호, pp.161~177.

전희경 (2014). “마을공동체의 ‘공동체’성을 질문하다: 서울시 마포 · 은평 지역 비혼/퀴어 페미니스트들의 경험을 중심으로,” 〈페미니즘연구〉, 14권 1호, pp.75~112.

Butler, J. (1990). *Gender Trouble*. New York: Routledge.

Graham, L. O. (1996). *Member of the club: Reflections on life in a racially polarized world*. New York: HarperCollins.

Park, J. (2018). “Cultural implications of international wolunteer tourism: A case study of American students’ cross-cultural experiences,” in *Cameroon. Tourism Geographies*, 20(1), pp.144~162.

Rosaldo, R. (1989). “Imperialist nostalgia,” *Representations*, 26, pp.107~122.

지역 미디어
낯설게 보기

김은미

5

“ 대화하고 교류해서 어떤 합의에 이른다기보다는 합의할 수 없어도 지속적으로 대화를 계속할 수 있다는 믿음을 공유하는 것이 오히려 의미를 갖는 공동체의 소통이 아닐까 생각해 본다. 다시 말해 이기기 위해서 게임을 하는 것이 아니라 게임을 지속하는 것이 목적이 되는 그런 지역 미디어를 상상해 볼 수 있지 않을까. ”

김은미는 서울대학교 언론정보학과 교수로 디지털 미디어의 사회적 확산과 개인적 활용이 가져오는 변화와 문화 산업과 관련된 이슈들에 관해 연구한다. 서울대학교 언론정보학과를 졸업하고 미국 노스웨스턴대학교에서 석사와 박사 학위를 받았다. 책으로는 《창조성의 원천》(공저), 《SNS혁명의 신화와 실제》(공저), 《연결된 개인의 탄생》 등이 있다.

대학 신문의 추억

대학마다 이름은 다르지만 '학보'라고 통칭되어 학생들이 발행하는 주간 신문이 있었다. 지금의 대학은 조직 홍보의 필요성에 눈을 떠 다양한 홍보 활동을 벌이기도 하고 디지털 미디어를 통해 학생들도 얼마든지 각자의 취향과 활동을 담아 내고 있지만, 얼마 전까지만 해도 학보의 존재감은 마치 마구잡이 평상복 차림의 집단 속에 성장을 하고 서 있는 귀족(?)과도 같이 대단한 것이었다. 학보는 학교당 하나만이 존재하였으므로 그 희소가치 자체로 학보사 기자의 위상은 높았고 그들의 메시지에는 힘이 실릴 수밖에 없었다.

학교에서 재정적으로 지원하는 공식 미디어와 순전히 학생들의 노력으로 만들고 발행되는 미디어의 구분이 뚜렷한 미국과는 달리, 한국 대학의 학보는 (적어도 내가 아는 몇몇의 경우) 예산은 학교의 재정적 지원을 받지만 그 외 제작의 모든 과정은 기수별로 정기적으로 뽑

힌 학생 기자들의 몫이다. 학교마다 상황은 조금씩 다르겠지만 아마 대학 신문사를 아직도 지원하는 대학이라면 각종 학생 활동 관련 예산 중에서 대학 신문을 유지하기 위해서 들어가는 예산이 상당한 비율을 차지하고 있을 것이다.

전통적인 미디어 환경에서 대학 신문은 유일하게 학내의 공동체 미디어였다. 동시에 미디어 활동을 경험하는 주요한 장으로, 교과외 활동으로서 교육적으로도 중요한 기능을 담당하였다. 현재 레거시 미디어에서 활동하는 중견급의 기자나 PD들은 주요 대학의 학보사 출신인 경우가 많다.

그런데 오늘날은 어떠한가? 누구든 관심 있는 사람이 적합한 디지털 플랫폼을 활용하여 각자의 포스팅, 채널, 미디어를 만들면 그만이다. 어떤 콘텐츠는 바이럴의 물결을 타고 엄청난 조회수를 올리기도 한다. 그 순간만은 학교라는 공동체뿐 아니라 바깥에서까지 엄청난 주목을 받기도 한다. 대학 신문은 엄연히 학교의 공동체 미디어이고 가장 오래되었고 인지도가 높지만 독자의 수나 영향력 등에서 보면 수많은 디지털 미디어 중 하나일 뿐 크게 다르지 않다.

온라인 혹은 오프라인으로 발간되는 대학 신문의 독자 수 감소를 이야기하려는 것이 아니다. 이제 대학 신문은 수많은 집단'들' 중 그저 하나가 되었다. 이제는 대학의 구성원들이 크고 작게 만들어 내는 수많은 미디어 활동들 중에서 굳이 대학 신문이 독특한 지위를 점하고 예산을 지원받아야 하는 정당성을 주장하기가 힘들게 되었다. 각종 학생 단체나 작은 공동체들이 만들어 내는 유튜브 채널이나 온라인 잡지들에게도 모두 예산을 공평하게 나누어줄 수 없다면, 그저 가장 오래된 학내 미디어라는 이유 하나로 '왜 대학 신문만 특별 대우를 받아야 하는가'라는 비판을 방어하기는 쉽지 않아 보인다.

채널의 희소성으로 요약되어 왔던 시절에는 다양하고 자발적인 미디어 세계가 염원이었지만, 오히려 오늘날 자발적인 다양한 미디어는 그야말로 차고 넘친다. 기실 이들 무수한 미디어의 존재를 제대로 파악하기도 어렵다. 적어도 학교라는 공동체 내에서 미디어 환경을 생각해 보면 과거와는 완전 정반대로 뒤집힌 상황이 되었다. 이 상황을 공동체 미디어가 많아졌다고 보아야 할까? 아니면 없어졌다고 보아야 할까? 학교를 아우르는 소속감이나 정체성이 희미해진 것이 미디어와 어떤 관련이 있을까? 학교 전체를 아우르는 집단이라고 그 중요성이 그 아래 더 작은 집단들보다 더 중요한 근거는 있는가?

'우리가 알고 있는' 공동체와 미디어

공동체와 미디어라는 주제에 관해 함께 생각해 보자는 요청을 들었을 때 첫 번째로 든 생각은 매우 익숙하다(혹은 그래서 진부하다)였다. 우선 '공동체 미디어'라는 단어가 낯설지 않고 익숙한 것은 그 말을 듣자마자 바로 떠오르는 심상이 있기 때문이다. 공동체 미디어를 세우자는 데 거기다 대고 뭐라고 할 수 있을까. 공동체 혹은 공동체 미디어는 그 자체로 좋은 것 아니겠어. 공동체 미디어를 가꾸자는 데 싫다거나 문제점이 있다거나 반대한다면 나쁜 사람, 이기적인 사람이 되어 버리는 격이다. 공동체는 어떤 거부해서는 안 되는 것, 그 자체로 의미가 있는 것, 딴지를 걸기 어려운 상수처럼 여겨진다. 그러나 이것이 어떤 절대적인 가치를 갖는 것이고 그것에 대해 질문할 수 없다면 그것은 과학적 지식이나 연구의 대상이 될 수 없다.

공동체 미디어라고 하면 우선 규모 면에서 작은 공동체가 떠오른다. 소수의 끈끈한 유대를 가진 집단이 이끄는 조직이나 비영리 단체가 연상된다. 글이든 사진이든 영상이든 뭔가 허술한 구석이 있는(흔히 말하는 '고퀄'과는 거리가 먼 듯한) 콘텐츠도 떠오른다. 매스 미디어가 가장 지배적인 사회적 커뮤니케이션 체계였던 시대에 이들의 존재는 게릴라와 같은 것이었고 보완재였다. 케빈 하울리Kevin Howley(2010)는 공동체 미디어를 다음과 같이 정의한다. "공동체 미디어는 지역 공동체를 기반으로 한 다양한 활동을 말하는데, 이들은 지배적 미디어가 가진 문화 콘텐츠의 표현 양식이나 관습, 운영 원칙, 구조, 재정적 토대 등을 보완하거나 변화시키거나 혹은 대안적 시도를 하는 목적을 가진다." 여기서 우리는 두 가지를 포착할 수 있다. 첫째, 일반적으로 공동체 미디어라 함은 지역 미디어를 지칭한다. 둘째, 지배적 미디어의 존재와의 차별성이나 그에 대한 대안성을 강조하는 것이 공동체 미디어다.

대안성을 강조한 이들의 존재는 사회과학자들에게 그 자체로 의미 있는 것이고 '선한 것'이 아닐 수 없었다. 이들의 영향력(대중성)은 크지 않아도 존재 자체로 미디어 생태계에 다양성을 더해 주었기 때문이다. 대안성은 그것이 대안성을 갖는 어떤 대척점이 있다는 전제하에 의미를 갖는다. 지배적인 미디어인 매스 미디어가 그것이다.

공동체 다시 생각하기

김시덕은 《서울선언》에서 사람들이 현재의 사물을 바라볼 때 관념적으로 과거로부터 이어 온 시각과 개념에 붙들려 있다는 점을 환기시킨다. 예컨대 그는 당대를 살고 있는 시민들이 조선 시대 궁궐이나 고가의 복원에 열을 올리면서 서울의 원형을 회복(?)해야 하는 것처럼 여기며 상대적으로 현재의 모습을 이해하는 데에는 관심이 덜하거나 이해하고자 노력하지조차 않는다는 점을 지적한다. 사회과학 개념도 특정 시대와 환경의 맥락에서 만들어진 것이기에 변화하는 속에서 개념은 끊임없이 질문되고 재개념화되어야 한다는 점과 맥이 닿아 있음을 알 수 있다.

노벨상 수상자이자 행동심리학의 대가인 대니얼 카너먼Daniel Kahneman은 이론을 강조하는 학술 세계에서 경계해야 하는 부작용 중 하나로 기존의 개념 규정에 사로잡혀 변화하고 있는 현상을 제대로 보지 못함을 꼽은 바 있다. 기존 개념을 렌즈로 삼아 현실을 관찰하면 기존 개념에서 벗어나는 새로운 것들을 포착하지 못할 위험이 있다는 것이다.

그는 이를 이론이 가지는 맹점theoretical blindness이라고 표현했다. 우리가 당연하다고 생각하는 '공동체,' '미디어,' 그리고 그 조합으로서의 '공동체 미디어'를 이상화하고 있는 것은 아닌지 살펴볼 필요가 있다. 이것이 '낯설게 보기'가 필요한 까닭이다. 다시 말해 개념과 현실이 계속 맞장을 뜨면서 이론이 진화하고 발전한다고 본다.

"당신이 속한 공동체는 어디입니까?" 하는 물음을 받으면 어떤 단위의 무엇이 떠오르는가? 아마 이에 대한 반응은 사람들마다 다를 것이다. 아무것도 떠오르지 않는 사람도 있고 너무 많은 집단이 떠오르는 사람도 있을 것이다. 중년층 이상이라면 아마 국가를 먼저 떠올릴 확률이 높다. 나라나 지역과 같은 지리적 공동체를 떠올리는 사람도 있겠지만 그리 많을 것 같지는 않다. 자기가 속한, 속한다고 스스로 생각하는 공동체에 존재하는 미디어가 공동체 미디어라면 이상적으로는 매우 다양한 수준과 범위의 공동체 미디어가 있어야 한다.

하지만 이러한 경험적 현실과는 대조적으로 대부분 연구에서 공동체 미디어란 곧 '지역 미디어'를 일컫는다. 그러나 과연 오늘날 사람들의 인식 속에 지역이 얼마나 중요한 공동체인지에 대해서는 다시 생각해 볼 필요가 있다. 지역 미디어의 필요성에 관한 많은 학술적 논의가 지역 공동체 의식이나 애착, 유대감을 주목하지만, 지역 뉴스의 이용이 실제로 그러한 효과를 가져 온다는 경험적 증거도 약하다(한혜경·이상기·오창호, 2006; 양혜승, 2016).

이영원(2015)의 연구는 이 맥락에서 우리에게 다시 생각해 볼 만한 지점을 던져 준다. 이 연구는 지역 신문에서 사람들이 무엇에 주목하는지를 살펴보았는데, 어떤 분야의 뉴스인가에 따라 지역 신문에 대한 사람들의 관심이 다르다는 점이 나타난다. 이 연구에서 지역 신문 기사에 대한 열독률을 조사한 결과, 지역의 경제, 정치에 관한 특별 기획 기사 등에 대한 열독률은 상대적으로 높지만 지역 사람들이나 인물 관련 기사의 열독률은 가장 낮은 것으로 나타났다. 함께 살고 있는 사람들에 대한 관심은 낮고 주로 지역의 정치, 경제 등의 주요 이슈에 대한 정보 욕구만이 높다는 것이다. 연구자는 지역 사람들에 대한 관심도가 낮게 나타난 것은 지역 사람들에 대한 정보는 대인 채널이나 SNS 등 다른 채널을 통해 얻을 수 있다는 점이 영향을 미쳤을 것이라고 추정한다. 그러나 함께 공동체 안에 있는 사람들의 이야기에 관심이 낮다면 그것은 과연 어떤 성격을 갖는 공동체라고 볼 수 있을까.

공동체에는 그 공동체의 목소리 역할을 하고 동시에 공동체를 묶어 주는 미디어가 있어야 하며 이를 통해 서로 원활하게 '소통'이 되어야 마땅하다는 믿음이 있다. 공동체라면 공동체를 엮어 주는 미디어가 있어야 한다는 데 동의한다. 그러한 최소한의 밑바탕이 없이 논의가 진행될 수는 없다. 그렇다면 공동체는 어떻게 소통해야 할까? 공동체는 어떻게 소통해야 할까를 생각하기 위해서는 먼저 한 걸음 뒤로 물러서서 공동체는 어떻게 소통하고 있는가를 살펴보아야 한다. 공동체 미디어를 이야기하기 위해서는 비록 끝도 없는 소모적이고 모호한 논의가 될지라도 공동체의 소통community communication의 본질에 대해 한번쯤은 질문해 보아야 한다.

소통이라는 이상향 혹은 신기루

어떤 소통인가를 생각하는 데 있어 두 가지 차원의 편향성에 대해 생각해 보고자 한다. 하나는 학술 공동체인 커뮤니케이션학계 내에 암묵적으로 존재하는 전제로, '서로의 마음을 읽고 이해하는' 온전한 소통 상태에 다다를 수 있다는 믿음이다. 또 하나는 널리 존재하는 강하고 친밀한 관계의 질적 우월성에 관한 편향성이다. 공동체 미디어에 대한 우리의 이해가 혹시 알게 모르게 이러한 편향성으로부터 자유롭지 않았던 것은 아닌지 의심해 본다. 이 두 편향성을 동시에 적용한다면, 사람들은 터놓고 이야기할 수 있는 사이로 점차 서로 간의 거리가 가까워지면서 집단의식이 생겨 하나가 되는 상태를 노력하여 만들 수 있으며 우리 모두 그런 상태를 지향해야 한다고 귀결하게 된다. 이렇게 어떤 완성체로서의 공동체는 이상적인 소통이 이루어지는 상태로 그려진다.

존 더럼 피터스John Durham Peters의 역작이라고 알려져 있는 《허공에 말하기*Speaking into the air*》(1999)의 서장은 "소통이라는 문제The problem of communication"라는 제목을 달고 있다. 피터스는 내내 소통이라는 문제와 소통이라는 꿈dream of communication을 대비시킨다. 여기서 잠시 이 서장의 내용을 소개하고자 한다.

피터스는 우선 어떤 느낌이나 이해, 생각 등은 생리적으로 각자의 감각기관과 뇌 안에서 이루어지는 것이므로 이것들이 서로 전달된다는 것은 근원적으로 불가능하다는 점을 환기시킨다. 그러므로 개인이 서로 대화를 나눈다는 것은 마치 텔레파시와 같은 꿈에 불과하다. 그러나 사람들은 이 점을 생각하지 못하고 인간끼리의 원활한 소통 상태를 우리가 도덕적으로 추구해야 하는 상태로 그냥 정해 두고 마치 그것을 우리가 이룰 수 있는데 이루지 못하고 있음을 지속적으로 한탄한다.

서구에서 '커뮤니케이션'의 개념은 본래 물리적인 것의 전달을 의미하는 것이었는데, 20세기 전기나 전신과 같은 기술이 출현하면서 물리적인 것을 넘어서 시공간을 넘나들며 교류하는 것을 의미하는 것으로 전환되기 시작했다고 지적한다. 마치 신과 천사가 교류하거나 연인들끼리 공감하는 것과 같은 환상과도 같은 의미를 불러일으키게 되어 실제적으로는 불가능한 상태임에도 불구하고 이를 우리가 바라보고 추구해야 하는 것으로 받아들이게 되었다는 것이다.

인간 커뮤니케이터, 채널 또는 메시지 같은 개념을 분리해 별도로 고찰하는 것은 사이버네틱스cybernetics라 불리는 클로드 섀넌Claude Shannon과 워런 위버Warren Weaver의 정보 처리 이론이 미친 영향이다. 이들의 연구는 커뮤니케이션학의 태동기에 학문적 성격의 기초를 만드는 데 큰 영향을 미쳤고 커뮤니케이션학 이론서에 늘 빠지지 않고 등장한다. 학부에서 한두 과목이라도 커뮤니케이션학을 들은 사람이라면 채널이니 메시지니 하는 개념을 통해 인간의 커뮤니케이션 현상과 행동을 이야기한다. 그런데 여기서 메시지가 교환되는 것은 인간의 내면끼리의 접속을 의미하지는 않는다. 섀넌과 위버의 연구는 인간 커뮤니케이션을 연구한 것이 아니라 인간처럼 반응하고 학습할 수 있는 기계의 개발에 초점을 맞추었다는 점을 기억할 필요가 있다. 이들에게 채널이나 메시지의 개념은 기계를 염두에 둔 것이었다. 하지만 오늘날 우리는 채널을 통한 메시지의 교환을 마치 사람들끼리 서로의 생각과 감정을 전달하고 이해하고 공감하는 것처럼 여기고 여기에 의문을 제기하는 경우는 별로 없다.

인간은 정말 소통을 '하는' 것일까? '메시지를 주고받으면' 소통이 된다고 할 수 있을까? 피터스는 제도나 기술이 잘 정비된다고 소통이 이루어지는 것은 아니라고 하면서, 소통이란 근원적으로 소통할 수 없는 한 개인과 타인(의 내면)을 조정하는reconcile 일이라고 규정한다.

영한사전를 보면 'reconcile'의 의미는 다음과 같다. "화해시키고," "(논쟁)을 조정하고," "(어떤 것을) 감수한다." 이 세 가지 의미를 되뇌어

보면 공통적으로 어떤 차이점을(없앨 수는 없다는 것을) 인정한다는 점을 함축한다는 것을 알 수 있다. 차이점이 있지만 다른 길을 돌아 그것이 직접 부딪치는 일이 없게끔 하거나, 차이점을 둔 채로 서로 일시적으로 협력할 수 있게 새로운 방안을 고안하거나, 혹은 차이를 알지만 있는 그대로 받아들인다는 의미를 갖고 있는 것이다. 즉 정보의 교환exchange of information이나 의견의 합일이 아니라, 서로 다름을 인정하지만 관계를 맺는 것이 소통의 상태다. 이를 연장하면 정보를 교환하는 수단이 더 발달하고 정교화하는 것과 소통의 상태에 이르는 것은 별개의 문제가 된다.

정보 사회에 대한 거시적인 이론에서부터 어떤 미디어를 가질 것인가에 대한 제도 혹은 정책적 논의들에 이르기까지 '정보의 교환 = 커뮤니케이션'이라는 인식이 자리 잡고 있어 근본적으로 다의적인 소통의 상태에 관한 논의가 막혀 버리고 지나치게 기계적으로 논의가 진행되어 온 부분이 많다. 여기서 논의할 수 있는 범주를 살짝 넘어서는 지적이 되겠으나 이른바 커뮤니케이션(혹은 미디어) 효과에 관한 최근의 연구들이 관용이나 사회 자본, 경청이나 포용의 문화와 같은 개념을 많이 연구하는 것은 학문적, 사회적 논의를 풍부하게 하는 바람직한 방향이라고 본다. 더욱이 이것은 공동체 미디어를 어떻게 볼 것인가와 관련이 깊다.

친밀한 관계에 대한 환상과 적정 관계

서로 다른 개인 간 소통의 상태를 이룰 수 있는 이상향으로 본 것과 같은 맥락에서 이해할 수 있는 것이 친밀한 인간관계에 대한 기대와 그 우월성에 대한 믿음이다. 특히나 친밀한 관계에 대한 이상화는 내집단 편향성이 강한 사람들에게 특징적이며 일반적으로 한국 사회에서 강하게 나타나는 특징이다. 우리는 알게 모르게 서로 친밀한 사이가 되는 것에 어떤 도덕적 가치를 부여하는 듯하다.

물론 친한 사이끼리 할 수 있는 일이 훨씬 많다. 친한 사이에서만 오가는 심리적, 사회적 지지감이란 누구에게나 이루 말할 수 없이 중요한 자원이다. 하지만 사람들은 머리로는 '친한 사이'를 동경하고 '친함'을 추구한다고 하지만 사실상 일상에서의 친밀한 관계는 부담스러울 때가 많다. 이것을 반영하듯이 현재 널리 읽히는 문화 콘텐츠에는 사회적으로 규정된 관계 예절에 대해 개인이 느끼는 무기력감이나 고통에 관해서 토로하는 것들이 많다(예컨대 구병모의 《네 이웃의 식탁》이나 웹툰 〈며느라기〉 등). 가족이나 친한 친구의 부탁은 더 부담스러우며 골치 아픈 법이다. 친한 사이의 어긋난 기대나 믿음은 약한 사이의 그것보다 더 끝이 안 좋은 경우도 많다.

이렇듯 인간관계의 친밀성은 양면성을 가진다. 친하면 더 많이 대화하고 협력하고 의지할 수 있지만, 동시에 친하면 더 부담스럽고 의무가 강해지며 다양한 상황에서 갈등이 발생할 소지도 늘어난다. 그래서 우연히 시외버스 옆 자리에 앉은 사람과 속 이야기를 나누게 되는 상황처럼('stranger-on-the-bus') 오히려 전혀 관계가 없는 사람에게 더

솔직하게 자신을 노출하는 경우도 많다. 그러한 관계에서의 교류가 더 즐거움을 주기도 한다.

서로 모르는 사이는 다른 한편으로는 서로 '속 편한' 사이라고 할 수 있다. '속 편하다'라는 것이 무엇인가? 내면적으로 아무런 부담이나 고민할 일이 없다는 것이다. 모르는 사람의 고통은 공감하지 않아도 되고 도와야 하나 말아야 하나 고민할 필요도 없다. 애초에 지켜야 하는 어떤 관계가 없기 때문에 갈등은 아예 원천적으로 하지 않는다.

서로 모르는 사이라면 아무 일도 일어나지 않는다. 서로 기대하는 것이 있을 때 갈등도 일어나기 때문이다. 갈등이란 관계가 잘못되고 있다는 신호가 아니라 어떤 관계가 있다는 것에 대한 반증이기도 하다. 관계와 갈등은 동전의 양면과도 같다. 관계의 강도가 증가할수록 갈등의 가능성이나 강도도 늘어날 수밖에 없다. 소통은 개인과 타인의 다름을 전제로 하며 갈등은 소통 과정의 일부다. 그렇다면 공동체 역시 갈등이 필연적으로 일어날 수밖에 없다.

공동체 다시 보기

이상과 같은 논의는 오히려 공동체가 어떤 소통을 할 것인가에 있어 다름과 갈등이 친함이나 합의 개념과 같은 선상에서 고려해야 할 개념이라는 것을 말해 준다. 이것은 우리가 일반적으로 떠올릴 수 있는 '공동체'의 화기애애한 이미지와는 좀 다르다.

네이버를 통해 검색한 표준국어대사전에는 '공동체'의 의미를 찾아보면 "생활이나 행동 또는 목적 따위를 같이하는 집단," 나무위키에는 "사람들이 공동으로 모여 만든 집단"이라고 되어 있다. 두 출처 모두 연관된 개념으로 공동체 의식과 운명 공동체를 포함한다. 여기서 우리는 두 가지를 알 수 있다. 첫째, 공동체의 개념은 매우 모호하다. 2인 이상이면 모두 공동체라고 할 수 있으며 그저 사람들의 모임이 공동체라고 할 수 있기에 거의 우리 사회 안에 모든 것이 공동체다. 사람들이 함께 모여 사는 것이라는 점에서 '사회'와도 개념적으로 구분이 잘 되지 않는다.

그러나 둘째, 이 두 출처 모두 공동체 의식과 '운명' 공동체를 포함하고 있다는 점에서 한국인에게 공동체란 매우 규범적인 의미가 강하다는 것을 알 수 있다. 여기에는 마땅히 지켜야 하는 주어진 도리 혹은 도덕적 의무로 묶인 상태라는 암묵적인 의미가 깔려 있다. 즉 공동체라는 개념이 어느 정도 친밀성과 이타성의 압력을 불러일으키며 구체적인 이웃들보다는 불특정 다수에 대한 생각이나 태도를 더 강조하고 있다.

그에 비해 우리가 필요한 것은 일상적인 삶의 경험 속에서 나와는 다른 이웃들과 어떻게 함께 살 것인가에 관한 해결책이다. 예컨대 이웃 간의 층간 소음이 발생했는데 서로를 이해시키지 못하고 갈등이 고조될 때, '어떻게 말하고 들을 것인가'에 대한 기술과 능력이 공동체에 대한 이상보다 살아가는 데 보다 더 필요한 것이라는 생각이 든다.

공동체 개념의 변화

사회과학자들은 일찍이 산업화와 도시화가 일어나면서 전통적인 공동체 개념이 변화하고 있음에 주목하였다. 농촌 사회에서 마을은 사람들이 대를 이어 나서 성장하고 생활하는 곳이었고 그곳에는 서로에게 필요한 다양한 종류의 사회적 지지를 주는 관계망들이 중첩되게 존재하고 있었다. 내가 정신적으로 지쳐 있을 때 위로를 주는 사람, 내게 일손이 필요하거나 급전이 필요할 때 선뜻 내어 주는 사람, 내가 조언이 필요할 때 누구에게 물어야 하는지 알려 주는 사람 등등, 이 모두가 따로 존재하기보다는 가족이나 이웃이라는 하나의 관계망 안에서 모두 해결되는 상황이었다. 서로 다른 기능적인 관계망들이 중첩되어 있는 이런 공동체에서는 하나의 관계가 여러 개의 기능을 해주기 때문에(관계망의 중첩) 더 조밀하고 가까울 수밖에 없다.

이에 비해 사람들이 다양한 곳에서 이주해서 서로 모여 있는 도시는 여러모로 다른 공동체일 수밖에 없다. 페르디난트 퇴니스Ferdinand Tönnies(1887/2017)는 공동 집단과 이익 집단이라는 구분을 통해 거대 도시에서의 공동체의 차이에 관해 지적한 바 있다. 도시라는 새로운 형식의 지역 공동체가 등장하면서 사람들은 기존 공동체 개념과는 다른 관계 속에서 살아가게 되었다. 사람들은 여전히 주변 사람들의 사회적 지지가 필요하지만 관계망의 중첩은 깨어져 재정적 지지를 제공하는 사람, 정보적 지지를 제공하는 사람 등이 모두 다르다. 도시에서 사람들은 이전에 하나의 관계망 안에서 해결했던 일들을 여러 개의 관계망을 통해 해결한다(Fischer, 1982). 그렇다면 전통 사회에 비해서 도시를 통해서 만들어지는 공동체는 더 품질이 낮은 공동체인가? 기존 공동체 개념의 이상화가 새로운 모습의 공동체의 작동 원리를 보려는 시도들보다 더 목소리가 높았던 것은 아닐까. 어떤 측면을 비교하는가에 따라 우열을 가릴 수는 있겠지만 전통 사회의 공동체와 대도시에서의 공동체는 매우 성격이 달라서 전통 사회에서의 인간관계가 더 끈끈하고 우월하다고만 평가하기는 어렵다.

도시 계획 개념에 대한 맹렬한 비판자이자 시민운동가로 유명한 제인 제이콥스Jane Jacobs는 대도시에서 누릴 수 있는 다양성과 활력을 예찬하며, 도시 계획에 의해 만들어진 전원적인 도시 교외 지역이 현실성 없는 전통적인 공동체에 대한 환상을 기반으로 하고 있다고 비판한다. 제이콥스는 자신의 저서 《미국 대도시의 죽음과 삶*The death and life of great American cities*》을 통해 무질서해 보이지만 다대다 방식으로 다양한 사람들과 조우하고 어울려 사는 미국 대도시의 모습을 새로운 공동체의 모습으로 인정하고 있는 그대로 바라볼 것을 주장한다. 서로 알지는 못하지만 도시의 가로에서 만나는 수없이 많은 사람들이 함께 살아가고 서로 지켜 주는 공동체를 구성하며 이들이 다대다 형식으로 서로 간의 민주적인 접촉을 늘려 가도록 만드는 것이, 철저한 도시 계획에 따라 '안전하고 청결한' 도시를 만드는 것보다 더 바람직한 방식임을 주장한다. 무질서하고 울퉁불퉁해 보이는 대도시의 모습은 어떤 질서의 상황을 상상하고 그것을 고집스럽게 잣대로 삼았을 때 무질서하게 보이는 것일 뿐 그 무질서 자체가 또 다른 하나의 질서라는 것이다.

제인 제이콥스가 이상화하고 있는 도시 생활은 구성원의 이질성과 다양성을 바탕으로 여러 가지 관계와 만남이 지속적으로 발생하는 상황을 말한다. 친밀하지는 않지만 서로가 서로의 존재를 안전하게 지켜준다. 다양한 사람들로부터 서로 다른 종류의 사회적 지지를 얻는다. 이 책에서 흥미로웠던 지점은 제이콥스의 기준에서 성공적인 도시 공동체에는 '공공적인 사람public man'이 있다는 지적이다. 제이콥스는 도시 한 구역에서의 상점 주인의 역할을 관찰하면서, 주변 사람들이 휴가를 가면서 자신의 집 열쇠를 가족이나 친지가 아닌 이 상점 주인에게 맡긴다는 점을 눈여겨보았다. 이 지역 사람들이 서로가 모두를 친밀하게 알지는 못하지만, 이 상점 주인은 여러 관계망에 소속되어 여러 이질적인 관계망 간의 공통적인 존재로서 서로 다른 관계망을 연결하는 구심점 역할을 한다. 가족이나 친지는 대체로 신뢰할 수 있지만, 집 열쇠를 맡겼을 때 이들이 집에 들어올 수도 있을 만큼 (지나치게) 친밀하기 때문에 오히려 자신의 프라이버시가 침해당할까 우려할 소지가 있다. 반면 상점 주인과는 열쇠를 맡겨도 집에 들어와 볼 만한 동기가 아예 없는 적당한 정도의 거리가 있어서 프라이버시 침해 가능성에 대한 안심을 할 수 있는 동시에, 그가 동네 주민이고 단골이므로 적정한 정도의 신뢰를 할 수 있다. 이 상점 주인은 주변의 많은 사람들에게 비슷한 평가를 받고 있으며, 여러 사람과의 관계에 접속이 가능하다는 점에서 공공적public이라는 형용사가 붙는다. 여기서 공공적이라는 것은 모두가 추구해야 하는 어떤 공통의 가치를 지닌다기보다는 다양한 사람들과의 상시 접촉 가능성과 개방성이라는 의미를 갖는다. 즉 접근성의 폭이 넓은 사람이라고 정의할 수 있다. 이러한 존재들이 주는 지속성과 안정성이 구성원들이 변화하여도 그 공동체에 중심을 잡아주는 역할을 한다는 것이다.

전통적인 공동체에서 중첩된 소수의 관계망이 주는 기능은 도시 공동체에서는 다수의 공동체 혹은 서로 다른 관계에 이양되었다. 또한 대면 접촉이 가져다 주는 기능의 많은 부분은 시장으로 아웃소싱되었다. 급할 때 아이를 병원에 데려다 주는 것은 옆집 아주머니가 아닌 택시 기사이고 내가 힘들 때 위로해 주는 것은 상담사나 의사인 것과 같은 이치다. 도시 공동체라고 해서 사람들이 다른 사람들과 서로 상호 의존적으로 살아야 한다는 절대적인 조건이 없어지는 것은 아니지만 우리는 지역이라는 범위를 벗어나 다수의 관계망 속에서 서로 의존하며 살아간다. 클로드 S. 피셔Claude S. Fischer(1982)는 이러한 도시 공동체가 많은 사람이 이상화하면서 그리워하는 조밀하고 중첩적인 지역 공동체와 비교할 때도 사람들 간에 서로 주고받는 물질적, 비물질적 자원들에 있어서 결코 열등하지 않다는 것을 방대한 서베이 결과를 통해 체계적으로 제시한 바 있다.

상호 의존하는 사람들의 집단이 공동체다. 사람에 따라 지역 공동체는 그 사람이 속해 있고 상호 의존적으로 살아가고 있는 여러 개의 관계망 중 하나일 수도 있고 아닐 수도 있다. 더욱이 디지털 미디어의 확산과 일상의 침투로 인해 한 사람이 속해 있고 의존하는 관계망은 더욱더 분산되고 확산되었다. 우리는 이제 공동체의 범위 안에서 상호 작용하는 것이 아니라 상호 작용함으로써 우리가 속할 공동체를 구성한다. 공동체는 쉴새없이 만들어지고 와해되고 분산된다.

그렇다면 공동체 의식은 주어진 공동체 안에 있는 사람들이 집단적으로 만들고 체득하는 어떤 것이 아니라 개인 안에 내재된 덕성이나 역량에 의해 만들어졌다 깨어지는 것이다. 다른 말로 하자면 친해야 해서(공동체) 대화를 나누어야 하는 것(미디어)이 아니라 대화를 나누다보니 친해지는 것(공동체)이다. 그렇다면 서로 다른 사람들과 살아가는 기술과 능력에는 분명 다른 사람에게 어떻게 (친절하게) 말하고 다른 이야기를 어떻게 (기분 나쁘지 않게) 들을 것인가에 대한 소통의 기술이 어떤 공통의 기반이 되는 규범의 실천보다 중요해진다.

공동체와 미디어:
공동체 의식은 현실인가 이미지인가

상대적으로 우리에게 익숙한 지역 기반 혹은 민족 기반, 혹은 조직이나 직업 기반(예: 학교 공동체)의 공동체는 위에서부터 규정된 공동체의 성격을 가진다. 이 경우 이미 상호 의존성이라는 필요조건이 있는 상태에서 서로 면대면으로 알 수 있는 범위를 넘어 상호 호혜적인 행동을 도모하기 위해서는 여기서부터 여기까지가 공동체라는 것을 지속적으로 환기시켜 줄 필요가 생긴다. 이렇게 공동체 의식이 확인되고 유지되는 과정에서 미디어가 주요한 역할을 할 수 있다. 이것이 잘 작동한다면 개인이 속한 관계의 범위 혹은 경계를 굳이 직접 경험하지 않아도 더 넓은 범주 안에 자신이 자리하고 있다는 것을 알게 된다. 어디까지 혹은 누가 내 공동체인가를 지속적으로 생각하게 함으로써 추상적으로 존재하는 그것이 내가 마땅히 동참해야 할 공동체라고 간주하게 되는 것이다.

한 개인이 직접 경험할 수 있는 한계가 있기 때문에 물리적으로 큰 범위의 공동체는 인식 속에서 구성되고constructed 유지되는 측면이 강할 수밖에는 없다. 영어권에서는 지역의 범위에 따라 구분하는 표현들이 쓰여진다. 실제 생활이 이루어지는 영역을 'local'이라고 표현하고 이보다 더 넓고 대부분 행정 구역으로 구획된 영역을 'region' 등으로 수준에 따라 구분하며 이렇게 수준별로 그 정체성을 형성하고 유지하는 과정이 다르고 그 과정에 미디어도 조금씩 다른 방식으로 개입한다(Scriven & Roberts, 2001).

위에서부터 규정된 민족 기반 공동체의 구성과 유지 방식에 관해 많은 사람에게 통찰을 준 것은 베네딕트 앤더슨Benedict Anderson의 《상상의 공동체*Imagined Communities*》였다. 그는 민족은 실재가 아니며 문화적으로 만들어진 민족 개념을 바탕으로 국민 국가가 탄생했다는 점, 그리고 그 과정에서 미디어인 신문이 큰 공헌을 하였다는 점을 설명한다.

한편, 다른 방식으로 공동체는 만들어지기도 한다. 지리적 혹은 행정적 범위와 같이 주어진 범주를 토대로 공동체가 만들어지는 경우가 아니라면 자생적으로 주변 사람들과 상호 작용하면서 서로 자원과 심리적 지지를 교류하고 이러한 상호 의존성이 토대가 되어 공동체 의식이 발생하고 이러한 과정이 확대되면서 공동체가 만들어진다. 이것을 아래로부터의 공동체라고 생각해 볼 수 있다.

근거리성이나 필요성 등에 의해 상호 작용 행동을 하게 되고 이것이 반복되면 상호 의존성을 경험하게 된다. 오늘날의 온라인 공동체를 떠올릴 수 있다. 서로 대화를 하고 의견을 교환하고 공유하기 때문에 공동체가 이루어진다. 따라서 이 경우 미디어는 공동체에 있어서 핵심이며, 더 나아가 미디어가 공동체 그 자체라고 할 수 있다. 단 여기서 미디어란 구성원의 고른 참여를 전제로 한다.

상호 의존적 행동과 공동체 의식은 서로 상승적으로 작동한다. 인간관계는 기본적으로 관계 행동(예: 대화, 정보 교환, 선물 주고받기, 인사하기, 서로 돕기 등)과 관계 인식('우리는 ○○○한 사이다'라는 인식을 서로 갖고 있다는 믿음)의 두 가지 요소로 구성된다. 상호 의존적 행동의 증가는 공동체 의식을 유지, 강화하며 공동체 의식이 있다면 상호 의존적, 상호 호혜적 태도와 행동을 취하게 된다. 두 가지 요소가 적절히 조합된 것이 이상적인 공동체라고 볼 수도 있다. 상호 의존적인 행동의 경험은 없는데 공동체 의식만 강조된다든지, 상호 의존적인 관계로 엮여 있으나 공동체 의식이 없는 집단은 안정적이지 못할 것이다. 앞으로 지속될 것이라는 믿음이 없기 때문이다.

특히 공동체 의식은 앞으로도 상호 호혜적인 행동이 오갈 것이라는 예측을 가능하게 하기 때문에 공동체의 지속성에 더 큰 영향을 미친다. 미래에 대한 예측이나 기대는 현재의 행동에 동기를 부여하는 중요한 역할을 하기 때문이다. 공동체 의식은 보다 더 다양한 행동을 도모할 수 있는 가능성을 가진다. 갈등이 발생하는 위기의 순간에 더 역할을 발휘할 수도 있다. 공동의 행동은 순간적인 이익이나 동기의 합일을 통해 일어나기도 한다. 그러나 공동체 의식은 근본적으로 구성원 상대에 대한 도덕적 의무감(이것을 의리라고 이해할 수도 있다)을 가지게 하기 때문에 보다 다양하고 새로운 행동을 불러일으킬 가능성이 커진다.

위에서도 언급했던 것처럼 갈등의 표출은 오히려 관계 혹은 공동체가 있다는 것의 반증이지 관계 혹은 공동체 자체가 와해되고 있다는 증거가 될 수는 없다. 지나치게 강한 친밀성이 요구되는 공동체는 갈등의 표출을 억압하기에 오히려 공동체의 지속에 방해가 될 수 있을 것이다. 아주 작은 범위의 공동체가 아니라면 다양한 구성원과 다양한 관계를 어느 정도 내포할 수 있어야 한다. 공익에의 봉사와 헌신, 공동체의 유지, 공동체 의식을 깨면 안 된다는 지나친 신념은 다양한 관계의 지속적 유입에 오히려 방해가 될 수도 있음을 생각해 볼 필요가 있다. 현실은 늘 이상적이거나 순수하지 않으며 훨씬 더 복잡다단하기 때문이다.

지역 미디어의 딜레마

첫 번째 딜레마는 지역성을 어떤 관점에서 볼 것인가의 문제다. 탁진영·서예란(2011)은 지역 미디어가 기초하고 있는 지역성 개념이 가진 논란을 잘 정리하고 있다. 특히 공간적(상당 부분 행정적) 개념하에 설정된 지역성은 오늘날의 사회적 환경을 생각할 때 문제임을 잘 지적하고 있다. 임영호(2002)도 지역 방송을 생각함에 있어 지나친 공간 중심 시각에서 벗어나 관계 형성이 강조되는 공유된 문화나 사회적 연대감에 초점을 둔 사회적 공간으로서의 지역 개념으로 전환해야 한다고 주장하였다.

선행 연구들은 지역성을 어디서 누가 만들었는가보다는 지역성이 특정 집단의 고유한 문화 생활 공동체의 이해관계나 관심사를 어떻게 반영하고 있는가가 중요하며, 따라서 지역성의 개념이 시각 또는 관점 등 내용의 차원으로 확장되어야 한다고 언급하고 있다(강명현·홍석민·2005; 정상윤, 2006 등; 탁진영·서예란, 2011에서 재인용). 물론 이것이 공간 중심의 혹은 제작 장소 중심적 관점의 대체를 말하는 것은 아닐 것이다. 이러한 기준들은 서로 배타적이지 않으며 여러 개의 조건을 중첩적으로 적용할 수 있기 때문이다. 지역 혹은 마을 단위 조직에서 만든 미디어에서 국가적 의제를 다룰 수도 있고 전국을 단위로 하는 지상파 방송사에서 지역 어느 마을의 희귀한 전통이나 오래된 가게를 다룰 수도 있다.

두 번째 딜레마는 지배적 미디어와의 차별성 혹은 대안성을 강조하는 지역 미디어의 정체성이다. 지역 미디어가 지닌(자의든 타의든) 정체성이 무엇이 '아닌 것'으로 규정되어 있다면, 그 '무엇'의 변화에 따라 지역 미디어의 정체성도 움직이는 과녁처럼 변화하기 때문이다. '무엇'이 오늘날의 지배적 미디어일까? 전국 단위의 방송이나 신문에 지배적 미디어라는 이름을 붙이기는 매우 어색해졌다. 일부 장년층을 제외하고는 전통적인 방식으로 편성이 이루어지는 방송 시청자나 신문 구독자를 찾기가 어렵게 된 지 이미 오래다. 어떤 것의 대안의 존재는 그 어떤 것이 존재한다는 전제하에 가능하다.

세 번째 딜레마는 전체 미디어 환경의 파편화 속에서 지역 미디어의 존재 의미를 어떻게 찾을 것인가에 대한 문제다. 이는 '지배적 미디어가 무엇인가'라는 문제와도 관련되어 있다. 지배적인 목소리는 어떤 상위 수준의 사회로부터 그 아래 단위의 사회로 주어지는 하향성의 의미를 가지기도 하지만 수평적으로 볼 때 여러 집단을 아우르는 공통을 추구한다는 의미로 볼 수도 있기 때문이다.

개인 수준에서 볼 때 여러 개의 정체성을 포괄하는 혹은 '넘나들고 가로지르는cross-cutting' 정보, 의견, 혹은 정서(이들을 포괄적으로 스토리라고 할 수도 있다)를 접할 수 있는 미디어의 존재들이 오히려 희소해졌다. 소셜 미디어나 메신저의 확산으로 익숙하고 편안한 목소리를 선택해서 들을 수 있게 되면서 현재의 미디어 상황은 오히려 지나치게 끼리끼리만 소통하는 작은 마이크로 소통 집단화의 경향이 많이 나타나기 때문이다. 호모필리homophily 성향이나 '필터 버블filter bubble' 현상이라는 이름으로 나타나는 사회 전반의 소통 상황이 우려를 일으키고 있다. 이러한 것이 '지배적인' 미디어 환경이라면 이것에 대한 대안은 무엇인가? 제임스 커런James Curran(Curran, 2002, 2003, 2005; 윤석민·홍종윤·오형일, 2012에서 재인용)이 오늘날 오히려 공동체 전체를 아우르는 "중앙적 미디어core media"가 더 필요하다는 주장을 펴는 것도 이러한 상황에 대한 고심에서 나온 것이라고 본다. 이 경우 무엇이 지배적인가가 바뀌었기에 무엇이 대안적인가도 바뀔 수밖에 없다.

지역 미디어를 다시 생각한다

짧은 글을 통해 오늘 날 우리에게 공동체의 의미와 서로 다를 수밖에 없는 개인들이 서로 소통한다는 것은 무엇인가를 원론적으로 되짚어 보았다. 공동체와 소통 둘 다 엄청나게 큰 개념이라서 이를 짧은 글에서 다룬다는 것 자체가 매우 무모한(무식하고 용맹스럽기까지한) 일이지만 오늘날의 사회 구성, 미디어 환경, 한국 사회의 현실을 배경으로 지역 미디어에 대해 생각해 보기 위한 사전 작업으로서 이러한 낙서하기 같은 작업이 의미가 있을 것이라고 보았다. 지역 미디어란 어떠한 것이어야 한다가 아니라 지역 미디어에 대해서 어떤 생각을 할 수 있을까라는 수준의 논의라고 볼 수 있다. 따라서 지금까지의 논의가 지역 미디어에 관해 제시하는 몇 가지 떠오르는 생각들을 통해 글을 정리하려고 한다.

지역 미디어는 필요한가? 그렇다. 모든 공동체는 다른 공동체를 연결하고 구성원들에게 공동체의 존재를 환기시키며, 서로의 생각을 만나게 하고 때로는 서로 간의 대립각을 보여 주는 미디어가 필요하다.

그러나 오늘날의 공동체는 안정적이거나 고정적인 것과는 거리가 멀다. 지역 안에 살고 있는 모든 사람들에게 지역 공동체가 의미 있는 공동체가 아닌 경우도 많고 지역 안에서 산다고 해서 지역 공동체에 동참해야 할 규범적 의무가 있다고 생각하는 사람도 드물다. 그림 1에서 왼쪽의 와이파이 표시같이 생긴 그림이 전통적인 공동체의 위계라고 할 수 있다. 보다 큰 범위의 공동체 아래 더 작은 단위의 공동체들이 위치한다. 예컨대 지리적인 공동체의 예를 들자면 세계 ＞ 아시아 ＞ 한국 ＞ 지역 ＞ 마을 등의 순서로 위치할 것이다. 자신이 속한 단위 안에서 더 많은 사회적 접촉이 발생한다. 그러나 오늘날의 사회적 접촉은 여러 단계를 가로지르며 나타날 가능성이 더 커졌다. 오른쪽 그림이 그 변화의 한 단면을 상징한다고 할 수 있다. 즉 전체 사회 공동체의 모습이 기존의 전통적인 공동체의 범위와 위계를 가로지르는 상호 작용이 일어나는 방향으로 변화하고 있는 것이 아닐까 한다. 이러한 맥락에서 순수한 지역성, 대안성을 지키고자 한 결과 고립된(고립과 공동체는 서로 개념

그림 1 공동체 구조의 변화

적으로 쉽게 연결되지 않는다) 지역 미디어가 되기보다는 다양한 집단들을 꿰는 혹은 마을 미디어끼리 연결하는 마을 미디어 '네트워크'를 지향하겠다는(서울마을미디어지원센터, 2018) 몇몇 마을 미디어 대표 주자들의 목소리는 매우 적확한 움직임이라고 생각한다.

오늘날 사람들은 다양한 공동체에 접속과 탈접속을 거듭하면서 살아간다. 전통적으로 속해 있다고 생각하는 공동체보다 오늘날 상대적으로 더 많은 공동체에 소속감을 느낀다. 사람들은 바깥으로부터 주어진 혹은 기존에 전해 내려오는 공동체 개념을 받아들이기보다는 직접 참여와 교류를 통해 만들어 가는 공동체에 더 소속감이나 애착을 느낀다.

그렇다면 공동체 미디어의 하나로써 지역 미디어도 참여자 범위의 유동성을 고려했을 때, 지역 미디어에 참여하지 않던 사람들을 어떻게 지속적으로 동참시킬 것인가가 앞으로는 가장 중요하지 않을까 본다. 우리는 흔히 미디어가 가진 영향력의 잣대로 얼마나 많은 사람이 듣는가, 시청하는가에 주목하지만, 지역 미디어가 미디어로서의 영향력보다는 참여의 공간으로서의 의미가 더 크다면 얼마나 많은, 얼마나 새로운 사람들이 참여하여 만들었는가가 시청률, 구독률 등과 함께 주요한 지표가 되어야 하는 것은 아닐까.

이러한 맥락에서 〈경남도민일보〉에서 블로그 강좌를 열고 거기에서 길러진 블로거들이 〈경남도민일보〉 뉴스 사이트 내 "갱상도 블로그"란에서 매일 많은 양의 블로그 포스트를 생산하며, 이 블로그 포스트들을 선택적으로 신문 지면에 소개하는 사례(김주완, 2012; 한선 2012)는 의미가 크다. 이들 사례는 단지 저널리즘의 영역에서 독창적인 뉴스 생산의 사례(김경희·윤영민, 2008)로만 평가받을 것이 아니라 공동체 미디어의 사례로서 의미가 있다. 얀 세르바에스Jan Servaes와 팟차네 말리카오Patchanee Malikhao(2005)는 공동체 미디어는 "구성원들의of the community" 참여이자 표현의 수단이며, 이것이 "공동체를 위한for the community" 것이라는 점보다 우선시되어야 한다고 강조하였다. 이러한 맥락에서 지나치게 소수 중심의 운영이 지속된다든지, 운영자들의 생각으로 지역 공동체의 지향점을 규정하고 있지는 않는지, 혹은 대안성에 매몰되어 지나치게 상업 미디어 생태계와 거리를 두고 섬처럼 고립된 상태에 머무르고 있지는 않은지 등에 관해 지역 미디어의 주체들이 고민해 볼 필요가 있을 것이다.

새로운 구성원들을 참여자로 변환시키는 데 지역 구성원들의 다양성과 다름을 어떻게 담아낼 것인가에 관해서도 다각적인 고민이 필요할 것이다. 다양한 사람들의 출현은 그 자체로 활력을 준다. 하지만 인간 사회에서 식별 가능한 하나의 집단이 대다수를 구성할 경우 그 대다수에 속하지 않는다고 여겨지는 사람들의 참여를 제한할 수 있다. 따라서 많은 사람들이 참여하되 식별 가능한 어떤 특징을 가진 사람들이 주류 혹은 대다수로 간주되지 않도록 어떤 기술이 필요할지도 생각해야 한다.

공통점을 찾아 구성원들을 '하나로 묶는다'기보다는 구성원의 이질성을 주어진 조건으로 받아들이고 일시적인 혹은 특정한 영역에서의 공통성을 추구하는 동시에, 합일성이나 공통성에 너무 매몰되지는 않고 오히려 지역 구성원들 간의 평소에 이루어지기 어려운 대화를 습관화할 수 있다면 그것 역시 지역 미디어의 의미가 될 수 있을 것이다.

우선 서로 다른 구성원들을 그저 추상적인 공동체의 일원이라고 인식하지 않고 나와 같이 욕망과 감정을 가진 또 다른 사람임을 구체적으로 인식하게 하는 것도 지역 미디어가 추구할 만한 목적이라고 생각한다. 지역 공동체 구성원들을 친해져야 하는 사이이거나 공동체 의식을 가져야 하는 사이로 전제하고 지향하기보다는, 이러한 인식의 내용은 각 개인의 몫으로 남겨두고 다른 구성원들을 그저 보여 주는 것이다. 건축물에 있어서도 중앙을 비워 두고 서로 다른 층까지 볼 수 있는 구조가 층별로 나누어져 엘리베이터로 이동하는 구조에 비해 전 층에 있는 사람들을 서로 시각적으로 바라볼 수 있고 중앙의 빈 공간이 전 층을 아우르기 때문에 건물에서 함께 일하는 사람들끼리 공동체 의식이 형성되기 쉽다고 한다(유현준, 2018).

포토블로그로 시작해 다양한 소셜 미디어 플랫폼에서 볼 수 있게 된 〈휴먼스 오브 뉴욕*Humans of New York*〉은 이러한 맥락에서 오늘날 사람들이 가질 수 있는 다양한 지역 미디어의 하나라고 생각한다. 2010년 브랜든 스탠튼Brandon Stanton이라는 뉴욕 시민은 무명의 뉴욕 시민을 한 사람씩 인터뷰하는 내용의 블로그를 시작하였고 연이어 인스타그램과 페이스북을 통해 엄청난 구독자를 확보하고 있다. 무작위로 다양한 배경을 가진 사람들 혹은 가족들이 소개되고 이들을 알아본 지인들이 댓글을 남기기도 하지만, 뉴욕 시민들은 본인이 직접 알지도 못하고 같은 도시에 있어도 나와는 엄청나게 다르지만 나름의 역사와 욕구와 개성을 갖고 있는 또 다른 사람들이 살고 있음을 감각하게 된다.

대화하고 교류해서 어떤 합의에 이른다기보다는 합의할 수 없어도 지속적으로 대화를 계속할 수 있다는 믿음을 공유하는 것이 오히려 의미를 갖는 공동체의 소통이 아닐까 생각해 본다. 다시 말해 이기기 위해서 게임을 하는 것이 아니라 게임을 지속하는 것이 목적이 되는 그런 지역 미디어를 상상해 볼 수 있지 않을까.

서로 다른 사람들끼리도 대화하는 기술과 역량을 갖는 것이 우리가 지향해야 할 소통의 윤리이자 공동체적 태도가 아닐까. 그렇다면 개인의 참여 행동을 통해 이질적인 다른 공동체 구성원들과 대면하고 서로의 차이에도 불구하고 대화할 수 있다는 믿음을 갖게끔 리허설의 장이 되는 것이 공동체 미디어로서 지역 미디어에 부여된 임무 중 하나가 아닐까 생각해 본다. 다툼이 일어나는 첨예한 상황에서 지역 미디어의 역할에 대해 한 마을 미디어 운영자가 반문한 "마이크를 갖다대도 싸울까요?"(서울마을미디어지원센터, 2018: 52)라는 답은 그래서 그 의미가 깊다.

참고 문헌

구병모 (2018).《네 이웃의 식탁》. 민음사.

김경희 · 윤영민 (2008). "시민기자로서의 블로거의 활동 동기와 뉴스 생산 과정: 방송사 블로그 운영자를 대상으로 한 질적 연구,"〈미디어경제와 문화〉, 6(4), pp.40~84.

김시덕 (2018).《서울 선언》. 열린책들.

김주완 (2012).《SNS시대 지역신문 기자로 살아남기》. 산지니.

서울마을미디어지원센터 (2018).《마을미디어 대표선수를 만나다》.

양혜승 (2016). "지역정보 욕구 및 지역언론 의존에 있어서 한국과 미국 수용자의 차이,"〈언론학연구〉, 20(3), pp.37~64.

유현준 (2018).《어디서 살 것인가》. 을유문화사.

윤석민 · 홍종윤 · 오형일 (2012). "멀티 플랫폼 시대, 방송의 공익성과 공영방송의 역할,"〈방송문화연구〉, 24(2), pp.7~35.

이영원 (2015). "지역 신문 구독과 보도 내용이 사회자본 구성에 미치는 영향에 대한 연구,"〈언론과학연구〉, 15(4). pp.245~270.

임영호 (2002). "공간 이론을 통해 본 한국 방송학의 정체성 문제,"〈한국방송학보〉, 16(2), pp.275~303.

탁진영 · 서예란. (2011). "지역성 구현을 통한 지역 프로그램의 개선방안에 관한 탐색적 연구,"〈언론과학연구〉, 11(4), pp.527~556.

한선 (2012). "블로그 이용자의 지역 공론장 참여에 대한 질적 연구,"〈한국언론학보〉, 56(4), pp.365~388.

한혜경 · 이상기 · 오창호 (2006). "지역 뉴스 이용과 지역 정치 참여: 지역 뉴스 주목도와 신문 구독 유형이 부산 시민의 정치 참여에 미치는 영향,"〈한국언론학보〉, 50(5), pp.384~424.

Anderson, Benedict (1983). *Imagined Communities: Reflections on the Origin and Spread of Nationalism*. London: Verso. [윤형숙 옮김.《상상의 공동체》. 나남. 2004].

Fischer, C. S. (1982). *To dwell among friends: Personal networks in town and city*. Chicago: University of Chicago Press.

Howley, Kevin (2010). *Understanding community media*. CA: SAGE.

Jacobs, Jane (1961). *The Death and Life of Great American Cities*. NY: Radom House. [유강은 옮김.《미국 대도시의 죽음과 삶》. 그린비. 2010].

Peters, John Durham (1999). *Speaking into the air*. Chicago: University of Chicago Press.

Scriven, M. & Roberts, E. (2001). "Local specificity and regional unity under siege: territorial identity and the television news of Aquitaine," *Media, Culture & Society* 23(5), pp.587～605.

Servaes, Jan & Malikhao, Patchanee (2005). "Participatory communication: The new paradigm?," In Oscar Hemer & Thomas Tufte (Eds). *Media and Glocal Change: Rethinking Communication for Development*. Argentina: CLASCO.

Shannon, C. & Weaver, W. (1949). *The mathematical theory of communication*. Illinois: University of Illinois Press.

Tönnies, Ferdinand (1887). *Gemeinschaft und Gesellschaft: Grundbegriffe der reinen Soziologie*. Darmstadt: WBG Wissen verbindet. [곽노완 · 황기우 옮김. 《공동사회와 이익사회》. 라움. 2017].

웹툰 〈며느라기〉: https://steemit.com/myeoneulagi/@nanpuhaha/url

Humans of New York: http://www.humansofnewyork.com/

마을 공동체 미디어가 만드는 민주주의 정치 공론장

채영길

6

“ 정치적 기회의 무차별성, 그리고 생활 공간과 정치 공간의 무차이성은 지역 주민들로 하여금 ‘마을 정치’라는 새로운 정치 실천의 공간을 만들게 하고 ‘나’와 ‘우리 마을,’ ‘우리 동네’의 이미지가 그 공간 위로 떠오르게 한다. ”

채영길은 한국외국어대학교 미디어커뮤니케이션학부 부교수로 글로벌 커뮤니케이션, 사회 변화를 위한 미디어와 커뮤니케이션 과정, 그리고 저널리즘에 대해 연구하고 있다. 한국외국어대학교 신문방송학과를 졸업하고 미국 텍사스주립대학교(오스틴 캠퍼스)에서 커뮤니케이션학 석사와 박사 학위를 받았다. 책으로는《커뮤니티 미디어 이론과 실천》, 논문으로는 “마을미디어의 참여와 정치문화에 대한 비판적 검토” 등이 있다.

공동체와 공론장

내가 속해 있는 마을이 공동체이었던 적이 있었던가? 내가 사는 곳과 내 이웃에 대한 정서는 (허먼 멜빌의 《바틀비 이야기》 주인공 필경사인) 바틀비의 냉소와 의기소침함이 만들어 낸 무기력함과 유사하다. 이웃에게 '굳이 말을 걸고 싶지 않아,' 마을 일에 '괜히 나서지 않는 것이 좋겠어,' '내가 꼭 할 필요는 없잖아.' 공통의 공간과 관계를 만들어 나가는 소통의 연대성을 경험하지 못하거나 상상하지 못하는 우리들 다수에게는, 마을은 존재하지만 존재하지 않는 바틀비적인 공간이다. 그렇다면 이러한 시점에 대안 공동체의 가치와 관계를 조직화하는 데 필요한 커뮤니케이션 방식과 원칙은 무엇일까? 이 질문에 대해 지그문트 바우만은 공공의 선을 공동의 언어로 체화할 수 있는 공론장의 복원을 제시한다. "진정으로 자율적인 공적 영역(에클레시아ecclesia)에 도달하려면 사람들이 북적거리고 활기 넘치는 광장(아고라agora)을 통과해야 하며, 그 광장에서 사람들은 일상적으로 만나 사적인 관심사라는 언어를 공공선이라는 언어로 또 공공선을 사적인 관심사로 전환하면서 서로 소통하며 함께 노력해야 한다"(Bauman & Bordoni, 2014: 29). 잘 알려져 있듯이 위르겐 하버마스Jürgen Habermas 역시 공론장을 통과해 공동체를 회복할 것을 오랫동안 주장해 왔다. 하지만 하버마스의 공론장이 전체 사회의 이성적 소통 방식과 공론 공간의 통일성을 염두에 둔 반면, 바우만은 유동적이며 정서와 정체의 연대 과정을 실현하는 공론장을 주장한다. 이 자율적인 공론장에서 우리는 외부에 알려지지 않은 내밀한 감정과 관심사까지 포함한 지극히 사적인 것도 공유하며 공통의 언어로 이를 승화시키고 역으로 외부에 알려진 공공선의 문제도 나의 언어 또는 너의 언어로 체화시킬 수 있어야 한다. 사적인 것과 공적인 것, 사적 주체와 공적 주체가 상호 소통을 통해 공동체의 과정을 만들어 나간다. 그렇다면 지금 우리가 고민해야 할 것은 그러한 역동적인 커뮤니케이션 과정을 공동체와 어떻게 결합할 것인가 하는 질문을 하는 것이다.

이 장에서 다루고자 하는 마을 공동체 미디어[1]는 바로 이 지점에 위치해 있다. 공동체 미디어는 공동체의 공론장을 기획하고 새롭게 조직하기 위한 매개체로서 개별 공동체 구성원이 가지는 정서와 정체를 발견하고 공유하며 연대할 수 있게 한다. 일반 매스 미디어는 공동체 구

1 이 장에서 공동체 미디어는 마을 미디어, 마을 공동체 미디어, 공동체 미디어 등으로 상이하게 표현되어 있다. 엄밀한 의미에서 이 모두는 지역적 맥락에 따라서 특징적으로 차이가 있는 개념들일 수 있으나 이 장에서는 이 모든 개념들이 지역에 기반을 둔 공동체 구성원에 의해 공동체를 대상으로 공동체에 대한 미디어의 제작과 유통을 실천한다는 측면에서 모두 동일하게 다루어지고 있음을 확인한다.

성원을 시장과 국가의 구성원으로 호명하며 그들이 속한 공동체와의 분리를 통해 상품과 정치 시장의 소비자로 파편화한다. 주류 미디어를 통과하는 공동체 구성원이 만나는 것은 이념화되고 상품화된 담론과 타자화된 낯선 다른 공동체 구성원일 뿐이다. 공동체 미디어는 바로 이러한 공동체와 공동체 구성원, 즉 공간과 그 공간을 점유하는 사람들을 서로 단절하고 이질화하는 분리와 고립적인 커뮤니케이션 과정을 전복하며 공통의 공간과 관계를 만들려고 하는 대안적 미디어 실천이다.

과연 이것이 의미하는 바는 무엇인가? 미디어를 통해 다른 이를 만나고 내 공간을 우리의 공간으로 느끼게 하며 공통의 공동체로 만들어 나가는 커뮤니케이션 과정이 미디어를 통해 어떻게 수행되는가? 이러한 질문에 대한 답을 구하는 것이 이 장의 주요 목적이다. '자율적인 공적 영역'이 우리가 딛고 생활하는 이 마을 공간에서 어떻게 실현되며 그 의미와 역할이 무엇인지를 실제 마을 공동체 미디어 실천 사례를 통해 논의해 보고자 한다.

이를 위해 구체적으로 공동체 미디어가 기획하는 공동체의 의미와 역할이 무엇인지를 6·13 지방 선거 방송 프로그램을 분석을 통해 알아본다. 다소 분석적인 글이 되겠지만 이 사례를 통해 오늘날 실천되고 있는 공동체의 조직화가 미디어에 의해 어떻게 매개되는지를 이해하기 위한 일반적인 함의는 이끌어 낼 수 있을 것으로 기대한다.[2] 비

[2] 이를 위해 서울마을미디어지원센터의 서울마을미디어지원센터MAP에 있는 미디어 목록에서(N=87) 지난 6·13 지방 정치와 관련하여 미디어를 생산하고 방송한 공동체 미디어를 선정하였고(N=6) 이들 미디어의 내용을 분석하였다. 분석은 일반적으로 사회 일반 정치 과정에서 공동체 미디어의 내용과 형식의 특성을 이해하는 데 초점을 맞추었다.

록 심층적이고 체계적인 분석은 아니지만 이 탐색적 글을 바탕으로 현재 한국 사회에서 만들어지고 있는 대안적인 공동체가 미디어를 통해 무엇을 기획하고 있으며 어떠한 주체들이 어떠한 방식으로 정서와 정체의 연대를 조직하고 형성하는지 이해하는 데 도움이 될 것으로 기대한다.

마을 공동체 미디어

"공동체 미디어는 공동체 구성원이 공동체 변화에 직접 주체로 참여하며 대화적 소통을 통해 미시적, 중시적, 거시적 소통 공간 속에서 새로운 개인과 공동체의 정체성을 형성할 수 있는 대안적 담론 활동"(채영길, 2015: 41)이다. 시민 마을 미디어, 주민 마을 미디어, 마을 언론 미디어, 관변 마을 미디어 등 마을 공동체 미디어는 조직하고 운영하는 마을 안과 밖 주민들의 참여 동기와 상호 소통 방식에 의해 상이하게 구분될 수 있다(채영길 외, 2016). 공동체 미디어는 역할적인 측면에서도 다양하다. 첫째, 시민 사회 영역에서 활동하는 다양한 조직 중 하나로서 주류 상업 미디어와 국가가 주도하는 공영 미디어 사이의 비영리 시민 미디어로서 기능한다. 둘째, 지배적 구조와 가치 및 집단에 반하는 생산과 운영 및 목적을 가진 대안적 정치 문화적 역할을 수행하기도 한다. 이 과정에서 비주류적이고 창의적인 방식으로 새로운 관계와 의미를 공동체 내에 구축하고자 한다. 셋째, 소통 과정적 측면에서 공동체 미디어 참여 주민들은 미디어 생산자이자 조직

가로서 이전에 갖지 못한 역할과 책임을 수행하면서 지역-공간적 경계, 사적-공적 경계를 허물며 새로운 공동체를 조직하게 한다(채영길 외, 2016). 공동체 미디어는 공동체 내 공론장이 공론장을 조직하는 주체들이 추구하는 이념과 가치 그리고 문화가 서로 다름에도 이와 같이 대안적인 공론장 또는 대안적인 커뮤니케이션을 통해 대안적인 공동체를 기획하고 있는 것이다. 물론 이 장에서 다루게 될 서울의 마을 공동체 미디어도 이와 유사한 맥락을 가지고 조직되고 있다.

> "마을 미디어[3]는 개인의 욕구를 풀어내는 표현의 장이자 주민들의 관계망을 만들고 소통을 이끌어 내는 곳이기도 합니다. 미디어 제작에 관심 있는 사람들의 학습 공간이 되기도 하고 문화와 예술이 모이는 공간이 되기도 하죠. 마을 주민들의 의견이 모이면서 마을의 공론장 역할을 하기도 하고 더 나아가 마을 언론으로서의 역할도 할 수 있습니다"(양승렬· 김아리· 김수경· 김희영, 2016).

서울의 마을 미디어는 2012년부터 서울시의 체계적이고 적극적인 정책 의지로 참여자 수와 미디어 수가 빠르게 증가하고 있다. 지속적으로 콘텐츠를 생산하는 미디어는 5개에서 59개로 늘어났으며 라

3 공동체 미디어, 커뮤니티 미디어, 마을 공동체 미디어, 마을 미디어 등 공동체 미디어를 지칭하는 다양한 용어들이 혼재되어 있다. 이것이 의미하는 바는 오늘날 한국 사회에서 매우 다양한 방식으로 공동체 미디어 활동이 조직되고 있음을 반증하는 동시에 공동체 미디어를 단일한 용어로 제한하기에는 생산 주체와 방식이 다양함을 보여 준다. 이 장에서는 일반적인 차원에서는 공동체 미디어를 주로 사용하며 서울 마을 공동체 미디어를 분석할 경우 마을 미디어라는 용어로 지칭한다.

마포FM(소출력 FM 라디오)

동작FM(웹)

도봉N(유튜브)

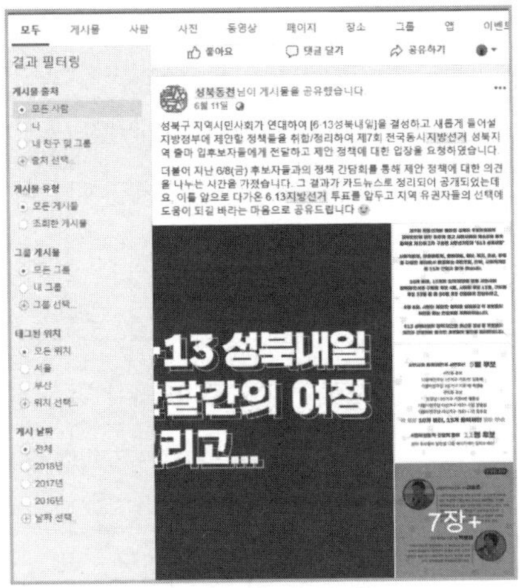

성북동천(페이스북)

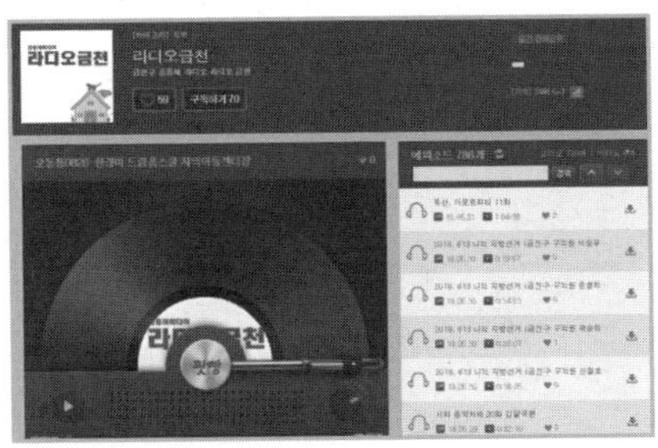

라디오 금천(팟빵 온라인 라디오)

그림 1 마을 미디어의 6·13 지방 선거 방송

디오/팟캐스트의 경우 월 6만여 명이 이용하고 있다(서울마을미디어지원센터, 2016). 개념조차 낯선 이 미디어가 우리의 공간 속에 빠르게 확산되면서 마을이라는 공동체에 새로운 공론장의 가능성을 만들어 나가는 것처럼 보인다. 이 새로운 현상은 분명 흥미로우며 그 미디어의 의미와 역할에 대해 살펴보는 것 역시 새로운 경험을 제공해 줄 것으로 기대한다. 이를 위해 특정한 정치적 계기를 중심으로 마을 미디어가 어떠한 공동체를 만들어 나가는지를 분석하고자 한다. 바로 지방 선거다. 지방 선거는 지역과 마을의 정치 사회 공동체와 매우 밀접한 관련을 가진 이벤트라는 점에서 마을 미디어의 의미와 역할을 파악할 수 있는 특별한 기회를 준다. 따라서 지난 6·13 지방 선거 기간 동안 여러 마을 공동체 미디어의 미디어 활동 내용과 방식을 분석하고 이들 미디어가 형성하고자 하는 공동체의 의미와 역할을 논의해 볼 것이다. 분석은 마을 미디어 플랫폼과 프로그램의 형식적 측면과 마을 미디어의 선거 방송 프로그램의 내용적 측면을 중심으로 진행되었다. 이러한 마을 공동체 미디어의 형식과 내용의 특성에 대한 분석을 통해 기존의 주류 미디어가 공동체 및 공동체 구성원에 대한 태도와 가치 및 이를 통해 의식적 또는 무의식적으로 의도하였던 정치적 효과들이 어떠했는지를 반추해 볼 수 있다. 더 중요하게는 마을 공동체 미디어의 공동체 공론장의 정치적 효과를 두드러지게 드러낼 수 있을 것으로 기대한다.

마을 미디어의 플랫폼

마을 미디어는 가용할 수 있는 자원이 매우 제한적이기 때문에 최소한의 비용으로 프로그램을 생산하고 유통할 수 있게 하는 인프라에 의존하는 경향이 있다. 그래서 공공 단체나 문화 예술 단체 또는 기관에서 제공하는 공적 인프라는 매우 중요하다. 마을 미디어에서 공적 인프라는 미디어를 제작하기 위한 컴퓨터나 복사기, 팩스를 포함하며 일상 사무와 회의를 가능하게 하는 사무/회의 공간 등 미디어 조직의 기본적 물적 토대를 구성하는 가장 핵심적 자원이다. 서울시와 같은 지방 자치 단체(지자체)가 지원하는 마을 미디어 지원은 대표적인 공적 인프라 제도라고 할 수 있다. 무엇보다 이러한 공적 인프라 중에서 미디어 플랫폼은 마을 미디어가 안정적이며 지속적으로 미디어를 생산하고 유통할 수 있게 한다는 점에서 우선적으로 고려되어야 한다. 이에 따라 정부는 법과 제도를 통해 공동체 라디오를 위한 저출력 FM 자원을 확보하고 면허를 관리하며 동네 신문과 같은 무료 신문 등의 제작과 유통을 지원한다. 미디어 운영에서 미디어 생산과 함께 가장 고비용이 지출되는 부문이 유통 플랫폼이기 때문에 이러한 제도적 지원은 공동체 미디어의 조직과 운영에 결정적인 기여를 한다.[4] 사실 생산과 유통의 안정적 플랫폼 환경이 갖추어져야 미디어로서의 기본적인 영향력을 기대할 수가 있다. 마을 미디어와 같은 소

[4] 이러한 측면에서 저출력 FM의 주파수 출력의 과도한 제한과 면허의 경직되고 제한된 제도는 공동체 미디어에 대한 제한과 통제로 이어진다. 현재 정부의 저출력 FM 주파수 출력 강화와 면허 제도의 현실화와 확대가 필요한 이유다.

표 1 마을 미디어의 6 · 13 지방 선거 미디어 내용과 형식

미디어	플랫폼	오디오/비디오	지역	프로그램	포맷	참여 정치인	횟수	방송 시간
라디오금천	팟빵 팟캐스트	오디오	금천구	6 · 13 나의 지방 선거 특별 방송 — 구청장	인터뷰	구청장 후보	4회	50～60
				오동통(정규 방송)	토크쇼	없음	1회	
				6 · 13 나의 지방 선거 특별 방송 — 구의원	인터뷰	구의원 후보	16회	15～20
마포FM	FM라디오 / 팟빵 팟캐스트 / 페이스북	오디오	마포구	주민이 주인이다. 6 · 13 지방 선거 특집 방송	인터뷰	구의원 후보	24회	50～60
				6 · 13지방 선거 특집 방송 마포구 선거구 분석			1회	50～60
동작FM	웹 / 팟빵 팟캐스트 / 페이스북	오디오 / 비디오	동작구	동작FM 6 · 13 지방 선거 특집 인터뷰 방송	인터뷰	서울시의원 후보, 구청장 후보	6회	20～30
와보숑TV	웹 / 유튜브	비디오	성북구	6 · 13 지방 선거 성북구 홍보 영상	홍보 영상	없음	2회	1:30～2:00
				6 · 13 지방 선거 선거 투표 독려 영상	홍보 영상	없음	1회	2:30
				성북마을뉴스 "지방 선거 그 후"	뉴스	구의원 당선자 최연소 후보자	1회	13:00～15:00
				와보숑 찾아가는 주민 마이크	인터뷰	없음	2회	2:00～3:00
성북동천	페이스북	이미지	성북구	관련없음	카드 뉴스	구청장 후보	1회	관련 없음
도봉N	웹 / 팟빵 팟캐스트/ 유튜브 / 페이스북	오디오 / 비디오	도봉구	team HAHA(정규 방송) 특집 지방 선거 개표 방송 — 청년이 말하고 묻는다	토크쇼	없음	2회	60:00～70:00

규모 미디어들이 안정적이며 지속적으로 미디어 활동을 하며 나름의 성과를 만들도록 하려면 플랫폼에 대한 지원은 필수라고 할 수 있다.

그런데 최근 네트워크 미디어 환경은 공적 인프라가 제공하던 생산과 유통 플랫폼을 저비용 또는 무료로 이용할 수 있는 사적 인프라로 대체되고 있다. 공적 인프라가 중앙과 지방 정부나 공공 기관 그리고 시민 사회단체가 비영리 공공 서비스 차원에서 미디어 생산과 유통 플랫폼을 제공한다면 사적 인프라는 미디어 기업의 사적 이윤 추구를 목적으로 유료 또는 무료로 그러한 서비스를 제공한다. 국내의 네이버, 다음과 같은 포털이나 팟빵을 비롯해 해외의 유튜브, 페이스북, 트위터 등과 같은 네트워크 서비스 등은 일반 사적 기업이지만 비즈니스 모델의 특성상 저비용 또는 무료로 접근이 가능하다. 사적 인프라가 이제는 고속도로나 지상파 TV나 라디오 방송과 같은 무료 공공 인프라와 같은 기능을 하는 것이다.

분석한 자료에 의하면 예외없이 모든 마을 미디어는 이들 미디어 플랫폼 기업이 제공하는 서비스를 통해 방송을 제작하고 유통하고 있었다. 이 중에서 온라인 라디오 포털 서비스인 팟빵(www.podbbang.com)은 가장 대중적인 공동체 미디어 플랫폼이었으며 페이스북과 유튜브도 마을 미디어에서 핵심적인 생산과 유통 플랫폼으로 채택되고 있었다. 조사한 미디어 중에서는 매우 드물게 마포FM만이 공적 인프라가 제공하는 플랫폼을 통해 이번 6·13 지방 선거 방송을 했다. 마포FM만이 조사된 미디어들 중에서 유일하게 전통적 매스 미디어 플랫폼이자 정부가 지원하는 공적 인프라를 바탕으로 운영되는 마을 미디어다. 즉 대부분의 마을 미디어는 사적 기업이 제공하는 네트워크와 플랫폼을 기반으로 운영되고 있다고 해도 과언이 아니다. 물론 중앙과 지자체가 지원하는 전통적인 신문과 잡지와 TV와 라디오 역시 여전히 마을 공동체 미디어의 중요한 플랫폼이긴 하지만, 최근 들어 이들 미디어들도 인터넷 서비스를 추가로 활용하고 있어 사적 인프라에 기반을 둔 네트워크 미디어가 마을 미디어의 주류 플랫폼이 되었다라고 할 수 있다. 이는 오늘날 미디어 환경이 마을 공동체에서부터 사회 일반에 이르기까지 사적 인프라 기반 네트워크 미디어에 의해 재구성되었음을 확인해주는 것이다. 이는 비판 정치경제학적 시각에서 보면, 글로벌 미디어 자본의 지역 공동체 침투라고 볼 수도 있다. 한편으로는 유튜브, 페이스북 등 글로벌 미디어 기업이 국가 간 경계를 넘어 지역 공동체까지 확장되어 네트워크상에서 지역 공동체local community가 글로벌 공동체Global community와 마치 마을의 이웃처럼 매우 근접해 있다는 사실도 확인해준다. 순전히 지역적인 맥락에서 기획된 마을 공동체 미디어가 지구적 차원의 미디어 플랫폼에서 네트워크를 구축한다는 것은 아이러니하다. 이러한 우연성은 오늘날의 네트워크 미디어 특성상 필연일 수도 있으며 지역 마을이 글로벌 공동체와 이웃으로 확장될 가능성을 마을 공동체 미디어가 만들 수 있는 기회일 수도 있다.

한편, 기술 인력과 자원이 부족한 마을 미디어로서는 최신의 기술을 바탕으로 높은 수준의 서비스 품질을 걱정하지 않고 저비용으로 이용할 수 있는 사적 플랫폼은 분명히 효율적이며 합리적으로 보인다. 다만 그것이 어떠한 한계와 영향을 줄 것인지는 좀 더 진지하게 연구할 필요가 있다. 예를 들면, 이들 사적 인프라는 마을이라는 영토화된 지역을 전혀 고려하지 않는 플랫폼을 제공하기 때문에 생산자는 지역

표 2 서울 마을 미디어 플랫폼과 이용자 및 콘텐츠 현황 (2016년 기준)

플랫폼	미디어	이용자(월)	콘텐츠
라디오 · 팟캐스트	26	57,486	3,048
신문 · 잡지	18	1,760	90
영상	18	368	467

주민이지만 수용자들은 지역을 넘어선 네트워크에 존재하는 모든 이용자일 수 있다. 이는 확장성에서는 긍정적일 수 있으나 마을 미디어라는 풀뿌리 미디어가 지역의 영토성과 정체성을 강화하며 토착적인 공동체를 만들고자 한다는 점에서 상충되는 지점들이 분명 존재한다. 미디어를 통한 마을에 대한 소속감이나 유대감, 그리고 상호 의존성 등과 같은 마을 미디어가 제공하는 고유의 결들이 이러한 네트워크 미디어를 통해 과연 발현되고 유지될 수 있을지는 좀 더 깊은 분석과 논의가 필요해 보인다. 또한 지방 선거와 같은 매우 중요한 마을의 정치 이벤트를 위한 미디어 제작에 있어서 지역의 구성원과 특성을 반영한 프로그램 기획과 편성은 미디어 플랫폼의 서비스와 운영 정책에 의해 제한될 가능성도 있어 사적 인프라의 장단점은 좀 더 복잡한 성격을 가질 수 있다.

하지만 마을 미디어의 이러한 확장성은 지역의 경계를 넘어서 다른 지역과 공동체들을 만나게 해 줄 수도 있다. 전통적 마을 공동체가 영토에 기반한 단일성의 이미지인 데 반해, 네트워크 미디어 기반 마을 미디어는 새로운 초영토적인 연대의 공동체를 형성할 수 있는 기회가 될 수도 있다. 따라서 사적 인프라가 제공하는 플랫폼의 서비스와 운영 정책 등이 마을 미디어의 생산과 유통에 미치는 영향은 다양한 측면을 고려한 체계적인 논의가 필요해 보인다.

프로그램의 포맷과 편성

마을 미디어는 제도권의 미디어와 달리 주류적인 프로그램 포맷과 제작 관행에 얽매이지 않으며 이 과정의 표준화를 추구하지 않는다. 오히려 프로그램 제작 당시 상황에 유연하게 대응하는 형식과 과정을 통해 만들어진다. 물론 의도적으로 제작 방식과 형식을 표준화하지 않은 것이 아니다. 다만 관계 중심적이고 정서적 유대가 강조되는 미디어의 특성상 상대적으로 그러하다는 것이다. 또한 제도권의 미디어는 상업적 이익을 최대화하기 위하여 '타깃' 시청자들에게 소구하는 포맷과 방식을 도입하고자 하는 반면에 마을 미디어는 제작에 참여하는 주민(들)이 그들 자신(들)과 이웃들의 정서적 공동체를 형성하고 유지하는 데 더 큰 관심을 가지며 이에 기여하는 포맷과 방식을 구상하기 때문이다. 매 선거 방송에서 주요 언론사들은 자사가 선거 방송을 통해 타사를 압도하고 시청자의 욕구를 완전히 지배하며 정보 흐름을 통제하고자 하는 욕망이 어느 정도인지 쉽게 알 수 있다. 다시 말하자면 주류 언론사의 선거 방송을 보면 공동체에 대한 고려와 민주 정치에 대한 열망이 사라진 곳에 오로지 언론사의 정치와 경제적 욕망만이 생동함을 확인할 수 있다.

그러나 이번에 조사한 마을 미디어들의 6·13 지방 선거 관련 프로그램 포맷은 매우 단순하며 형식화 되어 있음을 발견할 수 있었다.

일부를 제외한 대다수 마을 미디어는 지방 선거가 실시되기 1~2개월 전부터 특집 방송을 편성하고 예비 후보를 포함하여 구청장, 시의원, 구의원 후보 등 선거 참여자들을 스튜디오에 초청하여 진행자와 인터뷰를 하는 대담 형식으로 방송하였다. 마을 미디어들이 오디오/비디오 등 다양한 형태의 콘텐츠를 유통하는 플랫폼을 활용하지만 OSMU(One Source Multi Use) 방식이어서 플랫폼의 다양성과는 차이 없이 마을 미디어마다 거의 동일한 포맷의 프로그램들을 팟빵, 페이스북, 유튜브 등 여러 플랫폼에 콘텐츠를 유통시켰다. 한편 이처럼 대부분의 마을 미디어가 단순하고 정형화된 포맷으로 선거 방송을 하였지만, 와보숑TV와 같은 동영상이 중심인 미디어에서는 지방 선거 참여를 독려하기 위한 홍보 영상을 제작하기도 하였고, 도봉N의 team HaHa는 〈특집 지방 선거 개표 방송 — 청년이 말하고 묻는다〉라는 개표 방송 토크쇼를 통해 마을 미디어 특유의 자유분방하고 유쾌한 방식으로 개표 방송을 진행하여 신선한 느낌을 주었다.

선거 방송에서 마을 미디어가 채택하는 이러한 단순화와 정형화된 포맷은 자치 단체장, 교육감, 지역의원 등 매우 많은 후보들을 인터뷰해야 하는 상황을 고려했을 수 있다. 기존 언론들이 배제하는 지역 후보들의 목소리를 직접 접할 수 없는 상황에서 마을 미디어의 이러한 포맷은 다양한 이념과 가치를 가진 후보들을 최대한 마을 미디어에 초대할 수 있는 이점이 있다. 또한 마을 미디어에 참여하는 인원과 제작 스튜디오 환경이 제한적인 상황도 영향을 준 것으로 보인다. 하지만 이는 반드시 그러한 것으로 보이지는 않는다. 예를 들면, 마포FM은 다른 마을 미디어에 비해 전문성과 제작 환경이 월등히 좋은 데도 불구하고 다른 곳과 유사한 포맷으로 방송을 편성했다. 다만 편성 시간은 다른 곳에 비해 뚜렷하게 많으며 참여 후보자의 수(27명)와 편성 기간(24일)에 있어서 다른 곳을 압도하였다. 이는 단순하고 형식화한 선거 방송 포맷이 제작 여건과 환경이라는 물리적 조건에 의해 규정된 것은 아닐 수 있음을 보여 준다. 오히려 마포FM의 지방 선거 특별 방송 사례가 보여 주는 것은 단순하고 형식화된 포맷으로 인해 좀 더 다양한 후보자들이 초대되어 주민들이 더 많은 후보자들의 목소리를 직접 접하고 이들이 어떠한 후보들인지 알 수 있는 기회를 가지게 되었다는 점에 유의해야 한다. 이는 마을 미디어가 지방 선거의 포맷과 형식을 단순하고 정형화한 배경에는 제작 여건보다도 중앙집권화한 기존 언론과 정치에서 배제된 지역 정치의 목소리를 최대한 지역에 돌려 주기 위한 의도적 선택일 수도 있음을 고려해야 한다는 것을 의미한다.

실제로 와보숑의 〈찾아가는 주민 마이크〉는 그러한 짐작을 뒷받침한다. 서울마을미디어지원센터가 기획하고 각 마을 미디어와 단체가 참여한 "나는 주권자다 — 우리동네 생활정치, 우리가 만들어요"라는 선거 캠페인을 실시하였다. 와보숑의 〈찾아가는 주민 마이크〉는 이를 방송 프로그램으로 제작한 것으로, 지역 주민이 지방 선거에 대해 또는 주요 이슈에 대한 의견과 정책을 자유롭게 제안하는 장면을 프로그램의 소개나 진행자 없이 오로지 주민들이 자유 발언을 하는 것으로 채운 포맷이었다. 이 포맷 역시 극도로 단순화되고 정형화되었는데, 이러한 단순화와 형식화로 인해 다른 지역의 마을 미디어들도 이 캠페인에 부담 없이 참여하며 이를 통해 프로그램의 제작까지 수월해질 수 있는 것이다. 이는 실제로 유사한 캠페인 프로그램이 동시다발적으로 서울의

그림 2 6·13 지방 선거 캠페인 "나는 주권자다" (출처: 서울마을지원센터)

여러 지역에서 제작 방송됨으로써 마을이 선거라는 정치 과정에서 스스로 드러내며 마을 정치에서의 새로운 역할을 확보할 수 있게 하는 것으로 보인다.

> "우리 동네에 어떤 정책이 필요할까? 이 질문에 대해 가장 잘 대답할 수 있는 것은 그 동네에 살고 있는 주민일 것이다. 단체들이 직접 주민들에게 필요한 정책에 대해 물어보고 발언할 수 있게 하는 야외 캠페인을 지난 5월 28일에 진행했다. 캠페인은 지방 선거 정책제안 주민 발언대, 우리 동네에 필요한 정책 스티커 투표, 내가 직접 포스트잇으로 제안하는 우리 동네 정책, '나는 주권자다' 6·13 지방 선거 참여 인증샷 등으로 진행되었다. 서울 16개 지역에서 동시다발적으로 진행된 행사에 지역 주

민 총 1406명이 참여했고, 주민들이 직접 제안한 정책은 422개에 달한다"(김주현, 2018).

선거 프로그램의 내용과 의미

6·13 지방 선거 프로그램들의 내용적 특성은 선거라는 정치 제도에서 마을 공동체 공론장이 어떠한 역할과 의미를 기획하고 실천하는지를 파악할 수 있게 한다. 한국 사회에서 주류 방송과 정치는 공통적으로 지역의 소외를 특징으로 한다. 지방 선거는 주요 정당 간 경마 경쟁에서 어느 정당이 이길 것이며 선거의 결과가 중앙 정부와 여당에 어떠한 영향을 줄 것인지에 초점이 맞추어져 있다. 지역은 소외되어 있는 반면 마을은 아예 지방 선거에서 배제되어 있다. 마치 주류 정치와 방송은 마을 속으로 정치라는 공적 영역이 들어오는 것을 막아서는 문지기, 게이트키퍼Gatekeeper처럼 보인다. 비록 가끔씩 주류 지역 방송과 언론이 지역 내 마을 단위의 선거 과정과 후보들을 다루기는 하지만, 이마저도 전국 주류 언론과 유사한 방식으로 후보 간, 정당 간 경쟁 현황과 상황 전달에만 그칠 뿐이다. 주류 지역 언론도 주류 전국 언론의 축소판이며 지역 정치와 마을 정치는 전국과 중앙 정치에 매달린 장식품처럼 보인다. 결국 지방 선거에서 마을은 정치에서 주변화되어 있거나 아무런 정치가 발생하지 않는 정치의 진공 공간인 것처럼 보인다.

마을 미디어는 바로 이러한 진공 공간에 균열을 내며 정치라는 공적 영역이 내가 사는 마을이라는 사적 공간 속으로 걸어 들어오게 하는 초대자Inviter의 역할을 한다. 그런데 이것이 낳는 효과는 정치적이라고 하기보다는 오히려 문화적이다. 내가 사는 마을에 어느 후보가 있으며 이들은 과연 누구인가? 이들은 과연 내가 사는 곳에 대해 알고 있는가? 내가 이 동네에서 느끼는 불편함, 어려움을 과연 그녀/그도 알고 있을까? 내가 그 사람을 알고 있을까? 이러한 질문들은 이념과 가치의 경합을 고려한, 제도적 정치의 질문이 아닌 비제도적, 생활과 관계, 즉 문화적 질문들과 관련이 된다. 이는 내 삶속으로 다른 사람들과 이슈들이, 정치의 대리인과 대상들이 내 일상 속으로 스며들게 함으로써 거주와 양육이라는 기능적이며 개인적이었던 마을을 공통의 문화적 공간으로 보이게 한다.

문화적인 것이 탈정치적이라는 것과 동일시해서는 안 된다. 오히려 마을 선거가 문화적으로 되는 순간은 마을이라는 공간이 물리적 장소에서 '내 마을'이라는 동일시와 함께 정치적 실천의 상징 공간이 되면서 마을 자체가 중앙 정치에 맞선 새로운 정치의 주체로 인식되는 때이기도 하다. 이 순간은 마을이 기능적 공동체에서 정치가 스며든 문화적 공동체, 삶의 공동체가 되는 때다. 사실 선거라는 민주 제도를 통해 정치적 실천의 의미와 역할 그리고 새로운 주체가 발견되고 형성되는 과정은 민주주의 정치의 본질이기도 하다.

앞서 살펴 본 바와 같이 6·13 지방 선거에서 마을 미디어 선거 방송의 포맷은 매우 단순하며 형식화되어 있음을 알 수 있다. 그러나 그 포맷 속에서 진행자(들)과의 단순 인터뷰와 대담 형식을 통해 마을 주민들은 비로소 처음으로 내가 거주하는 동네에서 출마한 후보의 목소리와 그 후보의 말하는 방식과 마을과 주민들에 대한 태도를 맞이하게 된다. 어쩌면 주민이 정치의 주인공이라는 관용구적인 비장함을 강조하기보다 정치인이 주민이라는 친숙함을 경험함으로써 마을-정치, 주민-정치인 사이의 경계가 흐려질 수 있다. 예를 들면, 라디오 금천에 초대된 후보들은 그들이 비오는 날 생각나는 노래가 무엇이며 금천구에 자주 가는 맛집이 — 내가 분명히 언젠가 들르거나 지나쳤을 — 어디인지를 주민들에게 말할 것을 요청받는다. 내가 사는 시흥 2동의 골목길에 어떠한 문제가 있고 내가 물건을 사는 상가들과 시장이 왜 활성화되지 못하는지를 나와 같이 고민하고 있었음을 보여 주어야 하며, 나로하여금 전혀 알지 못했고 들어 본 적 없던 경부선 철도 지하화가 왜 중요하고 또는 중요하지 않은지도 처음 고민하게 한다. "우리 마포," "우리 금천," "성북동 몇 번 버스 지나는 윗길"의 특성과 이슈들이 초대된 후보의 입과 내 귀를 통해 전달되는 신체적 경험은 마을이 공동체로 다가오게 하는 것을 도와준다. 주민이 주권자라는 명제의 강렬함은 단순히 흘려들어도 무방한 구호에 지나지 않지만 생활 정치 공간에서 주민과 정치인이 유사한 언어와 이슈에 대해 평등하게 듣고 말하는 경험은 주권자의 정치 실천이 사실 주민의 일상적 소통 경험에서 비롯됨을 체험하게 하는 것이다. 그리고 "주민이 주권이다"라는 캠페인은 나와 다른 동네 주민이 직접 대면하며 정치를 함께 마주하게 하는 신체적 경험, 체화된 정치 소통 경험을 발견하며 공유하게 한다. 즉 마을 미디어의 의미와 역할 중 하나는 바로 위계지워진 마을-정치, 주민-정치인을, 그리고 지리적으로 근접하지만 실제로는 서로 멀리 떨어진 주민들을, 신체적으로 직접 매개하며 마을에 평등한 정치적 경험을 생성시켜 주는 것이다. 문화적인 경험이 정치적 과정으로 매개되는 경험을 통해 우리는 새로운 마을 공동체 공론장을 기획할 가능성을 갖게 된다.

마을 미디어의 지방 선거 특집 프로그램 인터뷰에 초대되거나(동작FM, 마포FM, 라디오금천), 토크쇼(도봉N), 마을 뉴스(와보숑TV)에서 회자되는 후보들 중에는 전국 언론은 차치하더라도 지역 언론에서도 거의 보이지 않던 후보자들이 등장한다. 주류 언론은 주요 정당 중심의 정치 구조가 마치 현실 정치 지형과 동일한 것처럼 묘사하며, 소수 거대 정당이 아무런 의심 없이 곧바로 한국 정치의 주체들인 것처럼 등치시킨다. 이는 기존 정치 구조에 대한 정당한 비판의 기준을 기존 정치 구조의 틀 속에서만 찾게 하며 정치적 대안과 대안적 정치를 다시 기존 정치 구조 속으로 환원시키게 한다. 이는 선거를 통해 '변화'시키려는 것이 사실은 기존 정치의 서열 관계의 변동 이상이 될 수밖에 없게 한다. 즉 선거를 통해 가능한 것은 기존의 정치 지형을 다시 확인하고 이것은 결코 교체되지 않으며 오히려 공고히 하게 되는 과정임을 스스로 확인하는 절차일 뿐이다. 주류 언론의 선거 방송은 이러한 정치를 신화화시킴으로써 결국 정치-미디어는 스스로가 신화의 주인공이 되면서 기존 정치 문화만을 재생산하고 강화시킨다(Couldry, 2007).

급진적이거나 비주류적인 정치인들을 종종 기괴하게 보이게 만드는 기존 주류 언론들과는 달리 마을 미디어에서는 비전형적인 후보자들에 대하여 무차별적인 시선으로 접근한다. 지역에서 활동하던 청년 문화 활동가의 활기찬 목소리에서부터, 1970~1980년대의 낡은 언어와 가치를 되살리려는 유행 지난 거친 목소리의 후보자도, 지역을 상세히 알고 오랫동안 마을 정치를 해 온 마을 후보에 이르기까지, 매우 다양한 후보들이 연이어 아무렇지도 않게 마을 미디어에 초청되어 주민들에게 소개된다. 물론 진부한 가치와 언어로 '포장'하는 노련한 기성 정치인들도 출연한다. 이들의 정치적 수사의 포장은 매우 어색해 보이며 — 이념과 언어의 고루함, 낡음이 거칠지만 생동 있는 목소리와 대조됨으로 인해서 — 급진적인 이슈와 비전을 제시하는 후보들에 이르기까지, 이 모든 '정치인들'은 마을 미디어에서는 동등하고 진지하게 경합한다. 기존 언론에서 '난립'으로 치부될 다양한 정치인과 그들의 가치들은 "우리 마포가 정치적으로 매우 다양한 사람들, 매우 넓은 정치 스펙트럼을 지닌 정치 문화가 있어요"(6·13 지방 선거 특집 방송 — 마포구 선거구 분석편)로 오히려 '우리' 마을의 정치적 자산으로 평가된다. 소수 정당과 무소속 후보는 누구나 마을 미디어에 출연하여 마을 주민들에게 말을 걸 수 있는 것이다.

사실 이들에게 처음 말을 건 사람은 후보가 아니라 마을 미디어를 제작하고 진행하는 마을 주민이다. 이들에게 중요한 것은 후보자들이 그들의 마을에서 후보로 지방 선거에 도전하였다는 사실 외에는 없는 것처럼 보인다. 초청되고 방송될 후보를 결정짓는 기준은 어느 정당 소속인지, 이들이 어느 정도 알려져 있는지, 어떠한 비전과 공약을 제시하고 있는 것인지 등 후보의 정치적 자산이나 영향력과는 전혀 관련이 없다. 요구되는 것은 단지 방송 출연 의사가 있는지 그리고 출연 일정이 제작 및 방송 일정과 맞는지가 전부다.

마을 미디어는 이처럼 배제된 후보자들에게 방송으로서 주민들을 만나고 후보자들의 견해를 공유함으로써 선거 후보자라는 정당성

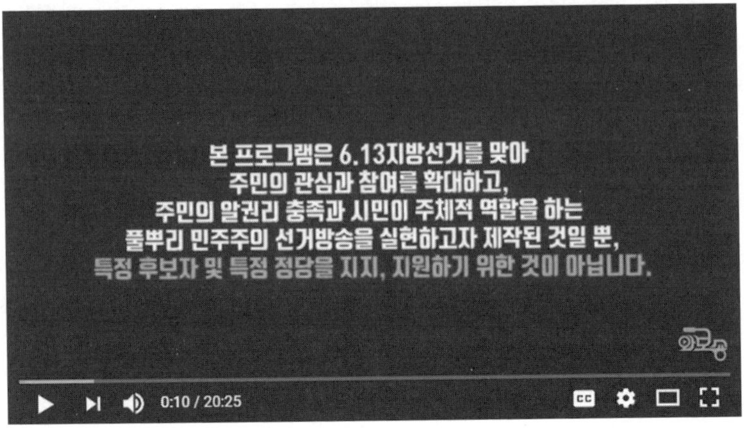

그림 3 마을 미디어의 정치적 중립성 (출처: 와보숑TV)

을 주민들에게 부여한다. 후보자들이 어떠한 이념과 가치, 공약 그리고 경험을 가지고 있더라도 그것으로서 차별하지 않는 차별성 없는 정치 기회를 제공을 하고 있다. 이러한 정치적 무차별성은 마을 미디어가 기존 정치와 언론을 보완함으로써 올바른 정치를 실현하는 것이 아니라 그 자체가 올바른 정치를 실현하는 것으로 보아야 한다. 즉 마을 미디어가 기존의 언론–정치 실천과 문화를 단순히 보완하는 보충적인 미디어가 아닌 정당하고 차별 없는 언론–정치를 실현하는 대안적인 미디어라는 사실을 확인할 필요가 있다.

분석 대상의 마을 미디어에서 대부분 발견되는 또 다른 공통적인 특성 중 하나는 인터뷰 질문과 진행 방식이 그림 3의 사례와 같이 마을 미디어가 선거 방송에서 특정 후보자 및 정당을 결코 지지, 지원하지 않는다는 의도를 명백히 드러내며 절대적인 정치적 중립성을 강조한다는 것이다. 특정 후보자나 특정 이슈에 대한 태도와 의견에 대해 진행자는 극도로 주관적인 평가를 자제하고 있으며 출연자나 다른 진행자와의 어떠한 논쟁도 거의 드러내지 않는다. 이러한 정치적 중립성은 정치적 이념과 가치의 의도적 배제처럼 보이며 종종 정치적 중립성을 넘어 오히려 무정치성에 가까워 보인다. 초청된 모든 후보들에게는 매우 일반적인 질문들이 기계적으로 동일하게 반복되고 있으며[5] 이에 대한 진행자들의 반응은 형식적으로 의식화되어 있다. 그 이유를 추정해 본다면, 이러한 마을 미디어의 무정치성은 의도적이며 순전히 마을 공동체를 '보호'하기 위한 정치적 결정일 가능성이 있다. 일반적으로 마을 미디어는 지역 주민들의 참여와 협력을 통해 조직되고 운영되며 각자의 가치와 태도가 직접적이고 일상적으로 서로에게 드러나는 매우 높은 수준의 상호 주관적 소통 과정에 노출되어 있다. 이는 마을 미디어의 친밀감과 정서적 유대를 높이는 조건이기도 하지만 동시에 차이와 갈등을 낳게 하는 이유가 되기도 한다. 이러한 마을 미디어와 주민들 간의 심리적 그리고 지리적 근접성과 이로 인한 높은 수준의 상호주관성은 미디어를 생산하고 청취하는 주민들의 참여와 협력을 증가시키는 동시에 이념적이거나 정서적인 갈등 국면을 자극할 가능성도 높인다는 이중성을 갖게 한다. 그런데 첨예한 이념과 가치의 경합이 이루어지는 선거 기간은 이러한 높은 주민 간 상호주관성이 갖는 이중성의 문제가 위태롭게 드러날 수 있는 계기가 될 수 있다. 가족

5 예를 들면, 와보숑TV의 경우, (1) 성북구 민선 7기의 의미, (2) 가장 우선적으로 해야 할 지역 현안, (3) 차별화된 공약, (4) 마을 미디어 지원 정책 계획, (5) 지역 주민에게 하고자 하는 이야기를 모든 출연 후보자들에게 반복적으로 질의하고 있다.

간 우애를 위해 명절에는 정치 이야기를 하지 않아야 한다는 암묵적 합의처럼 마을 미디어가 마련한 공론장에서 선거 기간은 정치적 중립성 혹은 무정치성을 지켜야 하는 것처럼 보인다.

마을은 다양한 이념과 가치를 가진 개인과 조직 및 단체가 날줄과 씨줄처럼 얽혀 있는 차이의 공동체 공간이다. 선거라는 정치 제도는 지역에 침잠해 있던 차이의 공동체들을 수면 위로 들어 올려 가시적으로 경합하게 하며 선택된 다수 공동체들에게 제도적인 정치적 권력을 부여한다. 그런데 이념적으로 양극화되어 있는 한국 사회에서 정치적 경합 과정은 종종 과도한 갈등 과정으로 변형되어 공동체의 불화를 낳게 할 수도 있다. 지역 재개발과 같은 경제적 이해가 동반될 경우 정치적 이념의 차이는 지배적 공동체에 의한 약자의 공동체 해체와 소멸을 초래하는 경우도 있다. 정서와 연대의 공동체를 지향하는 마을 미디어가 피하고 싶은 것은 그러한 갈등과 해체의 순간이며 선거 과정에서 주의해야 할 것은 바로 그러한 계기들이 드러나는 순간들일 것이다. 이러한 이유로 인해 마을 미디어가 지방 선거에서 정치적 중립성을 선언하는 것일 수 있다. 한편으로는 이러한 정치적 중립성이 공동체의 정서와 정체의 연대성을 유지하기 위한 회피 전략일 수 있거나 또는 그 반대로 차이와 다양성의 존재를 받아들이는 적극적인 수용 전략일 수도 있다. 다만, 이러한 무정치성에 가까운 정치적 중립성이 정도의 차이는 있지만 분석된 마을 미디어 모두에게서 발견되고 있다는 점에서 마을 미디어 공동체 공론장의 특수한 정치 방식과 문화로 보인다. 다만, 경합이 소멸된 공동체 공론장의 효과와 정치적 의미에 대해서는 보다 심도 있는 조사와 분석이 필요해 보인다.

공동체 공론장의 의미와 역할

이 장에서 우리는 마을 미디어가 조직하는 공동체 공론장의 의미와 역할이 무엇인지를 살펴보고자 하였다. 마을이라는 공간은 영토에 얽매여 있다는 점에서 다분히 원초적인 특성을 내포하고 있으며 마을 미디어는 그러한 원초적 노스탤지어에 기반을 두고 조직되어 지역 주민의 정서와 정체를 재조직하려 한다. 하지만 오늘날 기술적으로 달라진 미디어 환경은 그러한 원초성과 무관하게 탈영토성의 성격을 갖게 한다. 마을 미디어가 의존하고 있는 것은 더 이상 국가와 지방 정부가 제공하는 공적 인프라가 아니고 영리적이며 탈영토화한 글로벌 네트워크 기업들이다. 생산자는 알려져 있고 영토에 귀속되어 있으나 이용자는 익명적이며 탈영토적이다. 원초적 공동체와 미디어 기술과 자본이 견인하는 탈영토적이고 익명적인 공동체들의 이웃함이 주는 의미는 무엇일까? 분명한 것은 마을 미디어가 이러한 긴장을 기획하지는 않았을지라도 기획된 마을 미디어는 이러한 긴장 관계를 조직하였다는 것이다. 이 우연성은 오늘날 네트워크 사회에서 필연적인 결과일 수도 있다. 그것이 우연이든 필연이든 중요한 것은 마을 미디어가 영토 간 경계, 생산자와 이용자 간의 경계, 사적 인프라와 공적 인프라 간 경계를 넘어서 있다는 점이다. 무수히 다양한 정서와 정체의 공동체들이 존재하는 네트워크 미디어에서 마을 미디어는 그 고유한 새로운 영토를 확장시키며 지역 주민과 다른 지역의 주민들을 이어주고 있다. 이는 우연히 확장된 상징적인 마을 영토이고 낯선 주체들 간의 일시적이고 쉽게 증발될 수 있는 만남일 수 있다.

그러나 분석한 마을 미디어에서 이러한 네트워크 미디어의 탈영토성과 확장성은 잠재적 가능성으로만 남아 있는 듯 보인다. 오히려 마을 미디어는 공동체의 경계를 분명히 하며 고유의 정서와 정체의 정치 문화를 획정하려 하고 있다. 이는 네트워크 미디어 환경과는 무관하게 전통적이고 원초적인 공동체를 지향하며 서 있는 것처럼 보인다. 하지만 이는 이전에 존재하지 않았던 또는 지배적인 정치 공론장이 소외시키고 소멸시켰던 영토라는 점에서 단순히 원초적 공동체로의 회귀가 아니라 공동체의 원초성을 복구하는 역동적 실천으로 이해할 수 있지 않을까? 바다와 강의 경계에서 어린 연어는 경험하지 못한 바다로 향하고, 새로운 생명을 잉태하기 위하여 다 자란 연어는 강으로 회귀한다. 하지만 한국 사회에서 마을 공동체는 채 자라기도 전에 바다로 늘 내몰렸으며 그 곳에서 새로운 생명을 잉태할 것을 강요받아 왔다. 현재 새로이 실천되고 있는 마을 공동체 미디어는 새로운 공동체를 낳기 위하여 바다로 강제로 이주된 주민들에 의한 강으로 회귀하려는 실천으로 볼 수도 있다는 것이다. 이러한 우화적 표현이 정확한 것은 아닐지라도 마을 미디어가 선택한 영토의 원초적 성격과 의식을 드러낼 수는 있지 않을까? 연어는 단지 본능에 의존하여 그 경계를 넘나들지만 공동체가 그 경계를 넘기 위해서 필요한 것은 의지를 담은 의식이며 새로운 정서와 정체의 연대 공동체를 기획하고자 하는 적극적 상상력이기 때문이다. 그렇기 때문에 6·13 지방 선거에 개입하며 만들어 낸 공동체 공론장은 매우 적극적인 정치적 실천 행위다. 그리고 이를 실현시키는 수단으로 선택된 네트워크 미디어 기술과 이 위에서 형성된 — 일시적이고 우연적이지만 — 공동체 공론장은 원초적인 대안적 공동체 공론장이 실험되고 있는 공간이다. 이는 새롭지 않지만 존재했어야 하는 정서와 정체의 연대이고 원초적이지만 근원적이라는 점에서 회귀적이 아닌 복구의 성격을 갖는다.

발터 벤야민Walter Benjamin(1936)은 미디어 기술의 변화와 생산된 미디어의 형식은 시공간의 특성, 즉 외적 환경과의 변증법적 역학 관계의 결과로 보았다. 복제와 변형을 통한 인민적 미학과 전복적인 정치가 미디어 기술에 의해 발견되고 발명함으로써 형성한 것은 계급적 공동체 공론장이다. 물론 마을 미디어에서 우리는 이러한 거창하고 장엄한 공동체 공론장을 논의하는 것은 과장된 행위일 수도 있다. 그렇다 하더라도 매우 단순화하고 정형화한, 그래서 매우 진부하고 미학적으로 저차원적으로 보이는, 마을 미디어의 포맷과 형식이 주는 의미는 무엇인가? 지나치게 긍정적인 해석일 수도 있으나 실제로 이 단순한 포맷과 형식으로 인해 주류 언론이 배제한 정치의 공간이 형성될 수 있었다고 분석하였다. 주류 언론의 화려하고 감각적이며 대중적인 포맷과 형식은 모두의 정치가 아닌 모두를 배제한 자기의 정치, 차별의 정치를 위함이다. 한국 민주주의를 위한 정치 공론장은 민주화 이후에도 여전히 시민과 노동이 배제된 정당 구조와 시민 사회를 중심으로 작동한다(최장집, 2005). 주류 언론의 기존 정당 구조와 정치 질서에 속한 정치인과 유권자를 위한 포맷과 형식은 분명히 대중적이며 화려하고 감각적이다. 선거 기간 주류 언론의 프로그램과 콘텐츠는 눈부실 지경이다.

마을 미디어의 진부하고 단순하며 '복제' 가능한 포맷과 형식은 이것과 완전히 배치되지만 이 단순화되고 형식화된 포맷은 배제된 정치인들과 '주권자인 주민'들을 초청하며 수직적으로 위계지워진 정치인과 주민을 수평적으로 이동시키는 효과를 갖게 한다. 주류 언론의 포맷과 형식은 차별과 배제의 기제라고 한다면 마을 미디어의 그것은 자크 랑시에르Jacques Rancière(1995)가 주장하는 평등의 기제라고 할 수 있다. 미학적으로 유치할 수 있어도 이곳에 초청된 주민과 정치인은 각각 정치인과 주민으로 역전되며 서로가 서로의 정체를 바꾸어 주장한다. 정치의 주인으로서의 주민과 마을 주민으로서의 정치인으로 스스로 호명하며 정치적 정체를 재규정하고 관계를 수평적으로 전환시키면서 새로운 마을 내 정치적 공동체 공론장을 형성할 수 있게 하는 것이다. 진행자도 없고 질문도 없이 짧은 생각들로 엮은 영상과 대여섯 개의 사변적 질문과 형식적인 공약에 대한 인터뷰 질문들이 전달하는 것은 한 번도 보여지거나 들어 봄 적 없던 목소리들이다. 이 목소리들은 진부하고 형식화되어 있지만 그 파장은 마을 내에 타자를 드러내며 공동체의 조건을 형성시키는 것이다. 이러한 포맷과 형식의 미학적 전복의 가능성과 이것이 견인하는 정치적 효과를 마을 미디어의 다양한 콘텐츠 속에서 체계적으로 분석하고 논의하는 작업이 필요해 보인다.

정치적 기회의 무차별성, 그리고 생활 공간과 정치 공간의 무차이성은 지역 주민들로 하여금 '마을 정치'라는 새로운 정치 실천의 공간을 만들게 하고 '나'와 '우리 마을,' '우리 동네'의 이미지가 그 공간 위로 떠오르게 한다. 또한 일부 지역의 경우는 마을 미디어들끼리 연대하여 후보자 초청 토론회와 선거 방송 프로그램을 공동 제작하기도 한다. 이는 어떠한 이념과 가치의 연대가 아닌 이전과는 다른 마을 간 연대라는 점에서 새로운 정서와 정체의 연대를 통한 공동체 공론장을 조직화하려는 직접적인 시도이기도 하다. 마을 미디어 제작과 방송을 통해 형성되고 매개되는 다양한 방식의 정서와 정체의 연대는 이러한 마을 간 연대로 확장되고 있음을 확인해 주는 사례라고 할 수 있다.

참고 문헌

김주현 (2018. 6. 29). "마을 미디어 6 · 13 지방 선거에서 활약하다." 서울마을미디어지원센터. http://maeulmedia.org/archives/14920

서울마을미디어지원센터 (2016). 《마을미디어 연간보고서》.

양승렬 · 김아리 · 김수경 · 김희영 (2016). 《마을라디오 첫걸음》. 서울마을미디어지원센터.

채영길 (2015). 《커뮤니티미디어 이론과 실천》. 커뮤니케이션스북스.

채영길 · 김용찬 · 백영민 · 김예란 · 김유정 (2016). "서울시 마을 공동체 미디어와 공동체 공론장의 분화와 재구성," 〈커뮤니케이션이론〉, 12(호), pp.4~46.

최장집 (2005). 《민주화 이후의 민주주의》. 후마니타스.

Bauman, Z. & Bordoni, C. (2014). *State of Crisis*. [안규남 옮김. 《위기의 국가》. 동녘. 2014].

Benjamin, W. (1936). *Das Kunstwerk im Zeitalter seiner technischen Reproduzierbarkeit*. [최성만 옮김. 《기술복제시대의 예술작품 / 사진의 작은 역사 외》. 길. 2016].

Couldry, N. (2007). *Media Rituals: A Critical approache*. [김정희 · 김호은 옮김. 《미디어 의식의 비판적 접근: 미디어는 어떻게 신화가 되었는가》. 커뮤니케이션북스. 2007].

Rancière, J. (1995). *On the Shores of Politics*. [양창렬 옮김. 《정치적인 것의 가장자리에서》. 길. 2013].

지역 방송과 공동체 미디어의 지역성 구현

김유정

7

“ ‘지역’은 단순히 물리적 장소가 아니라, 지역을 중심에 두고 공유하는 공통의 가치와 감정적 결속으로 정의되는 정체성의 공간이다. 같은 지역에 사는 지역민일지라도 이들을 동질적으로 볼 수 없고 따라서 지역 미디어의 유형에 따라 상정하고 인식하는 지역민과 공동체의 범주가 차이를 보이는 것은 필요하고 또 당연하다. ”

김유정은 문화방송(MBC)의 전문연구위원으로 커뮤니케이션 현상 속에 담긴 행위와 사회 구조 간의 역동적 관계에 대해 연구하고 있다. 연세대학교 사회학과를 졸업하고 같은 대학에서 언론학 석사와 박사 학위를 받았으며, 《방송의 진화》(공저) 외에 방송 정책과 이주민 커뮤니케이션 관련 논문을 다수 발표했다.

'지역'이란 무엇인가

지역에 대한 관심이 그 어느 때보다 뜨겁다. 동네, 마을, 골목 등 공간을 일컫는 다양한 용어부터 익선동, 반송마을 같은 오래된 동네 이름들이 사람들 입에 오르내리는 것을 어렵지 않게 들을 수 있다. 그러나 호칭에 담긴 의미나 상징이 다르듯이 지역을 일컫는 명칭의 의미나 이미지도 저마다 달라서 이 모든 것을 '지역'이라고 뭉뚱그리는 것도 만족스럽지는 않다.

지금까지 그리고 여전히 '지역,' 그리고 '지역성'은 다양한 의미로 쓰이곤 했다. 지역성이라는 개념 자체가 정치, 경제, 사회, 문화적 맥락에서 만들어져 다양한 요인들의 관계가 담길 수밖에 없기 때문에 개념적 모호성과 불확실성은 어느 정도 불가피한 것이 사실이다(이강형·문종대, 2006; 한선·이오현, 2012). 지역성을 지칭하는 표현도 '로컬리즘localism,' 혹은 '지역 정체성regional identity,' 혹은 지역주의 등으로 다양하다. 로컬리즘 개념의 모호함과 비일관적 활용을 지적한 필립 나폴리Philip Napoli(2001)는 그 이유 중 하나로 시장 경쟁과 미디어 다양성에 과도하게 치우쳤던 미디어 정책의 입안 및 시행의 관행을 지적한다(Napoli, 2007). 뿐만 아니라 시장 경쟁과 다양성 가치에 비해 로컬리즘은 상대적으로 개념적 구체화 작업이 미진했던 것도 사실이다(Cowling, 2005).

국내 언론학이나 미디어 영역에서의 지역 및 지역성에 대한 논의도 크게 다르지 않았다. 많은 경우 지역성은 시장 획정과 관련된 산업적 논의로 대체되거나 서울이라는 중앙에 대항한 자율성 확보를 위한 안티테제로 보는 경향이 강했다. 이강형과 문종대(2006)의 지적처럼 지역성은 당연히 주어진, 그리고 보호받아야 하는 대상이자 가치였을 뿐 정확한 의미와 대상, 범주에 대한 논의로 확장되지는 못했다. 이처럼 '지역'이 곧 행정 구역이나 전파 도달 범위를 포함한 미디어 시장으로, 지역성이 곧 정치·경제·사회·문화 부문에서의 지역 발전의 의미로 인식되는 상황에서 지역성에 대한 개념적 엄밀성, 실질성, 구체성의 확보는 상대적으로 더딜 수밖에 없었다. 지역에 대한 논의 자체가 1990년대 중반 지역 민방 및 케이블 방송의 도입과 함께 시작되었던 것에서도 이러한 경향을 확인할 수 있다.

이후 위성방송이나 IPTV 등 광역화된 행정 구역들을 커버하는 커뮤니케이션 테크놀로지의 발전으로 지역 미디어의 위기가 현실화되면서 지역에 대한 논의는 보다 이론적, 실증적으로 변화하기 시작한다. 당시 행정 구역과 거의 일치했던 미디어의 물리적 도달 범위를 무력화시키는 새로운 커뮤니케이션 테크놀로지의 등장은 지역 미디어에 대한 여러 주장의 근거로 일컬어지는 '지역성'이 과연 무엇인가라는 문제 제기로 이어졌다. 임영호(2002)는 지역을 사회적 공간으로 이해할 때 비로소 지역성의 개념 속에 공간적 분포에서 일어나는 다양한 행위자 간 사회적 관계와 그 과정을 포착할 수 있다고 보았다. '지역'을 동질적인 지리적 공간이나 방송 권역과 같은 기술적 도달 범위로 인식할 경우 지역성에 대한 이론적 접근이나 사회과학적 문제 제기 자체가 어려울 수밖에 없음을 지적한 것이다(Passi, 2003).

지역이 물리적, 지리적 개념에서 탈피하여 사회적 공간으로 그 의미의 영역을 넓혀가기 시작하면서 지역성을 정체성의 관점에서 접근하는 경향이 뚜렷해진다(강명현·홍석민, 2005). 사회적 공간의 의미를 담은 지역성이란 무엇인지, 그리고 이를 구성하는 요소는 무엇이며, 이는 예전의 지리적 공간을 상정한 지역성과 어떤 차이를 가지는지, 이 단계에서 지역성은 어떤 개념적 의미를 갖는가에 대한 답을 찾고자 하는 과정이었다(조항제, 2006).

그러나 사회적 공간의 의미를 내포하는 지역성이 개념적으로 어떻게 구성되며 이를 어떻게 구체화시킬 것인가라는 부분에 있어 실제 많은 진전이 있었다고 평가하기는 사실 어렵다. 지역성이 지역 혹은 지역민의 공통된 이해와 관심사를 반영한 것이어야 한다는 당위론적 목표가 있었을 뿐 그 구체적 내용이나 구성 요소에 대한 논의는 많지 않았기 때문이다. 따라서 소속감, 지역 사회에 대한 귀속감, 애착심(애향심), 지역에 대한 만족감 이상의 지역성에 대한 재해석을 찾기 어려웠고 이는 지역성 개념에 깔린 사회적, 문화적, 정치적 심층 구조의 이해를 어렵게 만들었다.

또한 지역성을 지역 방송 특히 지역 방송의 진흥과 동일시하는 연구 기조도 '지역성'의 의미 혼란을 가중시키는 중요한 요인이었다. 지방 분권화가 확립되지 않은 상태에서 지역마다 사회문화적 경험의 경계가 확연히 나는 것도 아니다보니 모든 면에서 중앙 중심적 사고는 어쩔 수 없는 현실이었다(한선·이오현, 2012). 여기서 지역성은 이에 대한 질문이 아닌, 지역 방송의 자립을 위한 해답으로 오인되는 경향이 없지 않았다. 예를 들면 지역민들이 생각하는 지역성과 방송 제작자들이 생각하는 지역성의 비교 연구들은 지역민들과 방송 제작자들의 공간 인식이 상당히 다르다는 점을 지적하곤 했다. 즉 지역민들은 지리적 공간 개념에 입각한 지역성을 머릿속에 그리는 데 반해 방송 제작자들은 지리적 공간에서 확장된, 사회적 지역성으로 지역성을 이해함으로써 공간 인식에 있어서의 괴리가 나타난다는 것이었다. 이는 지리적, 물리적 차원의 지역성과 사회적 차원의 지역성 개념을 대립적으로 이해한 결과였고 지역성을 통해 '공통된 관심사나 욕구' 이상을 이야기하지 못하는 이론적 한계를 엿볼 수 있다. 또한 지역성이 지역에 대한 공통의 관심과 애착이라고 한다면, 지역에 대한 관심과 애정이 큰 지역민들이 서울에서 만든 프로그램을 선호하는 이유는 무엇인가에 대한 답은 여기서 찾을 수 없었다.

그렇다면 이는 지역성이라는 개념의 문제인가, 아니면 지역성이라는 개념을 현실에서 해석하는 과정에서 나타나는 문제인가? 현재 국내에서 이루어지는 지역성 관련 논의를 살펴보면 두 가지 모두 새로운 접근이 필요한 상황이다. 지역성 개념 속에 사회적 공간의 의미를 함축시키는 것에 대한 필요성 검토는 이미 충분했다고 여겨지지만 실제 '지역성'이라는 새로운 정체성이 무엇을 말하는가에 대한 고민은 상대적으로 부족했다고 보기 때문이다. 지역성에 대한 개념적, 이론적 빈곤은 프로그램의 관점과 내용에 '지역성'을 반영하는 것이 필요하다거나, 외부의 지원이나 외부인들의 방문을 통한 지역 경제의 활성화에 '지역성'이 중요하다든지, 지역적 색채와 보편성이 절충된 콘텐츠 제작 활성화가 필요하다는 식의 결론에 이르게 할 뿐이다.

이 장에서는 다음과 같은 질문을 통해 지역과 지역성에 대한 개념적 탐색을 시도해 보고자 한다. 첫째, 지역성이란 개념적으로 무엇이며 어떤 구성 요소로 보아야 하는가? 둘째, 국내 지역 미디어로 구현되는 지역성은 어떤 공간적 범주 속에서 어떤 의미를 만들어 내고 있는가? 이러한 작업을 통해 우리 사회에서 지역과 지역 정체성의 의미를 보다 심층적으로 이해하는 새로운 길을 제안할 수 있을 것이다.

지역, 지역성, 그리고 '우리'

지역을 사회적 공간으로 이해한다고 하더라도 지리적, 물리적 공간 혹은 규범적 공간의 의미가 상실되는 것은 아니다(임영호, 2002). 따라서 지역성의 기초가 되는 공간을 사회적 공간으로 이해했을 때 '지역'을 중심에 둔, 여기서 일어나는 사회적 관계를 고찰하는 것이 필요하다. 여기에는 '지역'을 둘러싼 다양한 이념, 가치, 욕구, 집단(조직), 미디어의 관계에 대한 논의가 수반되어야 한다. 여기서의 '관계'는 다양한 행위자의 참여도와 참여 방식, 이들 간의 상호 작용, 여기서 빚어지는 갈등과 공존, 이를 가능하게 하는 지역의 자원resource 분포를 포함하며 이를 통한 사회적 공간으로서 지역의 사회 구조적 변화, 이에 따른 다양한 행위자 관계에 대한 영향까지 염두에 둔 것이어야 할 것이다.

지역성을 개인 또는 공동체가 특정 공간 또는 장소와 연계해 가지는 일종의 집합적 정체성이라고 할 때, 이는 개인의 정체성과 분명히 대비된다. 일반적으로 정체성이 '나는 누구인가'라는 질문에 대한 대답이라고 한다면 집합적 정체성은 '우리는 누구인가'에 대한 질문이자 답이라고 할 수 있다. 리처드 젠킨스Richard Jenkins(2008)는 집합적 정체성을 집합적 내적 정의collective internal definition와 외적 정의collective external definition 과정 간의 변증법적 상호 작용으로 구성되는 대상으로 설명한다. 즉 사람들이 서로 간의 유사함에 기초한 감정을 만들어 내고 또 스스로를 다른 사람들과 구별하는 가운데 형성되는 집합적 정체성을 공유하는 일련의 과정을 거친다는 것이다. '집합적 정체성' 개념은 일견 사회적 정체성social identity과 비슷하면서도 개념적으로는 분명한 차이가 있다. 사회적 정체성은 특정 집단이나 사회적 범주와 관련된 가치 부여와 감정적 결속 등을 통해 형성된다. 즉 개인은 하나나 여러 집단의 구성원이 될 수 있고 이때 갖게 되는 인식이 바로 사회적 정체성이다. 반면 집합적 정체성은 어떤 한 집단의 구성원들이 '공유'하는 인식이기 때문에 사람들의 '공통의' 정체성 인식 없이는 형성될 수도, 유지될 수도 없다.

알베르토 멜루치Alberto Melucci(1995)는 사회운동론의 관점에서 집합적 정체성을 체계적이고 포괄적으로 정의했는데, 그에 따르면 집합적 정체성은 다수의 개인이나 집단이 그들의 행위 목표, 기회의 장, 그리고 그러한 행위에 주어 있는 구속들에 관해 지속적으로 상호 작용하고 공유하는 정의definition였다. 따라서 멜루치에게 집합적 정체성은 개인이나 집단의 관계성을 의미하며 공동체에 대한 귀속감의 기초가 되는 감정적 관여emotional involvement는 집합적 정체성의 형성에 있어서 매우 중요했다(Melucci, 1995: 45). 멜루치가 말하는 집합적 정체성의 핵심은 바로 공유된 정의라고 할 수 있는데, 베르타 테일러Verta Taylor와 낸시 위티어Nancy Whittier(1992)도 이 점에 있어 같은 견해를 보인다. 그들은 "구성원 공동의 이익, 체험, 연대에서 도출되는 집단의 공유된 정의"로 집합적 정체성을 정의한다(Taylor & Whittier, 1992: 105).

다만 테일러와 위티어는 사회 운동 참여 주체들이 자신의 목표를 정의하고 구현하려 할 때 자신들을 구분 짓는 경계boundaries 구성이 중요하며 집합적 가치라는 인지적 차원의 공유된 정의가 바로 경계를 판단하는 역할을 한다고 보았다. 집합적 정체성은 결과result가 아니라 계속 진행되며 재구성되는 과정process이라고 보는 데이비드 스노David Snow(2001)나 정체성의 비본질주의를 주장하는 필립 슐레진저Philip Schlesinger(1987)에게 있어서도 경계는 중요한 의미를 갖는다. 정체성은 타자와의 차이에서 도출되며 이 차이에서 중요한 것은 경계이기 때문이다. 정체성은 끊임없이 재구성되는 하나의 과정이며 경계에서의 차이 인식과 자신들이 속한 집단에 대한 소속감 사이의 지속적 상호 작용이 이 과정을 채운다. 경계가 고정되지 않고 계속 움직이며 늘 타자의 존재를 통해 확인되고 강화된다고 할 때 이때의 기준은 인지적 차원의 공유된 가치다. 애착이나 소속감 같은 감정적 차원의 공유된 정의와는 분명 구분 가능한 인지적 의식이나 프레임의 공유를 강조했다는 것이 테일러와 위티어가 집합적 정체성에 대해 내리는 정의의 장점이라고 할 것이다(Fominaya, 2010).

집합적 정체성에 대한 개념과 구성 요소를 살펴보면 핵심은 단지 개인들의 공통성이 아니라 다 같이 공유하는 '우리라는 인식을 만드는 공통의 가치와 감정적 결속'이며 이 과정에서 나타나는 관계성과 맥락은 집합적 정체성에서 빼놓을 수 없는 부분이다. 집합적 정체성을 갖는 사회 운동 참여자들은 공동의 인지적, 감정적 정의 속에서 그들과 다른 '우리'의 경계를 만들어간다. 여기서 경계는 이들 집단의 사회적, 정치적, 도덕적 지향 가치와 이것의 담지자인 상상의 공동체가 만나면서 더욱 분명히 드러난다.

여기서 '우리'를 만드는 공통의 가치와 감정적 결속이야말로 지역과 결부된 정체성, 즉 지역성의 핵심임을 알 수 있다.[1] 지역이라는 공간과 연관될 수밖에 없는 지역성이라는 집합적 정체성 또한 이러한 공유된 가치와 공동의 감정적 정의의 재구성 작업 속에 형성되는 것이기 때문이다. 그렇다면 지역성에 대해 다음과 같은 질문을 던져볼 수 있다. 지역의 공동의 가치와 감정적 연대감은 어떻게 형성되는가, 지역 정체성을 공유하는 사람들은 어떤 경계를 긋고 있으며 그 기준은 무엇인가, 지역 정체성을 담지하는 상상의 공동체는 어떤 모습인가 등이 그것이다.

존 애그뉴John Agnew(1987)는 장소place를 로컬locale, 로케이션location, 장소감sense of place 등 세 가지 구성 요소로 설명한다. 로컬은 그것이 제도적이든 비제도적이든 지리적·물리적 경계를 가진 지역의 의

[1] 이 점에 있어서 지역성은 "주어진 지리적 공간 내에서 사람들이 공유하는 경험, 유산, 이해 또는 기대에 의해 형성되는 소속"(Scriven & Roberts, 2001)으로 정의되며, 개인의 정체성 문제로 환원시키거나 온전히 감정적 차원으로 해석하는 것과는 구분된다.

미를 담고 있다. 지역이라는 장소적 특성과 환경 속에서 독특한 자원의 분포가 있으며 이는 사람들의 상호 작용의 모습과 성격에 영향을 미치는 기본 틀이 된다. 이러한 세팅을 가리켜 애그뉴는 로컬이라고 칭하였다. 로케이션은 지역과 지역, 장소와 장소의 연결이 가능하도록 만드는 개인과 집단의 네트워크 구조를 의미한다. 마지막으로 장소감은 사람과 장소 안에서 얻는 애착, 귀속감 등 주관적 인식이나 정서를 의미한다. 애그뉴의 장소 구성론은 첫째, 지역 개념에서 물리적, 지리적 의미를 배제시키지 않고 새로운 의미 요소가 추가를 통해 장소의 개념을 구성하는 점, 둘째, 지역성은 개인과 집단의 상호 작용과 관계에서 만들어지는 공통의 인식과 연대감 차원에서 접근해야 한다는 점을 특징으로 한다.

그렇다면 이러한 공통의 가치와 정서에 기초한 연대감은 어떻게 형성되는가? 개인들이 공동의 사회적 정체성을 만들고 공고히 하기 위해서는 집단 동일시group identification가 필수적인 것처럼, 지역민을 하나로 묶는 동일시의 단계나 과정 없이는 공통의 의식이나 연대감의 출현은 기대하기 어렵다. 집단 동일시는 개개인들이 자신을 보다 넓은 사회적 범주의 일원으로 인식하는 것으로, 이는 종종 자기 재현의 탈인격화depersonalization, 탈개인화deindividualization, 탈인간화dehumanization를 동반한다(Brewer & Silver, 2000). 이를 지역에 적용시켜 보았을 때 개인들이 다른 지역과 다른 자신들의 지역적(혹은 상상공동체의) 경계를 긋기 위해서는 개개인을 넘어 이들이 공통적으로 갖는 가치 지향이나 정서적 공통분모가 필요하다. 이러한 공통의 가치나 정서 공유 없이 개인의 소속감 이상의 지역적 정체성의 형성을 기대하기는 사실 어렵다. 지역성은 선험적으로 존재하는 것이 아니라 지역의 사회 구조와 환경 속에서 이루어지는 다양한 상호 작용과 관계성 속에서 이러한 공통의 지향 가치나 연대감이 형성되는 과정에서 그 모습을 드러내는 것이기 때문이다.

여기서 지역 미디어의 역할은 매우 중요하다. 지역 미디어는 그 지역 내에서 혹은 지역과 관련한 기호들이 서로 얽히고 갈등하고 투쟁하는 말 그대로의 장field이고 장이어야 한다. 지역 내 주요 이야기꾼으로서 지역 미디어의 역할을 강조하는 커뮤니케이션 하부 구조 이론은 지역 미디어의 이러한 역할을 이론적으로 뒷받침한다(Kim & Ball-Rokeach, 2006). 이 이론에서 커뮤니케이션 하부 구조는 두 가지 요소로 구성된다. 하나는 '지역 이야기하기 연결망'이고, 또 하나는 '커뮤니케이션 행위 맥락communication action contexts'이다. 지역 이야기하기 연결망은 지역 공동체 이야기꾼 간에 구축된 유기적 네트워크를 의미한다. 지역 공동체 이야기꾼은 (1) 가족, 친구, 이웃 네트워크에 놓인 지역 주민들, (2) 지역에서 활동하거나 지역 주민을 대상으로 하는 각종 단체/모임, (3) 특정 지역 자체 혹은 거주 중인 주민 대상의 지역 미디어들이다. 이러한 지역 이야기하기 연결망은 단독으로 존재하는 것이 아니라 다양한 환경적 요소들로 이루어진 '커뮤니케이션 행위 맥락' 속에서 작동한다. 즉 커뮤니케이션 행위 맥락의 상태에 따라서 지역 이야기하기 연결망이 어느 정도로 원활하게 작동하는가가 결정된다. 여러 환경적 맥락 속에서 지역 미디어, 지역 단체와 모임, 지역민들과 이들의 사회 연결망 등 세 유형의 지역 공동체 이야기꾼들이 서로 유기적으로 연결되어 그들이 속한 지역에 대한 이야기를 만들어 내고, 그 이야기를 공유하는 구조적 연결성이 바로 '커뮤니케이션 하부 구조'다.

사람들이 지역과 관련한 인지된 소속감, 집합적 효능감collective efficacy 그리고 나아가 문제 해결을 위한 참여적 행동에 있어서 중요한 것은 지역민들이 '지역 이야기하기 연결망'에 얼마나 연결되어 있는가는 점이다. 바로 이것이 커뮤니케이션 하부 구조 이론의 핵심이다. 이 연결의 수준에 따라 지역민들이 지역 내 다양한 커뮤니케이션 자원에 얼마나 접근할 수 있는지, 이를 얼마나 공유할 수 있는지가 달라진다고 보기 때문이다.

특히 지역 미디어는 지역 구성원들의 유기적 관계를 형성하고 이들이 모두 지역 공동체 이야기꾼으로 기능할 수 있도록 자원의 연결성을 높이고 지원한다는 점에서 중요하다. 지역 구성원의 생활 관계 속에서, 지역 내 다양한 집단의 이야기를 서로 공유될 때 지역 구성원들은 자신에게 전해지는 이야기의 이야기꾼을 확인하며 이 이야기들의 범주를 인식한다. 이는 지역의 경계를 공동으로 인지하고 그 경계 안과 밖의 차이를 느끼며 '지역성'을 키우는 데 일정한 역할을 한다. 지역 미디어는 그 자체가 '이야깃거리'인 동시에, 주요 '지역 공동체 이야기꾼'라고 할 수 있다. 지역 미디어로 전해지는 이야기들이 '우리'에 관한 이야기일 때, 이를 통해 형성되는 '우리의 공간'으로의 인식은 이른바 '상상의 공동체'의 기본 자원들이 되는 것이다(Anderson, 2006). 커뮤니케이션 하부 구조 이론이 미국 LA 지역 공동체의 커뮤니케이션 환경에 대한 연구에서 시작되어 한국 상황에서의 직접적인 인용과 비교가 어려운 부분도 있다. 하지만 지역민들이 어떻게 공통의 인식과 감정을 공유하며 집합적 정체성의 하나인 지역성을 형성해나가는가를 이해하는 데 있어서, 특히 지역 미디어의 현실적, 상징적 의미에 대해 상당한 시사점을 제공한다.

국내 지역 방송과 공동체 미디어의 지역성 구현

현재 국내에서 지역 미디어라고 이름 붙일 수 있는 것은 지역 방송과 공동체 미디어가 대표적이다. 이들은 과연 어떤 지역성을 구현하고 있을까? 이 질문에 답하기 위해 지금까지 우선 지역 미디어에 해당하는 국내 지역 방송과 공동체 미디어에서 무엇을 보아야 하는가를 살펴보았다. 이를 바탕으로 그동안 지역 미디어와 동일시되어온 지역 방송과 최근 새로이 지역 미디어의 가능성을 타진하고 있는 공동체 미디어의 제작진과 운영진들이 인식하고 구현하는 지역성의 현 좌표를 읽어 내고자 한다. 특히 지역 미디어 제작진들이 인식하고 파악하는 지역성에 내재된 지향 가치, 이들이 그리는 지역 혹은 상상 공동체에 집중할 것이다. 이것이 하나의 단일한 지역 정체성의 모습을 드러내지 않으리라는 예상은 충분히 가능하지만, 이러한 복합적이고 다중적인 지역성의 면면이 어떻게 공존하며 어떤 의미 체계 안에서 연결되는지를 살펴보는 것은 현재 국내 지역 미디어가 구현하는 지역성의 성격을 이해하는 데 도움이 될 것이다.[2]

어떤 공간적 범주가 지역 미디어 제작자들의 상상 공동체의 핵심이 되는가

지역 미디어 중 공동체 미디어 제작진들이 생각하는 지역의 범위는 행정 구역을 넘어 '의제가 영향을 미칠 수 있는 곳'이나 '관심과 참여

2 여기에서는 제작진 인터뷰에 기초하여 현재 지역 미디어에서 콘텐츠 제작자들의 지역성에 대한 인식을 분석하였다. 이 연구를 위해 국내 지역 방송 제작진 5명과 공동체 미디어 제작진 5명을 서면 인터뷰하였다.

가 가능한 곳'으로 확장되어 있는 것으로 나타났다. 지리적 차원의 공간도 물론 이들이 생각하는 공간적 범주에 포함되어 있으나 지역 방송 제작진들의 인식에서 나타난 '지역'이라는 의미들의 상대적 위치를 고려했을 때 물리적 의미의 '지역'은 사회적 공간을 구성하는 하위 차원 중 하나일 뿐이었다.

> 현실적으로 어떤 이슈가 영향을 미치거나 주민 참여가 가능할 경우 이것도 포함되는 지역으로 생각합니다. 인근 행정동(면)을 염두에 두지만, 도시 전체에 대한 영향력과 파급력도 생각하지요. (공동체 미디어 활동가 A)

> 지역 주민으로 생각하면 우리 동 주민들도 있지만 주변 동 지역 주민, 도시 전체 시민들까지 포함한다고 생각합니다. 행정 구역이 동 단위로 구분되어 있기는 하지만 생활권은 모두 연결되어 있어서 서로서로에게 영향을 주고 여론도 계속 파급되기 때문입니다. 기초 자치 단체가 다른 인근 농촌 지역도 마찬가지로 [공동체 미디어가 생각하는] 지역민 범주에 포함되지요. (공동체 미디어 활동가 B)

> 우리 동네에 관심이 있는 사람들이 있는 모든 곳, 또는 우리 지역에 대한 관심사 모두가 우리 미디어의 범위고 대상입니다. 즉 우리 지역에서 태어났지만 타지에서 거주하고 있는 분들이 고향에 대한 관심과 얘기, 물리적으로나 행정적으로는 우리 마을과 관계가 없지만 우리 마을에 대한 관심과 애정이 있는 분들의 얘기, 즉 우리 마을과 직간접적 관계는 없지만 우리 마을에 대한 얘기가 있다면 모두 우리 (공동체) 미디어에 담으려

고 합니다. (공동체 미디어 활동가 C)

한편 지역 방송 제작진들이 생각하는 지역의 공간적 범주는 행정 구역과 전파가 도달하는 범위와 일치하는 것으로 나타났다. 행정 구역과 거의 차이가 없는 방송 전파의 수신 권역은 이들이 방송 프로그램을 제작하고 운영할 때 염두에 두는 공간적 범주였다. 지역 방송 프로그램이 포괄해야 하는 공간적 범주는 지리적, 물리적 지역으로 한정되어 있었고 따라서 이들이 생각하는 '지역민'의 범위도 이것에 맞춰져 있었다. 이는 기본적으로 광고와 콘텐츠 유통 영업을 위한 시장 획정과 무관하지 않을 것이다.

> 지역은 전파 도달 범위에 있는 행정 구역을 기본으로 합니다. 주제에 따라 광역 생활권으로 확장이 되기도 하지만 주로 행정 구역으로 판단하지요. (지역 방송 제작진 C)

> 같은 도라고 해도 (도내) 지역마다 정서가 조금 다르다고 평가하는 사람들이 많습니다. 지역끼리 묘한 라이벌 의식을 갖고 있는 경우도 있구요. 지역 주민들의 입장과 정서가 다른 만큼 섣불리 여러 지역을 엮어 일반화하기보다는 지역 주민들의 자부심과 자긍심을 살려 주고 특색을 일일이 언급하려 세심하게 신경 씁니다. (지역 방송 제작진 E)

지역 미디어 제작자들이 미디어를 통해 공유하려는 지역의 내용은 무엇인가

지역 미디어 중 공동체 미디어 제작진들은 공통적으로 지역민들의 노동과 활동을 포함한 지역민의 생활 세계와 상호 작용을 담고자 한다. 공동체 미디어를 통해 무엇을 제공하는 것보다는 지역 주민들의 생활 현장 속에 들어가고자 하는 지향점이 분명하게 드러났다. 그렇기 때문에 이들에게 중요한 것은 지역의 새로운 정보나 이슈가 아니라 '지역 사람'이며, 지역민들의 관심과 직·간접적 참여는 이들이 지향하는 결과라기보다 하나의 과정으로서 의미를 가지고 있었다.

> 지역 사회를 위해 봉사하는 주민들, 도시 재생 활동, 마을 만들기, 사회적 경제 활동 등 주민들이 하는 다양한 활동을 조명하려고 하죠. (그러고 나면) 이것에 반응하고 참여하려는 모습들이 나타나요. (공동체 미디어 활동가 A)

> 지역 사람들의 삶의 현장을 먼저 생각해요. 그게 우리가 사는 동네고, 우리 지역이죠. 그게 지역성이라고 생각하고 지향합니다. (공동체 미디어 활동가 B)

> 어떤 문제나 이슈를 이야기할 때 우리의 문제, 우리 동네의 문제라는 일체감 이런 게 있는냐(를 생각합니다). (공동체 미디어 활동가 C)

> 마을 주민이 주인이고 주인공인 방송을 지향합니다. 마을 주민들이 모두가 본인이 갖고 있는 생각이나 얘깃거리를 아주 제한 없이 편안하게 언제든지 말할 수 있는 공간인가 이 부분을 중요하게 생각해요. (공동체 미디어 활동가 D)

> 지역성은 그 지역이 가지고 있는 문화적 특성, 사람들 특성 이런 것을 같이 하는 그리고 공감하는 지역 공동체 의식, 지역 사람들 스스로의 문제를 찾아보고 해결해 보는 가운데 만들어지는 의식이라고 생각해요. (공동체 미디어 활동가 E)

한편, 지역 방송 제작진들이 프로그램을 통해 구현하려는 '지역의 공통 관심사'는 지역이 소재이거나 주제가 되고 있는가, 혹은 지역민에게 실질적인 도움이 되는 내용인가 그리고 지역 민주주의 발전에 기여할 수 있는가를 기준으로 판단되고 있었다. 동시에 지역 방송의 주요 재원인 광고 수주나 유통이 가능할 만큼 보편성을 담보하고 있는가에 대한 판단이 별도로 이루어진다. 이러한 상황이 지역 내 공통 관심사와 유리된 프로그램을 제작하도록 하고 나아가 지역민들과의 연결고리를 약화시키는 것은 아닌지 고민하는 모습을 지역 방송 제작진의 응답에서 확인할 수 있었다.

> 지역과 관련된 지역 중심 프로그램을 만들려고 하고 때로는 소재 중심의 지역을 벗어나 '지역'이라는 주제를 담아 유통 가능한 콘텐츠를 만들려고 합니다. 지역의 소재와 주제를 담으려고 하는 거지요. (지역 방송 제작진 A)

> 방송 프로그램에서 지역을 소재로 하고 지역민의 이익에 실질적인 도움이 되는 내용을 다룰 때, 지역민의 관점이 담겨 있을 때에는 지역성이 구현되었다고 볼 수 있습니다. (지역 방송 제작진 B)

> 지역 방송의 가장 중요한 역할은 견제 받지 않는 지방 권력에 대한 감시라고 생각합니다. 그렇기 때문에 이러한 역할에 충실하게 하는 것이 지역의 가치를 지키고 공론화하는 길이 아닐까요? (지역 방송 제작진 C)

지역 미디어 제작자들은 지역민과 어떤 상호 작용을 하며 그 특징은 무엇인가

공동체 미디어 제작진들에게 있어서 지역민은 상호 작용의 대상이나 객체가 아닌, 공동체 미디어의 본질이고 주인이었다. 따라서 공동체 미디어는 지역민들의 생각과 감정이 부딪히고 만나는 장이며 활동 공간이라는 생각이 공동체 미디어 제작진들에게는 강했다.

> 지역민과 공동체 미디어의 관계를 본다면 아직까지 일방적인 측면이 강합니다. 짝사랑에 가깝죠. 그렇지만 지역민의 삶의 현장에 다가설 때 지역민이 화답하는 모습을 종종 봅니다. (공동체 미디어가) 먼저 지역민에게 다가설 때 이것이 주민들에게 자극이 되는 것 같고 관계도 만들어지고 그럽니다. (공동체 미디어 활동가 A)

> 지역민이 제일 우선이라고 생각합니다. 그러면 공동체 미디어는 지역 주민들의 간지러운 부분을 긁어 줄 수 있어요. 학교 통폐합, 등굣길 문제, 버스 차로 변경 같이 생활에 밀접한 부분입니다. (공동체 미디어 활동가 C)

> 다들 살고 있는 지역을 좋아하는 것도 아니고 떠나고 싶어 하는 사람들도 많지만 지역 미디어로 소식을 전하면 다들 적극적으로 반응합니다. 함께

바꿀 수 있다는 생각을 한다는 느낌이에요. (공동체 미디어 활동가 D)

문제 제기에 그치지 않고 같이 문제 해결을 위해 애쓰는 것, 공동체 미디어가 함께하는 것이죠. 함께 고민하고 함께 문제 해결하는 미디어, 지역민 속에 있는 듯 없는 듯 녹아드는 것 그것이 공동체 미디어의 최종 목표라고 생각합니다. (공동체 미디어 활동가 E)

지역 방송 제작진들은 의제 설정에 따른 지역민들의 반응과 수용 여부를 지역 방송과 지역민의 중요한 상호 작용으로 인식하는 것으로 나타났다. 지역 방송에서 수행하는 행사나 사업, 그리고 콘텐츠 자체에 대해 지역민들의 호응이나 피드백이 드물다는 점이 가장 큰 고민거리라는 대답이 공통적으로 나왔다. 따라서 지역 방송 제작진들의 주요 목표는 지역민들이 관심을 보이고 호응할 만한 대상이나 의제를 찾는 것이었다. 이러한 사안이나 이슈가 있어야 비로소 지역민의 반응이 감지되고 지역민과 소통이 가능하다고 보고 있음을 확인할 수 있었다.

지역민들과의 상호 작용에 있어서 지역 방송 관계자들이 보다 근본적인 문제로 지적한 것은 지역 방송의 커뮤니케이션 상대가 지역민이 아니라 지자체 등 공공 기관이나 광고주 등이 되는 현실이었다. 공무원이 인터뷰 상대방이 되는 관급 기사, 타 지역 관광객을 대상으로 하는 축제 홍보 프로그램이 그 자체로 문제이기도 하지만 지역민들과의 상호 작용을 가로막고 연결성을 약화시키고 있음을 크게 우려하였다.

뉴스를 통해 의회를 감시하고 지역 경제를 고민하는 것이 시민들과 함께

하는 것이고 시민을 위한 것이라고 믿습니다. 의제를 설정하고 여론을 조성해 지역민의 숙원을 해결하는 실질적인 결과를 만들어 낼 때 지역민이 반응하지요. (지역 방송 제작진 A)

뉴스 소재는 사건 사고를 제외하면 행사나 정책을 알리는 관급 기사가 대부분입니다. 지역 방송사가 지역 주민들에게 지역 정보를 제공하는 것은 당연한 임무이지만 관점과 인터뷰이의 다양성이 문제죠. 지역 뉴스의 인터뷰이는 공무원이 대부분인데, 왜냐하면 지자체의 정책이나 행사를 알리는 기사에서 공무원 외에 적합한 인터뷰이는 없기 때문입니다. 지역 주민들의 불편 사항이나 민원 사항을 알리기 위해서는 문제를 제기한 혹은 불편을 겪고 있는 주민이 당연히 인터뷰를 할 텐데 이런 취재 구성은 매우 드물어요. 이렇게 공무원과 방송사가 유착될수록 방송사와 지역 주민과의 연결성은 약해질 수밖에 없습니다. (지역 방송 제작진 B)

다층적 지역성의 출현

이상에서 살펴본 바와 같이 지역성에 대한 정의와 해석은 다양하다. 전통적인 사회에서조차 장소와 공동체의 일치가 매우 예외적 현상이었다면(Massey, 1992), 지금 목도되는 장소와 지역 개념의 확장, 이에 따른 지역성의 다층성과 입체화(조항제, 2006)는 어쩌면 당연한 현상일지 모른다.

이 장에서는 국내 지역 미디어에 해당하는 지역 방송과 공동체 미디어가 구현하는 지역성의 심층 구조를 살펴보기 위해 제작진들이 지향하는 가치와 내용, 이들이 상정하는 지역 공동체 혹은 상상 공동체의 범주를 살펴보고 비교하는 작업을 거칠게 시도했다. 여기서의 목표는 어떤 유형의 지역 미디어가 만들어 내는 지역성이 전적으로 옳거나 그른가 혹은 나은가를 판단하는 데 있는 것이 아니라 서로 다른 상황 속에서 다른 역사를 지닌 지역 방송과 공동체 미디어에서 구현되는 지역성이 다중적인 지역 정체성 내에서 어떻게 구현되고 있으며 또 어떻게 서로 연결되는가를 살펴보는 데 있었다.

여기서 전제하는 '지역'은 단순히 물리적 장소가 아니라, 지역을 중심에 두고 공유하는 공통의 가치와 감정적 결속으로 정의되는 정체성의 공간이다. 같은 지역에 사는 지역민일지라도 이들을 동질적으로 볼 수 없고 따라서 지역 미디어의 유형에 따라 상정하고 인식하는 지역민과 공동체의 범주가 차이를 보이는 것은 필요하고 또 당연하다. 같은 지역에 살고 있어도 어떤 환경과 조건 속에 얼마나 오래 거주했는지, 그곳의 다양한 자원 분포는 어떠하며 이 자원들과 지역민의 상대적 거리는 어떠한지, 얼마나 지역 문제에 참여적이며 관심을 가지고 있는지, 경계 너머 다른 지역과의 비교 가능한 경험이 있는지는 등에 따라 개개 지역민의 지역에 대한 인식은 다르다. 마찬가지로 같은 지역을 대상으로 하는 지역 방송과 공동체 미디어도 제작진의 인식 속에 그려지는 공간적 범주나 지역민의 범위는 차이를 보였다.

지역 미디어로서 공동체 미디어는 지역 방송과는 다른 공간적 범주에서 시작되어 지역민들에게 예전과 다른 공통 의식과 감정을 일으키는 대상이라고 할 수 있다. 앞서 본 바와 같이 이들은 지역 내에서 새로운 지향 가치와 감정적 결속을 이루어 내고 있다. 그동안 지역성과 지역 방송에 대한 연구에서 지역성의 목표이자 역할로 제시된 지역민의 생활 관계와 일상성과의 연계는, 현재 공동체 미디어의 활동 속에서 일부 실현되고 있는 것으로 보인다. 공동체 미디어는 지역이나 지역민이라는 물리적 경계를 넘어 보편적 가치를 지향하고 담지한다는 점에서 공동체 미디어가 향후 지역성의 개념적 변화에 있어 상당히 중요한 역할을 할 것으로 기대된다.

장소와 지역 개념의 확장이 지역성의 변화를 기대하게 하지만, 실제로 지역성의 변화는 곧 '우리'의 인식과 연대감의 다채로운 모습일 가능성이 크다. 그렇다면 '우리'에 대한 인식과 감정의 결속이 얼마나 여러 겹으로, 얼마나 여러 결로 나타나는지, 여기서 다양한 지역 미디어는 어떤 역할을 할 것인지, 이것이 얼마나 입체적이고 다층적인 '지역성'을 완성하는지에 대한 고찰이 앞으로의 지역성 연구에서 중요할 것이다.

참고 문헌

강명현 · 홍석민 (2005). "로컬리즘과 지역방송: 사회적 로컬리즘의 개념화를 위한 시론적 연구," 〈한국방송학보〉, 19권 1호, pp.109~141.

이강형 · 문종대 (2006). "지역민들의 '지역 정체성'이 지역뉴스 시청 및 평가에 미치는 영향에 관한 연구," 〈언론과학연구〉, 6권 3호, pp.342~377.

임영호 (2002). "공간 이론을 통해 본 한국 방송학의 정체성 문제," 〈한국방송학보〉, 16권 2호, pp.275~303.

조항제 (2006). "지역방송의 지역성 변화: 개념적 접근," 〈한국언론정보학보〉, 5권,

pp.275~305.

한선 · 이오현 (2012). "지역 방송의 지역성 개념과 지역성 구현의 문제: 광주지역 방송생산을 중심으로 한 질적 연구," 〈한국방송학보〉, 26권 5호, pp.271~306.

Agnew, J. A. (1987). *Place and politics: the geographical mediation of state and society*. Boston and London: Allen and Unwin.

Anderson, B. (2006). *Imagined communities: Reflections on the origin and spread of nationalism*. Verso Books.

Brewer, M. B. & Silver, M. D. (2000). "Group Distinctiveness, Social Identification, and Collective Mobilization," in S. Stryker, T. Owens, & R. White (ed.), *Self, Identity, and Social Movements*. Minneapolis, MN: University of Minnesota Press. pp.153~171.

Cowling, P. (2005). "An Earthty Enigma: The Role of Localism in the Political, Cultural and Economic Dimensions of Media Ownership Regulation," *Hastings Communications and Entertainment Law Journal*, 27, pp.257~358.

Fominaya, C. F. (2010). "Collective Identity in Social Movements: Central Concepts and Debates," *Sociology Compass*, 4(6), pp.393~404.

Jenkins, R. (2008). *Social Identity* (3rd ed). London: Routledge.

Kim, Y. C. & Ball-Rokeach, S. J. (2006). "Civic engagement from a communication infrastructure Perspective," *Communication Theory*, 16, pp.173~197.).

Massey, D. (1992). "A Place Called Home?," *New Foundations*, 17, pp.3~15.

Melucci, A. (1995). "The Process of Collective Identity," in *Social Movements and Culture*, Hank Johnston and Bert Klandermans (ed.). Minneapolis: University of Minnesota Press. pp.41~63.

Napoli, P. N. (2001). "The Localism Principle in Communications Policy Making and Policy Analysis: Ambiguity, Inconsistency, and Empirical Neglect," *Policy Studies Journal*, 29(3), pp.372~387.

Napoli, P. N. (2007). *Media Diversity and Localism: Meanings and Metrics*. Mahwah, NJ: Lawrence Erlbaum.

Paasi, A. (2003). "Region and place: regional identity in question," *Progress in human geography*, 27(4), pp.475~485.

Schlesinger, P. (1987). "On national identity: some conceptions and misconceptions criticized. Information," *International Social Science Council*, 26(2), pp.219~264.

Scriven, M. & Roberts, E. (2001). "Local Specificity and Regional Unity Under Siege: Territorial

Identity and the Television News of Aquitaine," *Media, Culture & Society*, 23(5), pp.587~605.

Snow, David (2001). "Collective Identity and Expressive Forms." University of California, Irvine eScholarship Repository http://repositories.cdlib.org/csd/01-07

Taylor V. & Whittier, N. (1992). "Collective Identity in Social Movement Communities: Lesbian Feminist Mobilization," in Aldon D. Morris and Carol McClurg Mueller (ed.). *Frontiers in Social Movement Theory*. New Haven and London: Yale University Press.

재난으로부터
공동체 회복을 위한 미디어

서미혜

8

“재난이 지나간 지역에서 지역 미디어가 지역의 일원으로 지역 공동체가 함께 관심을 가져야 하는 공동체 회복의 주요 의제를 꾸준히 제기하고, 공동체의 유대감과 지역성을 회복하기 위한 노력을 기울일 때 폐허로부터 공동체 회복의 가능성이 높아질 것이다.”

서미혜는 성균관대학교 신문방송학과 교수로 정치 커뮤니케이션, 미디어 이용과 효과를 연구하고 있다. 미국 오하이오주립대학교에서 박사 학위를 받았다.

기후 변화, 산업화에 따른 무분별한 개발, 종교· 정치 문제의 불확실성 등으로 현대 사회에서 재난은 급증하고 대형화되고 있다. 이러한 재난에 맞서 그 원인을 차단하거나 예측 가능성을 높여 예방할 수 있게 하는 것은 무엇보다 중요한 일이다. 하지만 아직까지 인간이 자연적, 사회적 재난을 통제하는 데는 한계가 있다. 그로 인해 불확실한 재난과 위기를 얼마나 대비하는지, 이미 발생한 재난을 얼마나 잘 복원할 수 있는지 등이 현재 매우 중요한 사회 문제로 떠오르고 있다.

재난은 개인 삶의 차원을 넘어 지역 사회의 갈등과 와해와 같은 공동체 문제와 연결된다. 재난으로 인해 지역 공동체 주민은 직접적으로 안전에 위협받는다. 그렇지 않은 경우에도 생활 터전의 파괴나 재난 복구 등과 관련해 지역 공동체는 갈등을 겪게 될 가능성이 크다(양기근, 2011). 재난 복구 과정에서 나타나는 갈등과 사회적 자본의 상실은 지역 공동체의 회복을 어렵게 만들고 나아가 공동체의 지속 가능성에도 영향을 미칠 수 있다. 따라서 재난이 발생하였을 때 개인적 차원을 넘어서는 공동체에 미치는 영향을 파악해야 하며, 이를 기반으로 재난으로부터의 회복 방향을 모색해야 한다. 그러나 재난을 개인의 트라우마 차원을 넘어 공동체의 문제로 접근하는 연구는 아직 미흡한 실정이다.

한편 공동체가 처한 재난 상황이나 재난으로부터의 회복 과정에서 미디어가 어떠한 역할을 하는지 이해하는 것도 중요하다. 재난이 발생하면 사람들은 현재 상황이 어떠한지, 어떻게 재난에 대처할 수 있는지 등에 대한 정보를 미디어를 통해 얻고자 한다. 정부와 관련 기관 역시 재난 관리와 대처에서 미디어의 중요성을 인지하고 미디어와의 관계 설정과 미디어를 통한 정보 관리 등에 노력을 기울인다. 그동안 재난과 미디어에 관한 연구는 대부분 재난 위기관리나 재난 보도 프레임 등에 초점을 맞춰 진행되었다. 하지만 그에 비해 재난으로부터의 공동체 회복 과정과 그 과정에서 미디어가 어떤 역할을 하는지에 대한 관심은 드물었다.

이 장에서는 재난을 개인적 차원만이 아니라 공동체의 문제로 본다. 지역 공동체의 특성과 역동성에 대한 인식을 토대로 재난에 닥쳤을 때뿐 아니라 재난으로부터의 회복을 논의하고자 한다. 2017년 11월에 발생한 포항 지진을 중심으로 포항이라는 지역 공동체가 재난으로부터 회복하는 과정에서 지역 미디어가 어떤 역할을 하고 있는지 살펴보고, 이를 통해 재난과 그 극복 과정에서 미디어의 역할에 대해 알아본다.

재난이 공동체에 미치는 영향과 공동체 회복

재난은 개인 차원을 넘어서 공동체의 위기를 가져온다. 재난에 의해 삶의 터전이 파괴되기도 하고, 지역 내 다양한 구성원들과 단체, 기관 사이에 긴장과 갈등이 발생하기도 한다. 재난의 피해는 개인을 넘어 공동체의 트라우마로 이어진다. 공동체는 재난에 대한 대응 실패와 책임 공방, 피해 보상 과정에서 해체되기도 한다. 2005년 미국 뉴올리언스에서 발생한 허리케인 카트리나의 경우, 지역 공동체가 홍수로 파괴되는 물리적 문제 외에도 이후 복구 과정에서 집단 차별, 무시, 갈등 등 다양한 집단 갈등이 나타났다(Picou & Marshall, 2007; 오해영, 2016 인용). 한국의 경우, 2007년 허베이 스피리트호 기름 유출 사고 이후 오랜 씨족 공동체였던 마을이 생계비 지급 등을 둘러싼 주민 간 다툼, 불신이 심화되는 등 심각한 공동체의 해체 과정을 겪고 있다(홍덕화·구도완, 2009). 또한 세월호 참사 발생 후 1년이 지난 시점에서 안산 지역 주민들의 정신 건강을 조사한 결과 우울감이 1.68배 상승하는 등 전반적 정신 건강 수준이 낮게 나타나(최원석, 2015), 직접적 피해를 입지 않은 경우에도 재난이 관련 공동체 전반에 심각한 문제를 일으킬 수 있다는 점을 보여 준다(오해영, 2016).

재난은 공동체 안의 취약한 계층과 지역에 가장 가혹한 상처를 남긴다. 재난에 대한 취약성은 다양한 요인에 의해 결정된다. 그중 계급, 성별, 나이, 가난, 인종 등 사회 경제적 요인과 공동체와 지역적 요인이 중요하게 작용한다. 즉 재난의 영향력은 불균형하게 나타나며, 재난에 대한 취약성은 공동체 구성원의 개인적 속성뿐 아니라 재난이 일어난 지역 공동체의 여러 특성과 맥락에 의해 좌우된다는 것이다(Ramirez & Peek-Asa, 2005; Flanagan & Hallisey, 2011). 1주일간 700명이 넘는 사망자를 낸 1995년 시카고의 폭염 재난과 미국 역사상 최악의 재난 중 하나로 기록되는 2005년 허리케인 카트리나의 경우, 재난 피해는 그 지역 사회에서 경제적, 사회적으로 취약한 계층과 지역에 집중되었다(Bosick, 2014). 허리케인 카트리나의 피해는 저지대에 집중되어 나타났는데, 이 지역은 높은 거주 비용을 감당할 수 없는 경제적으로 취약한 사람들이 모여 살고 있는 곳이었다. 공동체가 지녔던 잠재적, 구조적 문제점이 재난을 통해 극적으로 드러난 것이라 할 수 있다. 1995년 시카고 폭염 역시 피해는 시카고에서 가난한 노인들이 많이 거주하는 경제적, 지역적 인프라가 취약한 곳에서 집중적으로 나타났다. 치안이 불안하고 주민들의 유대 관계가 부재해 지역 공동체가 와해된 지역에서는 타인에게 도움을 청하거나 시원한 곳을 찾아 밖으로 나가지 못하고 고립된 채 사망에 이르렀다. 하지만 비슷한 경제적, 지리적 조건을 가지고 있지만 사회적 자본과 연결망이 살아 있는 지역의 경우 피해자의 수가 현격히 낮았다(Klinenberg, 2002/2018). 이는 재난의 피해가 개인적 요인뿐 아니라 공동체 요인에 의해 달라질 수 있다는 것을 극명하게 보여 준다. 이와 함께 미래에 닥칠 재난에 대비하고, 이미 발생한 재난의 영향을 극복하는 과정에서도 역시 공동체의 기반 시설이나 경제적 특성 이외에 다양한 차원에서의 공동체 특성과 역동을 고려하는 것이 중요하다는 점을 시사한다.

재난과 같은 충격적인 경험은 개인과 공동체에 깊은 트라우마를 남기기도 하지만, 기존의 구조를 허물고 중단시킴으로써 새로운 공동체의 가능성을 열어 주기도 한다. 흔히 재난에 처하면 사람들은 두려움에 사로잡혀 서로를 짓밟고 타자를 걱정하는 마음을 잃어버릴 것이라 생각하기 쉽다. 하지만 재난으로 인한 상처를 공유하는 생존자들은 사회적 고립을 극복하고 친밀감과 집단적인 연대감을 느끼게 되기도 한다(Solnit, 2009). 사회적 관계가 새롭게 재편될 수 있는 기회가 재난 대응 과정에서 조성될 수 있다. 오염 물질에 오염된 지역 공동체가 소외된 피해자의 연대를 통해 공동체 회복에 기여한 사례도 있다(Edelstein, 1988, 홍덕화·구도완, 2009 인용). 직접 피해를 입은 공동체의 구성원이 아니더라도 재난의 부정적 영향에 대한 반작용으로 타인과의 연대감이 늘어나고, 피해자의 고통을 공감하며 위로와 도움의 손길을 내미는 이타적 노력이 증가하기도 한다. 2003년 사스의 공포가 닥쳐온 홍콩에서 사람들은 주변인들의 안부를 묻고 유대감을 강화해 위기를 넘기려 했다(Lau, Yang, Tsu, Pang, & Wing, 2006). 또한 2001년 9·11 테러 발생 후, 뉴욕의 거리에는 헌혈을 하려는 사람들이 줄을 길게 섰고, 버스 정류장에서 낯선 이들에게 인사를 건네는 등 공동체를 복원하려는 모습이 수시로 목격되었다(Kim, Ball-Rokeach, Cohen, & Jung, 2002). 기존의 질서가 재난으로 붕괴된 폐허에서 오히려 공동체는 긍정적 역동의 가능성을 경험할 수 있다는 것이다.

하지만 재난은 근본적으로 끔찍하고 비극적인 일이다. 재난 속에서 발견되는 긍정적 인간성과 그에 바탕을 둔 공동체의 재발견이 얼마나 지속적 현상인지에 대한 증거도 아직은 부족하다. 재난이 남긴 상처를 극복하는 과정은 긴 시간과 많은 노력을 필요로 한다. 재난으로 인한 지역 공동체의 물리적 파괴는 그 구성원들을 다른 공동체로 이주, 정착시키는 결과를 낳기도 한다. 피해 지역 공동체 구성원의 새로운 공동체로의 이주와 정착은 피해 공동체의 문제를 다른 지역 공동체의 문제와 연동시킨다. 물리적 이주의 문제뿐 아니라 복구의 과정에 제공되는 각종 지원을 둘러싼 공동체 내부뿐 아니라 공동체 간 갈등이 불거질 수도 있다. 재난의 영향이 한 지역 공동체와 주변 지역 공동체 또는 더 나아가 국가 전체까지 확대될 수도 있다.

공동체 회복은 각 개인 회복력의 총합이 아니다. 공동체 회복은 정적인 최종 상태가 아니라 개인들이 서로 협력하고 집합적 행동을 함으로써 공동체가 재난으로부터 회복할 수 있게 만드는 과정을 포함하는 동적인 개념이다(Houston et al., 2015). 또한 재난으로부터의 공동체 회복은 재난 이전의 상태로의 회귀만을 의미하는 것이 아니다. 재난으로 인해 와해된 기존의 구조와 질서, 시설을 미래에 닥쳐올 새로운 재난에 더 잘 대비하고 극복할 수 있는 새로운 구조와 질서로의 변화를 포함한 개념이다(Mcguire & Hagan, 2007).

공동체가 재난으로부터 회복하는 과정과 그 결과는 그 지역 공동체의 특성과 밀접한 관련성을 가진다. 한 연구는 인구 구성이나 경제적 특성, 주택 토지 등의 물리적 특성뿐 아니라 사회 문화 자본 등의 특성을 공동체 회복력의 주요 요소로 꼽았다(박소연 · 윤상훈, 2017). 여러 연구에서 공동체 회복의 핵심 요소는 다르게 설명되지만 공동체의 회복이 물리적, 경제적, 제도적 요소로만 이루어지지 않는다는 점은 공통적으로 지적된다. 무너진 건물을 복구하고, 도로를 정비하며, 보조금을 지급하며, 관련 법제나 제도를 구비하는 것만으로 재난으로부터 공동체가 회복되는 것이 아니라는 것이다. 지역 공동체는 지리적, 물리적 공간을 공유하는 것뿐 아니라 공동체 구성원들 간 상호 작용과 유대를 통해 공통의 관심, 가치 등 사회적, 문화적 고유성을 공유한다(심홍진· 이연경· 김지현· 김용찬, 2014). 따라서 재난으로부터의 공동체 회복은 물리적, 경제적, 제도적 요소뿐 아니라 지역 공동체의 사회적 상호 작용, 유대라는 사회적 요소의 복원을 모두 고려해야 한다. 이러한 점에서 공동체 회복에는 커뮤니케이션의 중요성이 두드러진다(Norris et al., 2008). 특히 대인 커뮤니케이션은 사회적 지지나 사회망과 연관해 공동체 회복의 핵심 요소로 꼽힌다(Houston et al., 2015).

재난으로부터 공동체 회복과 미디어의 역할

재난 상황에서 미디어의 역할은 중요하다. 재난에 처했을 때, 사람들은 재난 상황이나 재난으로부터 자신을 지키는 데 필요한 정보를 얻기 위해 미디어에 의지한다. 정부나 관련 기관들은 미디어를 이용해 사람들에게 필요한 정보를 제공하기 위해서 위기관리의 한 부분으로 미디어와 관련을 맺는다(Reynolds & Seeger, 2005). 대규모 재난이 발생했을 경우, 텔레비전은 정규 프로그램을 중단하고 재난을 중계하는 "재난 마라톤" 방송을 내보내기도 한다(Liebes, 1998). 이를 통해 직접 피해를 입지 않는 지역에 사는 이들도 재난 상황을 전달받고 재난을 간접적으로 경험하게 된다.

미디어는 재난 정보를 주고받는 매개 역할뿐 아니라, 재난이 닥쳤을 때 사람들을 연결시키는 역할을 하기도 한다. 미디어는 재난에 직접 피해를 입은 사람들뿐 아니라 재난에서 멀리 떨어진 사람들에게도 재난을 간접 경험하게 만들고, 이로 인해 재난의 영향이 피해자나 피해 공동체의 물리적 한계를 넘어서게 만든다. 1986년 우주비행선 챌린저호가 폭파되는 장면을 미디어를 통해 목격한 사람들은 정신적 고통을 경험했고(Riffe & Stovall, 1989), 1995년 미국 오클라호마 폭탄 테러 당시 지역 주민들은 미디어를 통해 반복 재생되는 재난 보도에 2차적 피해를 입었다고 한다(Smith et al., 1999). 9·11 테러 직후 시행된 전국적 설문 조사 결과, 미국인의 절반가량이 심각한 트라우마 증상을 호소했다(Schuster et al., 2001). 2014년 몇 시간에 걸쳐 서서히 침몰하는 세월호를 텔레비전을 통해 바라보았던 경험을 떠올려보면 매개된 재난의 파괴력을 이해할 수 있을 것이다.

하지만 미디어를 통한 재난의 경험이 반드시 부정적 결과만을 낳는 것은 아니다. 미디어를 통해 전달되는 재난에는 피해자의 고통뿐 아니라 자신을 희생해 남을 돕고자 했던 사람들의 이야기, 기적적으로 재난에서 살아남아 가족에게 돌아간 사람들의 이야기 또한 존재한다. 약 7만 명의 사망자와 30만 명의 부상자를 낸 2008년 중국의 쓰촨 지진 당시, 지진을 직접 경험하지 않고 오직 미디어로만 경험한 사람들은 인간에 대한 신뢰가 높아지고, 이를 통해 피해 지역과 피해자에게 도움을 주고자 하는 이타적 행동을 하려는 의지를 더 많이 표현했다(Seo, Sun, Merolla, & Zhang, 2012).

대부분의 선행 연구는 미디어를 통해 어떻게 재난을 관리할 수 있는지에 관심을 가지거나, 미디어의 재난 보도가 어떤 효과를 낳는지, 미디어가 재난 상황을 어떤 식으로 보도하는지(혹은 보도해야 하는지)에 초점을 맞추고 있다. 하지만 재난을 공동체적 문제로 인식하고 그 속에서 미디어의 역할에 관심을 가지는 연구는 상대적으로 드물다. 특히 재난이 이미 일어난 공동체의 복원 과정에서 미디어가 어떤 역할을 하는지 탐구한 연구는 더욱 찾아보기 힘들다. 재난의 상황을 상정하지는 않지만, 공동체와 미디어의 관계를 숙고한 연구들은 지역 미디어의 역할에 관심을 가진다. 커뮤니케이션 하부 구조 이론은 공동체와 미디어의 관계에 관심을 가진 대표적 이론이다. 이 이론은 지역민, 지역 조직, 지역 미디어를 지역 공동체의 핵심 주체로 보고, 세 주체 간 활발한 커뮤니케이션을 통해 지역의 문제와 해결책을 논의할 기회를 가지게 된다고 본다(Ball-Rokeach, Kim, & Matei, 2002; Kim & Ball-Rokeach, 2006; 심홍진 외, 2014). 즉 지역 스토리텔링 네트워크neighborhood storytelling network라고 불리는 세 핵심 주체 간 상호 커뮤니케이션을 지역 사회 형성과 유지의 필수적 요소라고 주장한다. 지역 미디어는 지역 공동체의 핵심 주체로서 해당 지역의 이야기들을 생산하고 다른 핵심 주체들과 공유한다. 이를 통해 지역 공동체 구성원들은 지역 소속감이나 집합적 효능감을 느끼고 공동체 유지 발전을 위한 행동을 더 많이 하게 된다.

맥스웰 매콤스Maxwell McCombs는 극단적인 차이와 갈등이 팽배한 현대 사회에서 서로 다른 이익을 가지고 충돌하는 개인들이 공통의 문제에 관심을 가지고 합의에 이르는 과정을 공동체 형성 발전으로 보고, 이 과정에서 미디어의 역할에 주목했다(McCombs, 1997). 그는 미디어의 역할을 다음과 같이 설명한다.

첫 번째, 지역 미디어는 지역 공동체의 일원으로 공동체의 문제와 그 해결에 적극적 개입을 하기보다는, 전통적 저널리즘 윤리에 근거한 객관적 관찰자이자 감시자의 역할professional detachment을 할 수 있다. 두 번째, 지역 공동체에서 지역 미디어는 탐사 보도와 같은 보도 기능을 이용해 공동체의 주요 이슈에 선별적으로 개입하는 역할targeted involvement을 수행할 수 있다. 세 번째, 지역 미디어가 지역 공동체의 번영이나 이익을 위한 적극적 치어리더 역할boosterism을 할 수 있다. 마지막 네 번째로 전통적 저널리즘의 윤리의식을 바탕으로 하되 공동체의 문제에 적극적으로 개입하고 공동체의 의제를 설정하는 역할proactive agenda-setting을 할 수 있다. 매콤스는 이 네 번째 역할이 지역 미디어가 지역 공동체 주민들이 공통의 문제에 관심을 가지고 합의에 이르도록 도와 갈등을 줄이고 공동체의 유지 발전에 기여할 수 있다고 보았다.

미디어는 우선 재난에 대한 필수적인 정보를 제공하며 공동체 구성원의 유대감과 공동체 의식을 높이는 역할을 할 수 있다. 또한 재난으로부터 회복을 위해 구성원들이 공통의 문제를 찾고 관심을 가지며 이를 해결하는 과정에 기여할 수 있을 것으로 기대된다. 이는 공동체 회복이 정적인 최종 단계가 아니라 서로 협력하고 집합적 행동을 함으로써 공동체가 재난으로부터 복원하는 동적인 과정이라는 주장과 맞닿는 부분이기도 하다. 뿐만 아니라 공동체의 회복이 물리적, 경제적, 제도적 요소뿐 아니라 지역성과 같은 사회적 요소의 회복을 통해 완결될 수 있다는 지적과도 깊은 관련을 맺는다. 그렇다면 실제 재난의 피해를 입은 지역 공동체에서 미디어, 특히 지역 미디어가 재난으로부터의 공동체 회복에 어떻게 관여하는지를 살펴보자.

2017년 포항 지진

2017년 11월 15일 오후 2시 29분 경상북도 포항에서 리히터 규모 5.4의 지진이 발생했고, 본진 발생 3분 27초 후 리히터 규모 4.3의 여진이 뒤를 이었다. 이 지진은 부상자 92명, 이재민 1700여 명을 발생시켰고, 551억 원의 재산 피해를 낳았다(김준희 · 장학종, 2018). 포항은 총 인구가 약 51만 명인 중소 도시로 두 개 구(북구, 남구)로 이루어져 있다. 당시 가장 큰 피해를 입은 지역은 진앙에서 가까운 포항시 북구 흥해읍 일대다. 흥해읍은 현재 시청, 고속버스터미널, 포스코, 포항공대 등이 위치한 남구가 개발되기 전 포항의 구도심 역할을 했던 곳이다.

포항 지진은 재난의 피해를 입은 공동체의 회복에서 지역 미디어의 역할을 살펴보는 데 적합하다. 그 이유는 우선 비교적 최근에 일어난, 전국적 관심이 집중된 자연 재해라는 점이다. 사망자가 발생한 대규모 재난은 아니지만, 지진이 드문 한국에서 2016년 경주 지진에 이어 기상청 관측사상 역대 두 번째로 강한 규모로 기록되었고 경제적 피해액은 경주 지진의 5배가 넘었다. 뿐만 아니라 수도권이 아닌 지역에서 일어난 재난이기 때문에 지역 미디어와 중앙 미디어를 확연하게 분리해서 살펴볼 수 있다. 서울공화국이라고 불릴 정도로 정치, 경제, 사회 문화 등 모든 국가적 자원과 역량이 서울과 수도권에 집중된 상황에서 수도권에서 멀리 떨어져 있는 중소 도시는 사회적 인프라, 경제적 자립도 등 모든 측면에서 취약하고 소외된 지역 공동체다. 서울에서 멀리 떨어진 중소 도시에서 일어난 예상치 못했던 재난과 그 재난으로부터 회복 과정을 중앙 미디어와 지역 미디어에서 어떻게 다루고 있는지를 살펴보는 것은 의미가 있다.

이를 위해 포항 지진이 발생한 2017년 11월 15일부터 2018년 8월 15일까지 9개월 동안 포항 지진을 다룬 두 중앙지(〈조선일보〉, 〈한겨레〉)와 두 지역 미디어(〈경북일보〉, 〈포항뉴스〉)의 기사를 전수 수집했다. 〈조선일보〉와 〈한겨레〉는 정치적 지향이 각기 다른 대표적 중앙 미디어라는 점에서 선정하였다. 〈경북일보〉는 1990년 〈포항신문〉으로 시작해 2000년 제호를 현재의 이름으로 바꾼 포항에 본사를 둔 대표적 지역 미디어이고, 〈포항뉴스〉는 1999년에 창간한 소규모 인터넷 지역 미디어로 지역 소식을 전달하는 작은 미디어이기 때문에 선정하였다.[3] 중복되는 기사를 제외하고, 총 633개 기사가 지진이 일어난 날부터 2018년 8월 15일까지 포항 지진을 다루었다. 재난 직후와 재난 회복의 시기를 대략적으로 구분하기 위해 2017년 11월 15일부터 2017년 11월 24일까지를 기간 1(지진 직후)로, 이후 2018년 8월 15일까지를 기간 2(회복 기간)로 나누어 살펴보았다. 두 기간을 나누는 기준이 된 2017년 11월 24일은 수학능력시험 하루 전날 발생한 포항 지진으로 인해 1주일 미루어진 시험을 치른 날이다. 전체 기사 수와 기간별 분포는 표 1과 같다.

표 1에서 볼 수 있는 것처럼 대표적 지역 미디어인 〈경북일보〉가 포항 지진에 관해 가장 많은 기사를 발표했고, 이어서 중앙지인 〈한겨레〉, 〈조선일보〉, 소규모 지역 미디어인 〈포항뉴스〉순으로 지진 관련 기사

3 〈조선일보〉와 〈경북일보〉, 〈포항뉴스〉는 각 언론사의 웹사이트를 통해, 〈한겨레〉는 포털 사이트 다음을 이용해 정해진 기간 내 '포항 지진'이라는 검색어를 이용해 관련 기사를 모았다.

표 1 포항 지진에 대한 기사 수

	전체 기간	기간 1: 지진 직후	기간 2: 회복 기간
〈조선일보〉	72	34	38
〈한겨레〉	123	90	33
〈경북일보〉	403	142	261
〈포항뉴스〉	35	4	31
전체	633	270	363

를 생산했다. 〈조선일보〉는 지진 발생부터 미루어진 수능이 치러진 일주일 동안(기간 1) 나온 기사 수가 이후 9개월 동안(기간 2) 발표된 기사 수와 비슷했고, 〈한겨레〉의 경우 기간 1의 기사 수가 기간 2의 기사 수의 세 배에 달했다. 서울공화국 한국을 하나의 공동체로 보았을 때, 수도권에서 멀리 떨어진 지역 공동체는 소외된 지역이다. 어떤 재난이 수도권에서 발생하는지, 비수도권 지역에서 발생하는지에 따라 중앙 미디어와 대중의 관심은 많은 차이를 보인다. 태풍이 수도권을 관통할 것인지 아닌지가 주요 뉴스가 되고 전염병이 서울로 옮겨 퍼질 것인가가 초미의 관심사가 된다. 하지만 서울이 아닌 곳에서 일어난 재난은 미디어의 관심에서 빠르게 사라진다. 뿐만 아니라 재난에 비해 재난으로부터의 극복 과정은 뉴스 가치가 떨어지는 소재다. 오랜 기간 동안 이루어질 뿐 아니라, 그 과정이 특별히 극적이지 않기 때문이다. 하지만 지역 미디어, 특히 〈경북일보〉는 포항 지진에 대한 전국적 관심이 사라진 이후에도 관련 기사를 생산했다는 것을 알 수 있다. 재난에서 지역 공동체가 회복하는 기간 동안 지역 미디어는 중앙 미디어에 비해 상대적으로 더

많은 관심을 보였다고 해석할 수 있다.

포항 지진이 일어난 직후(기간 1) 지진에 대한 기사 역시 지역지인 〈경북일보〉가 가장 많이 실었고, 〈한겨레〉가 그 뒤를 이었다. 하지만 소규모 지역 미디어인 〈포항뉴스〉는 총 4개 기사만을 발표해 다른 미디어와 큰 차이를 보였다. 이는 재난 직후 혼란 상황에서 관련 뉴스 취재와 생산에 있어 소규모 지역 미디어가 처한 어려움을 짐작할 수 있게 하는 결과다. 기사를 살펴보면 〈경북일보〉는 지진 직후 독자로부터 제공받은 영상과 사진을 포함한 현황 기사를 소수 실었다. 하지만 포항이라는 지역 공동체 내부의 소식보다는 대통령을 포함한 중앙 정부의 지진에 대한 대책 발표, 지진 피해에 대한 외부의 구호 소식 등 지역 공동체 외부의 시각에서 포항 지진을 접근하는 기사가 많았다. 즉 지역 공동체에서 발생한 재난에 대해 공동체 구성원과 공동체의 시각과 목소리를 담은 기사가 상대적으로 적었다.

기간 2에도 지역 미디어인 〈경북일보〉가 포항 지진 소식을 가장 많이 다루었다. 지진 대비나 외국의 사례를 살펴본 시리즈 기사도 기획되었다. 유명인, 기업, 혹은 각종 기관 등의 성금, 후원 등에 관한 기사가 지진 발생 직후부터 연말까지 많이 실렸다. 포항의 기업이나 경제를 재건하기 위한 제도, 지원에 대한 소식과 지역을 기반으로 한 기업의 구호 노력에 대한 기사도 있었다. 지진의 여파나 복구 노력에 대한 부정적이거나 비판적인 기사는 적었고, 지역성을 강조하고 지역 공동체의 관점에 방점을 둔 기사 역시 많지 않았다. 이후 한동안 지역 미디어에서도 지진 관련 기사는 계속 잦아들었다가 2018년 지방 선거를 앞둔 시점부터 지진 관련 기사가 증가하기 시작했다. 지진 복구와 관련한 각종 공약, 정책, 혹은 중앙 정부에 대한 지원 요구 촉구에 관한 기사가 주를 이루었다. 또한 지열발전소 이슈가 본격화되면서 이에 관련한 기사도 증가했다. 기간 2 동안 중앙 미디어는 상대적으로 적은 양의 기사를 내보냈지만, 지역 경제에 대한 걱정과 비판 등 회복 과정의 문제점에 대한 비판적 기사와 함께, 지역 공동체 회복에 관한 외국의 사례를 소개한 긍정적 기사가 동시에 실렸다. 특히 〈한겨레〉의 경우 재난의 영향에 가장 취약한 독거노인들이 흥해읍의 위험한 건물에 고립되어 살고 있는 상황의 심각성을 지적하는 기사들과 재난으로부터의 지역 공동체 회복과 사회적 경제와의 관계를 다루는 분석 기사도 실었다. 지역 미디어가 아닌 중앙 미디어에서 포항 지진 후 지역 공동체의 경제, 시설, 제도의 복구뿐 아니라 사회적 복구에 관심을 보였다는 점에서 의미가 있다.

지역 미디어가 지진 이후에도 지진에 대한 관심을 유지한 것은 분명하지만 지역 공동체 회복의 초점이 공동체 내부보다는 중앙 정부에 초점이 맞추어져 있었다는 점에 주목할 필요가 있다. 각종 자원이 수도권에 비해 절대적으로 부족한 지역 공동체가 중앙 정부의 도움 없이 재난을 극복하는 것은 현실적으로 불가능하다. 하지만 재난이 일어난 직후부터 이후 회복 기간까지 포항 지역 공동체의 지역성이 드러나는 기사가 적었다는 점은 아쉽다. 지역 미디어는 지역 공동체가 머리를 맞대고 걱정하고 해결해야 하는 문제를 설정하고 공동체 구성원의 관심과 노력을 이끌어 내는 역할보다는 지원과 도움의 손길이 안팎에서 이어지는 상황과 지역 경제를 살리기 위한 제도적 노력을 소개하는 데 관심을 가져 매콤스가 제시한 네 가지 지역 미디어의 역할 중 지역 공동체의 치어리더에 가까운 역할을 수행하는 것으로 보인다.

커뮤니케이션 하부 구조 이론에 따르면 지역 미디어는 지역에 관련한 많은 이야기들을 제공하고 이를 이용하는 지역민, 지역 기관과 함께 지역 스토리텔링 네트워크를 형성한다. 지역성이 드러나는 풍부한 이야기들을 나누면서 지역 공동체의 유대감과 효능감이 증가할 수 있고, 이는 지역 공동체의 회복에 필수적인 요소로 작용할 수 있다. 하지만 포항 지진이라는 재난 상황과 그로부터의 극복 과정에서 포항 지역 미디어가 공동체의 회복을 위한 공동체의 이야기들을 풍부하게 생산했다고 보기에는 아쉬운 측면이 있다. 공식적인 정보원, 정부 기관, 특히 중앙 정부의 경제적 지원에 초점을 맞춘 기사가 많았고, 공동체의 취약한 주민, 크고 작은 지역 단체, 지역 지도자 등의 시각과 목소리가 담긴 지역성이 드러난 기사는 그리 많지 않았다. 하지만 다른 측면으로 생각해 보면 만약 포항 지역에 지역 미디어라는 것이 존재하지 않았다면 재난이 휩쓸고 간 바로 그 자리에서조차 재난의 이야기는 사라지고, 공동체의 회복 가능성은 요원했을 것이다. 재난이 지나간 지역에서 지역 미디어가 지역의 일원으로 지역 공동체가 함께 관심을 가져야 하는 공동체 회복의 주요 의제를 꾸준히 제기하고, 공동체의 유대감과 지역성을 회복하기 위한 노력을 기울일 때 폐허로부터 공동체 회복의 가능성이 높아질 것이다.

참고 문헌

김준희 · 장학종 (2018). "포항 지진 건축물 피해현황과 대책," 〈한국방재학회지〉, 18권 1호, pp.18~21.

박소연 · 윤상훈 (2017). "풍수해 재난회복력에 영향을 미치는 지역특성요인 규명," 〈국토연구〉, 3권, pp.59~73.

심홍진 · 이연경 · 김지현 · 김용찬 (2014). "지역민의 사회자본 형성 요인에 관한 연구," 〈한국언론학보〉, 58권 4호, pp.484~506.

양기근 (2011). "재난피해지역의 공동체 회복전략: AHP 기법을 이용한 우선순위 측정을 중심으로," 〈사회과학연구〉, 37권 2호, pp.73~96.

최원석 (2015. 4. 10). "세월호 사건 이후 안산지역 우울감 지수 1.68배," 〈의협신문〉. Retrieved from https://doctorsnews.co.kr/news/articleView.html?idxno=102946

홍덕화 · 구도완 (2009). "허베이 스피리트호 기름유출사고로 인한 사회갈등 — 갈등의 제도화와 공동체의 해체," 〈환경사회학연구 ECO〉, 13권 1호, pp.7~47.

Ball-Rokeach, S. J., Kim, Y. C., & Matei, S. (2001). "Storytelling neighborhood paths to belonging in diverse urban environments," *Communication Research* (28-4), pp.392~428.

Bosick, S. J. (2014). "Pushed out on my own: The impact of Hurricane Katrina in the lives of low-income emerging adults," *Sociological Perspectives (*58-2), pp. 243~263.

Flanagan, B. & Hallisey, E. (2011). "A social vulnerability index for disaster management," *Journal of Homeland Security and Emergency Management* (8-1), pp.1~22.

Houston, J. B., Spialek, M. L., Cox, J., Greenwood, M. M., & First, J. (2015). "The centrality of communication and media in fostering community resilience: A framework for assessment and intervention," *American Behavioral Scientist* (59-2), pp.270~283.

Kim, Y. C. & Ball-Rokeach, S. J. (2006). "Civic engagement from a communication infrastructure perspective," *Communication Theory*(16-2), pp.173~197.

Kim, Y. C., Ball-Rokeach, S. J., Cohen, E. L., & Jung, J. Y. (2002). "Communication infrastructure and civic action in crisis," In B. S. Greenberg (Ed.), *Communication and terrorism: Public and media responses to 9/11* (pp.286~303). Gresskill, NJ: Hamptomn.

Klinenberg, E. (2002). *Heat wave: A social autopsy of disaster in Chicago*. [홍경탁 옮김. 《폭염사회》. 글항아리. 2018].

Lau, J. T. F., Yang, X., Tsui, H. Y., Pang, E., & Wing, Y. K. (2006). "Positive mental health-related impacts of the SARS epidemic on the general public in Hong Kong and their associations with other negative impacts," *Journal of Infection* (53), pp.114~124.

Liebes, T. (1998). "Television's disaster marathons: A danager for democratic processes?" In T. Liebes, J. Curran, & E. Katz (Eds.), *Media, ritual and identity* (pp.71~86). London: Routledge.

McCombs, M. (1997). "Building consensus; The news media's agenda-setting roles," *Political Communication* (14), pp.433~443.

McGuire, B. & Hagan, P. (2007). "Disasters and communities: Understanding social resilience," *The Australian Journal of Emergency Management* (22-2), pp.16~20.

Norris, F., Stevens, S. P., Pfefferbaum, B., Wyche, K. F., & Pfefferbaum, R. L. (2008). "Community resilience as a metaphor, theory, set of capacities, and strategy for disaster readiness," *American Journal of Community Psychology* (41), pp.127~150.

Ramirez, M. & Peek-Asa, C. (2005). "Epdemiology of traumatic inquiries from earthquakes," *Epidemiologic Reviews* (27-10), pp.47~55.

Reynolds, B. & Seeger, M. W. (2005). "Crises and emergency risk communication as an integrative model," *Journal of Health Communication* (10), pp.43~55.

Riffe, D. & Stovall, J. G. (1989). "Diffusion of news of the shuttle disaster: What role of emotional response?," *Journalism Quarterly* (66), pp.551~560.

Schuster, M. A., Stein, B. D., Jaycox, L., Collins, R, L., Marshall, G. N., & Elliott, M. N., et al. (2001). "A national survey of stress reaction after the September 11, 2001 terrorist attack," *The New England Journal of Medicine* (345-20), pp. 1507~1512.

Seo, M., Sun, S., Merolla, A., & Zhang, S. (2012). "Willingness to help following the Sichuan earthquake: Modeling the effects of media involvement, stress, trust and relational resources," *Communication Research* (39-1), pp.3~25.

Smith, D. W., Christiansen, E. H., Vincent, R., & Hann, N. E. (1999). "Population effects of the bombin of Oklahoma City," *Journal of Oklahoma State Medical Association* (92), pp.193~198.

Solnit, R. (2009). *A paradise built in hell: The extraordinary communities that arise in disaster.* [정해영 · 정혜영 옮김.《이 폐허를 응시하라》. 펜타그램. 2018].

공동체 미디어와 일상

최성은

9

“ 공동체 미디어는 일상 미디어다. 일상과 공동체 미디어는 서로 상호 작용한다. 일상의 콘텐츠는 공동체 미디어 주체들이 공동체 미디어에 대한 진입의 용이성을 갖게 한다. 또한 일상의 주체들이 전하는 일상의 이야기들은 공동체 구성원과 공감과 공유를 갖게 한다. 그리고 일상은 제작 행위라는 미디어 실천의 지속성을 갖게 한다. ”

최성은은 전주시민미디어센터 소장이자 전북대학교 신문방송학과 겸임교수로, 공동체 미디어 제도와 실천에 대한 현장 활동과 연구를 하고 있다. 전북대학교 산업공학과를 졸업하고, 같은 대학 신문방송학과 대학원에서 석사와 박사 학위를 받았다. 책으로는《공동체 라디오》, 논문으로는 “영국공동체라디오 정책 고찰을 통한 국내 정책 개선 방안 모색을 위한 연구”(공저), “정규방송 도입이후 공동체라디오 운영구조 및 정책에 대한 평가적 고찰”(공저)이 있다.

공동체 미디어, 일상을 이야기하다

"36.5°±α 관악FM은 나, 너, 우리의 일상을 세상을 이야기하려 합니다."

관악공동체라디오의 홈페이지에 실린 방송국 소개 글이다. 일상이 공동체 라디오의 주요한 콘텐츠라는 것이다. 공동체 미디어를 논할 때 일상은 강조되는 개념이다. 흔히 공동체 미디어는 일상과 밀접한 미디어라고 규정한다(Howley, 2005: 2; Michael Meadows et al, 2007: 12). 최근 활성화되고 있는 마을 공동체 미디어[1] 역시 일상성을 중요한 요소로 규정한다. 예를 들어, 서울마을미디어센터는 마을 미디어의 주요 콘텐

[1] 마을 미디어는 공동체 미디어의 한 유형으로, 마을 미디어, 마을 공동체 미디어로 지칭된다. 현장에서는 주로 마을 미디어라는 용어가 사용된다(김영찬·반명진, 2018). 여기서는 이를 반영해 마을 미디어라고 표현한다.

츠를 주민들의 일상 이야기라 한다(서울마을미디어센터, 2016). 또 서울동북마을미디어네트워크는 마을 미디어를 일상의 이야기를 나누는 것으로 활동 규약에 규정한다. 마을 미디어 연구에서도 마을 미디어의 주요 콘텐츠가 마을 주민들의 일상이라고 분석한다(정용복, 2017). 언론 역시 공동체 미디어를 표현할 때 일상을 강조한다. 이처럼 대부분 공동체 미디어가 일상의 이야기를 나누는 공간이며, 공동체 미디어에 있어 일상의 이야기는 주요한 콘텐츠다.

일상을 이야기한다는 것이 공동체 미디어 실천에 어떤 의미가 있는가? 일반적으로 일상은 매일 되풀이 되는 삶이다. 그래서 일상은 우리에게 익숙하지만, 흔히 평범하면서도, 보잘것없는 것으로 치부되기도 한다. 앙리 르페브르Henri Lefebvre는 일상을 보잘것없는 무의미의 집합체로 설명한다. 그는 일상이란 "보잘것없으면서도 견고"하며, "무의미"하고, "사람들의 시간과 마음을 차지하지만 결코 언급될 필요가 없는" 것이라고 말한다(Lefebvre, 1968/2005: 78~79). 공동체 미디어가 표현하는 일상 역시 흔히 소소한 것으로 규정된다. 예를 들어 '소소한 이야기,' '소소한 일상'으로 표현된다(이상호, 2017: 19). 그런데 일상을 평범하고 소소하거나 하찮은 것으로 규정한다면, 공동체 미디어는 왜 이런 소소한 일상을 드러내는 것을 중요한 실천이라 말하는 걸까?

공동체 미디어와 일상: 사회 운동적 측면

공동체 미디어와 일상의 연관성은 신사회 운동 관점에서 이해된다. 신사회 운동은 일상생활과 관련된 사회적 문제를 해결하고자 하는 정치적 운동으로, 공동체 미디어의 출현과 확산에 많은 영향을 주었다. 1960년대 이후 전 세계적으로 신사회 운동의 전개와 함께 공동체 미디어를 포함한 다양한 대안 미디어가 확산되었다(김은규, 2003: 40; 박춘서, 2000: 192; 차재영, 2007: 68).

위르겐 하버마스는 신사회 운동을 '생활 세계의 식민화'에 대한 저항으로 설명한다. 그는 현대 사회를 경제-행정 복합체(시장과 정부)로 구성되는 '체계'와 공적 영역과 사적 영역으로 이뤄지는 '생활 세계(시민 공간과 일상생활)'로 나눈다. 근대화의 진전과 고도화에 따른 체계의 복합성 및 강제성의 증대는 생활 세계를 위협하는 병리 현상을 야기한다는 것이다(윤태영, 2005). 하버마스는 이러한 현상을 '생활 세계의 식민화'로 개념화한다. 이 생활 세계의 식민화에 맞설 수 있는 정치적 대안으로 환경·여성·평화·인권·공동체 운동 등과 같은 신사회 운동을 제시한다. 즉 신사회 운동은 체계가 생활 세계를 장악해 나가는 것에 대한 저항으로, 일상생활에 영향을 미치는 다양한 사회 문제를 일상의 주체인 시민들이 직접 참여해 해결해 나가는 것이다.

신사회 운동 관점에서 공동체 미디어는 기존 미디어가 사회적 문제를 제기해 여론을 형성시키는 데에만 머무는 데 반해 "담론 형성과 조직화, 대안적 실천이라는 집단적 실천으로써 공동체 차원의 사회 운동적 성격"(채영길, 2015: 96~97)을 갖게 함으로서 신사회 운동의 확산과 함께 확대되어 갔다. 이러한 흐름은 한국 사회에서도 비슷한 맥락으로 전개되었다(박춘서, 2000; 김은규, 2006).

신사회 운동 맥락에서 공동체 미디어와 일상의 관계는 일상을 '저항과 극복의 대상'으로 보는 비판적 관점과 맞닿아 있다. 대표적으로 르페브르는 일상의 소외 문제를 비판하면서 일상을 극복되어야 하는 대상으로 본다. 르페브르는 일상을 물질의 생산과 인간관계가 형성되는 삶의 공간이며, 동시에 자본주의의 억압과 착취가 자행되는 공간으로 규정한다. 그는 현대인의 구체적 삶이 현대의 기술 문명과 소비적 특성 때문에 끊임없이 소외당하고 불만 상태에 빠져 있는 것으로 포착한다(박재환, 2008: 28). 그래서 르페브르는 일상의 소외 문제를 비판하고 파편화된 인간으로서 일상인에게 일상의 혁명을 당부한다.

한국의 공동체 미디어와 일상: 공간, 주체 측면

한국의 초기 대안 미디어와 공동체 미디어는 일상과 분리되어 있었다. 일상보다는 사회적 의제에 집중하고 선전이나 홍보 활동에 집중되었다. 신사회 운동의 가치를 지향하지만 시민들과 분리되어 운동 진영의 가치를 전달하거나 일상적 측면보다는 사회 구조적 문제에 더 집중했다(박춘서, 2000; 김은규, 2006; 박채은, 2006). 대안 미디어의 필요성이 사회적 이슈들을 알려나가는 차원에서 제기되었기 때문에 미디어 생산의 주체 역시 대부분 의제를 가지고 있는 활동가들과 전문가들인 경우가 많았다. 이들은 일상보다는 거시적인 정치적 맥락과 연계된 내용들을 중심으로 일방적 전달과 정치적 측면을 강조했다. 공동체 라디오 역시 초기에는 이러한 경향을 보였다(박채은, 2006). 결국 공동체 미디어를 통해 신사회 운동의 가치를 전달하고자 했지만, 활동가 위주와 사회적 이슈를 중심으로 진행되는 과정에서 일상과 연계되지 못했다.

반면에 마을 미디어는 좀 더 일상과 밀착한다. 물론 초기에는 사회적 이슈나 소외된 주체를 강조하는 등 일상보다는 거시적 담론에 밀착된 측면이 있지만, 마을 미디어가 확산되면서 일상과 밀접해졌다. 마을 미디어가 일상에 더욱 가까워 진 요인은 첫째, 마을이라는 공간성에 있다. 공간적 맥락은 공동체 미디어 실천에 중요한 요소다. 여기서 공동체 미디어와 연관된 공간적 맥락은 추상적 공간이 아닌 구체적 공간, 즉 장소를 의미한다. 추상적인 공간과 달리 장소는 일상생활이 영위되는 구체적이고 한정된 물리적 영역이며, 사회적 관계가 이루어지는 곳이다. 예를 들어 대안 미디어가 지향하는 생활 세계와 제도화된 방송으로서 공동체 라디오의 지리적 영역은 추상적 공간성을 가진 개념이라면, 마을 미디어는 구체성을 띤 일상생활과 연계된 장소적 개념을 갖는다.

장소는 장소를 공유하는 사람들에게 연대감을 심어 주며, 공동의 기억과 정체성을 형성하게 한다(정현주, 2006). 장소는 장소를 기반으로 하는 공동의 경험과 감정을 창출해내며, 장소를 통한 연대 의식과 정체성의 공유는 이러한 장소감의 공유를 바탕으로 한다. 전 세계적으로 공동체 미디어는 특정 가치나 이슈를 공유하는 사회문화적 공동체와 함께 지리적 장소를 기반으로 하는 공동체를 포함하지만, 특정한 물리적 장소를 기반으로 하는 공동체 미디어가 일반적으로 더 보편화(차재영, 2007)되어 있는 것은 이러한 장소와 공동체 간의 관계성에 기인한다.

마을이라는 일상 영역으로 들어옴으로서 공동체 미디어는 일상과 밀접해졌다. 마을은 일상의 주체인 보통 사람들의 매일의 생활이 이뤄지는 곳으로 일상적 공간이다. 르페브르는 노동, 가정 또는 사생활, 그리고 여가 시간이라는 세 영역으로 일상생활이 이루어져 있다고 보았다(Lefebre, 1977a: 40; Lefebre, 1977b: 61; 강수택, 1998: 49 재인용). 박재환(2008: 26)은 일상은 비단 개인의 생활에만 한정되는 것은 아니라고 말한다. 개인이 속한 소집단은 물론 거대한 조직, 나아가 국가에서도 일상적 업무 수행은 매일같이 되풀이된다. 일상은 개인의 사생활뿐만 아니라 사회 각 부분을 가로질러서 매일의 생활이 이뤄지는 다차원적인 영역이다. 마을은 개인의 일과, 사생활, 여가의 대부분이 이뤄지는 공간이며, 사회의 다양한 일상적 업무가 수행되는 공간이다.

일상 영역과 가까워지면서 공동체 미디어가 양적으로 증가했다. 서울의 공동체 미디어는 2012년 5개에서 2016년 59개로 4년 만에 12배가 되었다. 전국적으로는 2017년 기준 215곳의 마을 미디어가 존재하는 것으로 나타났다(서울마을미디어지원센터, 2017a/2017b). 이희랑과 김희영(2017: 100) 역시 마을 미디어의 활성화를 촉진하는 중재적 조건으로 '마을의 장소성'을 꼽는다. 그들은 마을을 "인식 가능한 일상적 공간"으로 정의내리며, 마을이라는 공간은 한국의 공동체 미디어에 새롭게 나타난 특징으로 이러한 장소성을 토대로 마을 미디어가 작동된다고 설명하고 있다. 마을 미디어가 일상생활 공간인 마을로 들어오면서 짧은 기간에 양적 증가가 이뤄진 것은 이러한 장소성 때문이다.

마을 미디어가 일상에 가까워진 다음 요인은 주체의 변화다. 마을 미디어가 일상의 장소로 들어오면서 참여 주체가 활동가에서 보통의 시민 중심이 되고 범위도 확대되었다. 서울 마을 미디어의 경우 2012년 참여자가 609명에서 2016년 3520명으로 약 6배 늘어났으며 참여의 폭도 넓어졌다(서울마을미디어지원센터, 2017). 7개 공동체 라디오 방송사에 2016년 현재 565명의 자원봉사자가 활동하는 것(김병오 외, 2016)에 비하면 더 많은 주체들이 공동체 미디어에 참여하고 있다. 주체의 변화는 공동체 미디어의 성격과 정체성에 영향을 주었다. 서울 마을미디어네트워크의 활동을 분석한 강진숙·소유석(2016)은 마을 미디어가 개인들이 갖는 다양한 차이와 특이성이 원인이 되어 공동체 미디어를 구성하고 실천 행위를 할 뿐만 아니라, 다양한 집단적 실천 주체들이 모인 집합으로써 늘 역동적인 행위들을 이끌어 낼 가능성을 갖고 있다고 보았다. 다양한 주체들의 확대는 마을 미디어의 관심을 정치나 사회적 이슈보다는 공동체의 일상이나 관심사 같은 일상 콘텐츠의 확대로 이어진다. 마을 미디어 동작FM의 경우 초기에는 정치적 현안이라는 관심사가 주를 이루었으나, 참여자들이 늘어나면서 지역 주민의 일상적 생활의 영역으로 확대되었다(강진숙·소유석, 2016).

이처럼 마을 미디어는 일상성을 지닌 마을이라는 장소와 일상의 주체인 다양한 주민들의 참여로 패러다임 전환이 이루어졌다. 이는 마을 미디어의 "가장 두드러진 차별화의 지점이며 경쟁력의 기반"(이희랑·김희영, 2017)이면서, 동시에 한국의 공동체 미디어가 일상에 밀착하는 요인이다.

공동체 미디어와 일상의 변화

평범한 일상에서 특별한 일상으로

클레멘시아 로드리게즈Clemencia Rodriguez는 공동체 미디어가 참여자와 공동체의 일상의 의미를 전환시키며, 이러한 '전환 과정transformative processes'에 초점을 맞춰야 한다고 주장한다(Rodriguez, 2001). 전환 과정은 일상에 대한 의미를 새롭게 자각하는 것이다. 로드리게즈는 콜롬비아 여성들이 참여적 비디오 제작 과정에서 당연시되던 일상의 의미를 깨닫게 된다고 설명한다(Rodriguez, 2001: 119~120). 그에 따르면 비디오 제작 프로젝트에 참여했던 여성들은 자신들의 일상과 관련된 비디오를 제작하면서 당연하게 여겨졌던 일상생활의 풍경에 대해 주목하게 되고, 그것들이 자신과 공동체에 어떤 의미인지, 어떻게 인식되고 것인지에 대해 질문을 하고 새롭게 바라보게 되었다. 그 과정에서 일상은 배경에서 전경으로 전환되고, 자신들의 일상을 새롭게 자각하고 깨닫게 된다. 당연하게 주어졌던 것들에 대해 질문하게 되고, 그 과정을 통해 일상을 새롭게 규정하고 나아가 그것이 자신과 자신의 공동체에 어떤 의미인지를 인식하게 된 것이다. 공동체 미디어에 참여하는 과정을 통해 자신과 자신의 둘러싼 일상의 정체성을 깨닫게 되고 재구축하게 된 것이다.

평범한 일상은 보통 사람들이 공동체 미디어 실천에 참여하는 것 자체로도 새로운 의미를 갖게 된다. 크리스 애튼Chris Atton(2004)은 특히 일상에 대한 전환 과정을 주체와 제작 행위에 초점을 둔다. 그는 일상성이 갖는 평범함이 주체와 행위를 통해 새로운 의미를 갖게 됨을 설명한다. 그에 따르면, 보통 사람들(비전문가)이 생산자가 되어 대안 미디어의 일상적 제작 행위(미디어 실천)는 일상의 평범함을 가치 없고 진부한 것이 아니라 "이른바 상당한 중요성을 갖게 되는 일상성significant everyday"의 의미를 갖게 한다는 것이다. 그는 보통 사람들이 미디어 생산자가 되어 메시지를 제작하는 일상적 실천의 평범성은 부정적 의미의 사소함이 아니라 "'보통 사람들common people'이 생산적으로 이용한다는 긍정적 의미를 가리키는 뜻으로 평범성이라는 단어의 본래 의미를 되찾을 수 있다"고 말한다(Atton, 2004: 7~8). 공동체 미디어에 일상의 주체인 보통 사람들이 콘텐츠를 생산하는 것은 그들의 평범하고 소소한 일상이 중요한 일상이 된다는 것이다. 애튼은 평범함을 가진 일상의 의미는 일상의 극복이라는 저항성보다는 일상의 문화적 생산을 통한 창조성을 강조한다.

사적 담론에서 공적 담론으로: 일상의 가치 전환

공동체 미디어의 전환 과정은 또한 사적인 것으로 치부되는 일상의 이야기를 공적 담론으로 전환시킨다. 개인적, 파편화된 일상이 서로 연관성을 가지면서 개인의 영역에서 공동체의 영역 그리고 나아가 사회적 영역으로 확장된다. 마이클 메도스Michael Meadows 등(2009b)은 공동체 미디어는 평범한 일상을 가치 있는 뉴스로, 사회적 맥락과 연관된 거시적 담론으로 변환시킨다고 설명한다. 공동체 미디어는 참여자들을 미디어 생산과 운영의 주체로 변화시키며, 그들에게 권능을 부여하는데, 이 과정에서 "공동체 구성원들의 보이지 않거나 고려되지 않던 평범하고common 미세한micro한 지식과 정보들은 바람직하며good 거대한macro 상식과 의미로 전환되고 사소한 일들도 결국 사회 일반적 맥락 속에서 중요한 담론으로 전환시킨다"고 본다(Michael Meadows et al., 2009b; 채영길, 2015: 83~84). 공동체 미디어가 참여자들이 일상의 주체로 설 수 있게 힘을 부여하며, 평범한 일상의 이야기가 사회적 가치를 갖게 하며, 사적 담론을 사회적 맥락 안에서 공적 담론으로 바꿔 낸다는 것이다.

이러한 전환 과정은 단순히 일상이 공동체 미디어에 의해 발화되었다고 실행되지는 않는다. 개별적이고 파편화된 일상이 사회적 담론으로서 의미를 갖기 위해서는 유사한 일상의 경험을 갖는 다양한 주체들의 참여와 이들과의 지속적인 대화 그리고 공유가 필요하다. 즉 다양한 주체들의 참여와 공유의 네트워크를 통한 확장의 과정이 필요하다. 이러한 확장은 공동체 미디어가 "개별적인 미시장micro-spheres에서 중간장meso-spheres 단계를 거쳐 거시장macro-sphere으로 성장"(Carpentier et al., 2003; 채영길, 2015: 38)할 수 있게 해 준다. 이러한 과정을 거쳐 평범한 일상이 거시적 맥락이 되면서 사회의 중요한 담론으로 자리 잡을 수 있게 된다.

일상은 그 자체로 공유를 내포하고 있다. 애튼은 '평범하다'는 공유라는 의미가 있으며, 일상이라는 것은 일상적인 관심사(이야기, 내용)를 다룬다는 의미에 그치는 것이 아니라 그 내용을 자유롭게 공유하는 것이며 나아가 공유의 공간이 된다고 설명한다(Atton, 2004: 8). 대안 미디어에서 일상을 강조하는 것은 일상의 관심사뿐만 아니라 그것이 공동체에 의해 공유되는 행위와 공간을 의미한다는 것이다. 일상적인 것은 많은 주체들의 참여와 공유가 가능하게 되며, 이러한 참여와 공유를 통해 보통의 일상이 공적 담론으로 전환된다.

실천을 통한 일상의 변화

공동체 미디어는 일상의 변화를 지향한다. 여기서 변화는 단순히 일상의 의미를 새롭게 자각하고, 일상이 뉴스로서 가치가 있다는 것만이 아니다. 공동체 미디어에 참여하는 주체들과 공동체의 일상의 변화를 이끌어 내고 나아가 사회의 변화를 이끌어 내는 것이다. 개인과 공동체와 관련된 일상의 여러 부조리와 문제들을 해결해 낼 수 있는 실질적인 변화를 의미한다.

그러나 일상은 바꾸기 어렵다. 일상의 시간적인 지속성은 일상의 보수성과 저항성을 갖게 한다. 반복적이고 지속된 것들은 바꾸기 힘들다는 것이다. 르페브르의 말처럼 일상은 변화되어야 할 대상이지만 바꾸기 어렵다(박재환, 1994: 25). 그래서 르페브르는 지속적이고 반복적인 일상의 실천을 강조한다(강수택, 1998: 62~64).

지속적이고 반복적인 실천을 위해서는 공동체 미디어에 대한 참여와 일상의 실천이 함께 이루어져야 한다. 수라얀 무커지아Sourayan Mookrjea(2009)는 공동체 미디어 활동에서 참여와 일상을 구분하는 것은 큰 의미가 없다고 주장한다(채영길, 2015: 64). 인도 농촌 여성 인권 운동 과정에서 공동체 미디어의 활용에 대한 분석을 통해 무커지아(2009)는 공동체 미디어는 외부 전문가를 통해 그들의 문제를 드러내는 결과물(공동체 구성원들은 사물화되고 문제 해결의 대상화되는)이 아니라, 내부자로서 자신들의 언어, 삶의 방식과 문제점들을 그들의 목소리로 재현함으로써 문제 해결의 방식과 주체를 동일화하는 과정이라고 말한다. 공동체 미디어에 대한 참여와 일상의 경계를 구분하기보다는 참여자들이 공동체 구성원으로서 자신의 삶과 공동체의 삶에 대한 문제를 해결하는 일상의 실천을 공동체 미디어를 통해서 실현해 나감으로서 일상이 곧 참여이고, 참여가 곧 일상이 되는 것을 의미한다.

공동체 미디어의 실천은 또한 다른 집단과 사회와의 연계를 통해 이루어진다. 카펜터 등(2007)은 이를 리좀rhizome 개념으로 설명한다(Carpentier et al., 2007: 230~231). 공동체 미디어가 일종의 네트워크 미디어와 같은 역할을 하면서 지역 공동체 구성원들을 직접 조직화하여 다양한 지역과 더 넓은 시민 사회 조직들과 접속을 만들어 내는 것이다. 이러한 리좀적 형태의 네트워크 미디어는 여성, 농민, 학생 그리고 반인종 차별 운동들처럼 서로 다른 유형의 운동과 투쟁들이 만나고 협력하는 장소인 교차로로 기능함으로써 연대를 촉진시키는 역할을 수행한다. 이때 공동체 미디어의 참여자 개개인은 네트워크의 발단이자 중간자가 된다. 이렇게 함으로써 "분절된 개인이 집단화되며 그 과정에서 미시적인 공동체에서 거시적인 시민 사회 공동체로 발전할 수 있게 되는 핵심적 연결 지점들이 만들어진다"(채영길, 2015: 38). 개인과 공동체와 관련된 일상에 대한 사회적 차원의 변화를 위해서는 공동체 미디어와 참여자들이 다른 구성원들과의 연계를 만드는 실천적 과정이 있어야 한다.

일상 콘텐츠가 공동체 미디어 실천에 미치는 특징

공동체 미디어에 대한 대중적 접근과 확산

일상 콘텐츠는 공동체 미디어에 쉽게 참여할 수 있게 한다. 공동체 미디어는 누구나 접근할 수 있고, 누구나 콘텐츠를 만들 수 있다고 한다. 그러나 누구나 처음부터 손쉽게 콘텐츠를 만들기는 어렵다. 실제 공동체 미디어에 관심이 있거나 제작 교육을 받아도 후속 활동으로 이어지는 것은 쉽지 않다. 미디어 콘텐츠를 제작했던 경험이 있으면 있는 대로, 없으면 없는 대로 어려워한다. 〈전주 평화동마을신문〉 김수돈 편집인은 마을 신문에 관심 있어 참여하려는 사람들이 교육을 받고 난 후 기사를 쓰라고 하면 부담감을 갖는다고 이야기한다.

> "기자로서 뭔가 취재를 하고 기사를 쓴다는 그 자체 [……] 큰 이야기든 작은 이야기든, 내가 취재를 해서 기사화해야 한다, 이것이 지면에 나온다는 것에 대한 부담감, 잘하지 못할 거야 하는 그런 생각이 있어요." (김수돈, 〈전주 평화동 마을신문〉 편집인).

마을 미디어 콘텐츠 제작을 어려워하고 부담감을 갖는 것은 라디오 방송도 마찬가지다. 서울 마을 미디어 참여자들 인터뷰를 보면, 마을 미디어 활동에 관심과 흥미를 느끼더라도 방송 제작에 어려움이 있다고 한다(서울마을미디어지원센터, 2018: 26, 38). 더구나 사회적 이슈나 시사적인 사안을 방송이나 신문 기사화하는 것은 어렵다. 마을의 이슈를 다루는 것도 마찬가지다. 사회나 지역에 대해 꾸준히 관심을 가지고 지켜보지 않았다면 다루기 어렵다. 흔히 공동체 미디어 이론이나 교육에서는 공동체 미디어가 공동체 변화를 위해 지역의 문제를 다루거나 공론장 역할을 해야 한다고 한다. 하지만 참여자의 입장에서 보면 단 몇 주간의 교육을 받고 그런 콘텐츠를 만들어 내는 것은 쉽지 않다(같은 책, 64). 지역에 대한 관심뿐만 아니라 다양한 시각으로 바라보고, 중재해낼 수 있는 능력도 필요하다. 그러나 그런 능력은 하루아침에 이뤄질 수 없다.

또한 많은 참여자들이 마을 미디어에 대해 처음부터 공동체의 변화나 사회적 이슈를 다뤄야겠다는 생각을 가지고 시작하지는 않는다. 때론 색다른 취미와 콘텐츠 제작에 대한 개인적이고 소박한 욕구에서 참여한다(박채은, 2006: 62; 정용복, 2017: 166). 이런 동기를 가지고 시작하는 참여자들에게 공동체 미디어의 사회적 역할을 강조하면 거부감을 가질 수 있고, 어려워한다.

반면에 일상 이야기는 콘텐츠 제작의 진입 장벽을 낮춰 누구나 콘텐츠를 만들 수 있게 한다. 어려운 이야기 말고 자신의 일상 이야기를 풀어나가게 하면 제작 활동에 더 쉽게 참여할 수 있다.

> "귀농한 기자의 경우 귀농 일기를 쓰게 했어요. 왜냐하면 자기가 취재할 수 있는 게 별로 없는 거예요. 그렇게 했더니 점점 하다가 '누구 인터뷰해야 합니다.' 그러면 '제가 할게요'라면서 점점 영역을 넓혀 가는 거죠. 또 다른 기자 같은 경우에는 처음에 하도 글 쓰는 것을 힘들어해서, 컴퓨터를 고치는 사람이라 컴퓨터에 관한 상식을 알려 주라고 했고 그렇게 정리해서 짧게 쓰기 시작했어요. 그러다가 〈생활 체육의 발견〉 관련해서 인터뷰하는 것을 연습하고 그렇게 조금씩 영역이 넓어졌지요." (김수돈, 〈전주 평화동마을신문〉 편집인).

이처럼 자신의 일상과 관련된 이야기가 마을 미디어 활동의 시작점이 된다. 결국 일상의 이야기는 마을 미디어 참여자가 확대될 수 있도록 하는 것이다. 참여자 확대는 공동체 미디어가 활성화 되는 것이며 대중화되는 것이다.

일상에 대한 접근은 콘텐츠 다양성에도 도움을 준다. 일상은 개인의 사생활뿐만 아니라 사회 각 부분을 가로질러서 매일의 생활이 이뤄지는 다차원적인 영역이다. 다양한 주체들의 다차원적인 일상이 공동체 미디어의 콘텐츠가 된다. 서울마을미디어지원센터는 그래서 참여자들이 좋아하는 내용, 이주민들의 모국어 방송, 주민 초대 방송 등 다양한 주체들의 다양한 일상을 채워 나가는 모든 것이 마을 미디어의 주제와 내용이 된다고 강조한다(서울마을미디어지원센터, 2016: 131).

르페브르의 말처럼 일상생활은 일과 가정생활, 여가 시간을 관통하는 것이므로, 다양한 일상생활이 존재한다. 일상생활 속에서 갖는 신변잡기적 내용 외에도 자신의 관심사도 일상의 콘텐츠가 된다. 일상은 또한 개인에게만 국한되는 것이 아니므로 마을, 학교, 직장을 포함한 사회의 각 수준에서 찾을 수 있다.

공감과 공유를 통한 확산

일상 콘텐츠는 전달 주체와 콘텐츠에 대한 친밀성을 높여 공감대를 형성하게 한다. 청취자나 독자로 하여금 동질감을 느끼게 해 콘텐츠에 대한 몰입도와 공감을 높인다. 수용자와 생산자가 같은 일상에서 느끼는 감정을 공유하게 되는 것이다. 김수돈 편집인 역시 주민들이 마을 신문의 일상 이야기에 관심을 갖는다고 이야기한다.

"역시 생활 주변의 기사들에 관심 있어 합니다. 우리 동네의 일. 일단

1차적으로 현실적으로 자기들이 쉽게 눈에 발견할 수 있고, 쉽게 접근할 수 있고, 또 한 측면은 그런 것들을 제도 언론이 다뤄 주지 않는다는 것에 대한 아쉬움. 이런 것을 누가 채워 줘야 한다는 생각을 하게 되는 거지요." (김수돈, 〈전주 평화동마을신문〉 편집인)

서울마을미디어지원센터 역시 마을 라디오의 콘텐츠가 일상의 이야기여서 공감대가 크고, 재미있다고 설명하고 있다(서울마을미디어지원센터, 2016: 12~13). 마을 미디어는 일상의 주체인 방송 참여자들의 일상적 콘텐츠를 주로 다루는데, 일상적 콘텐츠가 청취자들에게 공감대를 형성한다는 것이다. 방송의 주체와 청취자의 동질감이 형성되는 것이다. 마이클 메도스 등의 호주 공동체 방송 청취자들에 대한 연구 역시 동일한 결과를 보인다. 이 연구에 따르면 호주 전역의 공동체 방송 시청자들은 공동체 미디어에서 '평범한,' '일상'을 강조하는 것으로 나타났다(Meadows et al., 2007: 151). 수용자들이 공동체 미디어의 일상성을 중요하게 여긴다는 것이다. 청취자들은 방송 진행자가 자신들과 동일하거나 비슷하게 여기며, 그러한 방송 스타일에 편안함과 친밀감을 느낀다는 것이다. 이러한 동질성은 청취자들로 하여금 분리되어 있지 않다는 느낌을 갖게 한다. 친밀감을 느끼게 하는 일상의 주체가 전하는 일상의 이야기는 공감대를 형성하게 만드는 역할을 한다.

일상의 콘텐츠는 공감을 넘어 공유로 이어진다. 공유는 콘텐츠에 대한 확산이다. 사람들은 공감을 하게 되면 공유를 한다. 소셜 미디어를 통해 공유를 하는 경향이 많다. 라디오나 영상 유형의 마을 미디어들은 주로 SNS나 팟캐스트를 통해 유통된다. 마을 미디어 라디오·팟캐스트의 경우 평균 월 5만 명 이상, 영상의 경우 유튜브나 페이스북에 올리는 데 매달 300명 이상이 마을 미디어 콘텐츠를 본다(서울마을미디어지원센터, 2017). 김수돈 편집인은 이를 마을 미디어의 단계라 설명한다.

> "마을 미디어는 그런 큰일들이 아니고 작은 일들, 정말 옆집 사람 일, 내 일, 저 옆동네 사람 일, 그 사람들의 일이 어떻게 벌어지고 있고 어떻게 살아가고 있는지 거기서 공감할 수 있느냐, 그래서 1차적으로 휴머니티에서 2차적으로는 공감, 그리고 세 번째로는 이게 확산되고 공유되는 것. 그렇게 초점을 맞추고 있지 않나 싶어요. 자연스럽게 그렇게 이뤄지고 있는 것 같아요." (김수돈, 〈전주 평화동마을신문〉 편집인)

내 이야기와 비슷하니까 공감을 갖게 되고, 그러면서 점점 공유되고 확산된다는 것이다. 공유는 일상의 의미를 새롭게 전환시킨다. 애튼이 언급한 것처럼 공감이 공유로 이어지므로 일상의 평범함은 평범함을 넘어 중요한 의미를 갖는 일상성이 된다(Atton, 2004: 8). 공동체 미디어에서 일상의 주체가 일상의 이야기를 나눈다는 것은 일상 또는 일상적인 관심사를 다룬다는 것을 넘어 이 일상의 콘텐츠를 통해 구성되는 공감과 공유를 통해 일상이 새로운 의미를 갖게 된다. 이는 공동체 미디어가 제작 주체를 넘어 공동체와 사회로 확산되게 한다.

실천의 지속성과 확장성 그리고 변화 가능성 발견

공동체 미디어 실천에 있어 지속 가능한 모델을 만드는 것은 중요하다. 공동체 미디어가 다양한 사회적 역할을 수행(최성은, 2014)할 수 있는 잠재력을 지니고 있지만, 지속하지 못하면 이를 실현할 수 없다. 전 세계에 수많은 공동체 미디어가 있지만 지속성을 담보해내지 못해 사라지는 경우가 많다. 한국의 공동체 라디오와 마을 미디어들 역시 지속성을 위한 다양한 고민을 하고 있다(미디액트, 2014).

공동체 미디어 지속적 실천의 기본은 콘텐츠 생산의 지속성이다. 물론 공동체 미디어에 있어 콘텐츠 제작이 가장 중요한 목적은 아니다(Forde et al., 2003: 317). 공동체 미디어는 콘텐츠 외에 다양한 상호 관계를 만들어 내는 것도 중요하다. 하지만 콘텐츠 제작은 가장 기본적인 참여이며, 지속적인 콘텐츠를 만들어 내지 못하면 공동체 미디어가 지향하는 목적을 이뤄 낼 수 없다. 콘텐츠가 일정 기간 이상 지속되어야 전달력과 파급력을 가질 수 있다. 서울 강서FM 마을 미디어 김지혜 국장은 "콘텐츠가 3년쯤 지속될 때, 내용이 탄탄할 때, 어디에서도 들을 수 없는 내용일 때 콘텐츠 자체가 힘을 갖는다"며(서울마을미디어지원센터, 2018: 40), 콘텐츠가 일정한 주기로 지속되어야 함을 강조한다. 방송이 주기적으로 지속되어야 효과가 있다는 것이다.

하지만 지속적인 콘텐츠를 생산해내는 것이 쉬운 일이 아니다. 주류 미디어처럼 늘 새로운 이슈를 발굴해내기도 어렵다. 참여자들 대부분 생업이 있다 보니 별도의 시간을 내기도 쉽지 않다. 반면에 일상은 우리가 매일매일 겪는 삶에서, 지속적인 콘텐츠를 생산해 낼 수 있는 토대가 된다. 참여자가 잘 알고 체험하는 내용이어서 이야깃거리가 많다.

지속적인 콘텐츠를 만들어 내지 못하면, 참여자들의 지속성 역시 담보해낼 수 없다. 공동체 라디오 자원 활동가들은 보통 6개월을 주기로 그만두는 경우가 많았다(이은주 외, 2010). 시청자 참여 프로그램에 대한 평가 역시 제작자의 지속성이 확보되지 못해, 콘텐츠의 지속성도 사회적 효과도 이뤄 내지 못한 경우가 많다(최성은, 2016). 공동체 미디어가 일상의 의제를 사회화함으로써 변화를 이끌어 내려면 지속적 활동이 되어야 한다. 지속적 활동은 참여자들의 관심을 자신의 일상에서, 주변 사람들, 마을이나 동네의 일상으로 넓어지게 한다.

> "참여자들이 처음에는 개인의 일상을 이야기하지만, 시간이 지나면서 점차 이웃 그리고 동네와 마을 그리고 지역의 일상에 대한 부분으로 관심을 넓혀나가요." (송덕호, 마포FM 본부장)

> "관심사가 점점 더 넓어지는 거죠. 취재할 수 있는 범위도 넓어지고, 자기 역량도 좀 커지고, 자신감도 생기고." (김수돈, 〈전주 평화동마을신문〉 편집인)

> "일상의 이야기를 하다 보면 동네에 대해 고민하게 되고, 왜 그럴까 생각해 보게 되거든요. 방송을 지속하려면 콘텐츠가 필요한데, 소스를 찾고 원고를 쓰는 과정 안에서 이웃과 동네에 대한 관심이 생길 수밖에 없다는 게 저는 가장 큰 거인 것 같아요." (고영준, 마을 미디어 교육 활동가)

마을 미디어 콘텐츠를 생산하기 위해 활동을 하다 보면, 강요하지 않아도 내 일상에서 타인의 일상으로 그리고 동네의 일상으로 관심을 넓혀나가게 되고, 또한 무관심하게 여겨졌던 일상의 이야기들이 왜 그런지 생각하게 된다는 것이다. 방송이나 기사를 쓰려면 소재를 모아야 하는데 이 과정에서 자연스럽게 이웃이나 동네에 관심이 생기게 된다. 마을 미디어 참여자들 역시 지속적 활동을 통해 일상의 관심이 넓혀져 가는 것에 대해서 공통적으로 언급한다(서울마을미디어지원센터, 2018). 이는 강진숙과 소유석(2016)의 연구에서도 확인된다. 프로그램이 지속되면서 이웃의 일이 '남 일이 아니라는 생각,' '다른 사람들에 대한 관심'으로 이어진다. 또한 같은 일상을 살아가지만 소외된 사람들의 목소리를 공동체 라디오를 통해 전달함으로써 '일상'을 새롭게 구축한다. 로드리게즈(2001)가 언급한 것처럼 무심코 지나쳤던 일상을 새롭게 자각하고 깨닫게 된다. 자신과 자신을 둘러싼 일상의 정체성을 깨닫게 되고 일상의 의미를 재구축하게 된다.

일상에 대한 새로운 자각은 자신의 일상이 동떨어져 있는 것이 아니라 타인과 공동체 그리고 사회와 연결되어 있음을 알게 된다. 예를 들어 내 아이의 보육에 관한 일이 이웃의 아이의 일이고, 나아가 지역 사회나 국가적인 보육 의제와 연결되어 있어 있는 것이다. 결국 내 일상이 거시적 맥락에서 사회와 연결되어 있다는 것을 깨닫게 되는 것이다(서울마을미디어지원센터, 2018: 30, 284~285). 이러한 연결은 사소하고 미세한 것처럼 보이던 개인의 일상이 거시적 사회의 맥락 속에서 존재하는 것이며, 중요한 담론으로 전환시켜 준다. 결국 개인의 문제가 사회적 맥락 속에서 재의미화되면서 사적 담론이 공적 담론화되어 간다.

일상 콘텐츠를 통한 지속적 제작 실천은 다른 실천으로 나아가게 한다. 방송 스튜디오나 신문 지면에만 머무르지 않고 다양한 정치적, 사회문화적 실천으로 이어지게 한다. 공개 방송, 음악회, 축제와 연계된 행사 등 지역의 문화 행사나 토론회, 선거 방송 같은 실천으로 확장된다.

> "평화동 마을 신문에 우리 지역에서 고민해야 할 시리즈가 있었어요. [……] 한번 회의 때 한 기자가 '한 아파트 거기가 너무 오래돼서 낡고 우범화되어 있다, 여기를 기사로 한번 다루자'라고 고민을 하다가, '여기가 왜 어둡냐,' '가로등도 다 낡았고,' 그런데 거기가 학생들이 꼭 지나가야 되는 곳인가 봐요. 그래서 부모님들도 걱정이 많고, '그럼 우리가 여길 좀 더 활성화시킬 수 없을까'라는 이야기를 하다가, 벽화를 그려 보자는 거하고 연결이 됐죠. 그래서 그림 한번 그려본 적이 없는 사람들이 뭘 그릴지 회의부터 시작해서 지역의 문화 예술인들이 와서 교육도 받고, 또 예산 마련에 대한 고민도 하고, 아파트도 찾아가고 주민센터도 찾아가고 [……] 원래 이런 걸 했던 분들이 아닌데 마을 신문을 하다 보니 이 부분까지 가게 된 거고. [……] 벽화를 그리는 날 100명이 넘는 사람들이 왔어요. 마을 사람들이 그때 깜짝 놀라면서 즐거워했어요. 그러면서 이분들이 재미를 갖게 된 거죠. '마을 신문이 공동체 활동으로 이어질 수 있는 거구나'라는 생각이 들었죠." (고영준, 마을 미디어 교육 활동가)

지속적 참여는 마을 미디어 콘텐츠 생산을 위한 활동에만 머무르지 않고 지역에 대한 고민과 관심으로 확장되는 과정을 거치고, 이 과정에서 공동체와 연결된 문화적 실천으로 이어진다. 이런 실천을 통해 공동체 활동이나 공동체와 연계가 자연스럽게 이뤄진다. 연계는 개인적 실천을 집단적 실천으로 바꾸어 준다. 그러면서 공동체의 변화, 일상의 변화에 대한 가능성과 욕구를 발견하게 된다. 공동체 미디어는 일상생활 속의 실천을 통해 다양한 사회적 '변화를 추구해야 한다'는 강요가 아니라 '변화를 시킬 수 도 있구나'라는 '변화의 가능성'을 발견하게 된다.

일상 콘텐츠 생산이라는 지속적 실천은 참여자와 공동체 내에서 평범한 일상의 문제들을 사회 속 거대 담론의 맥락과 연계한 공적 담론으로 전환시켜 주며, 일상의 여러 부조리와 문제들을 변화시킬 수 있는 가능성을 깨닫게 한다. 일상에서 미디어 제작 과정에 지속적 그리고 적극적으로 참여함으로써 정치적, 사회적, 문화적 맥락 속에서 일상의 변화와 변환을 이끌어 낼 수 있다.

소소한 일상이 아닌 특별한 일상이 되는 공동체 미디어

공동체 미디어는 일상 미디어다. 일상과 공동체 미디어는 서로 상호작용한다. 일상의 콘텐츠는 공동체 미디어 주체들이 공동체 미디어에 대한 진입의 용이성을 갖게 한다. 또한 일상의 주체들이 전하는 일상의 이야기들은 공동체 구성원들과 공감과 공유를 갖게 한다. 그리고 일상은 제작 행위라는 미디어 실천의 지속성을 갖게 한다. 이런 지속성은 개인의 일상에서 이웃과 공동체의 일상으로 범위가 넓어지며, 공동체와의 연계 속에서 다양한 정치, 사회, 문화적 일상의 실천으로 확장된다. 실천은 개인의 실천을 넘어 공동체 구성원들과의 연계를 통해 집단적 실천으로 확대되어 간다. 이 과정에서 일상의 변화 가능성을 발견하게 된다. 변화의 가능성에 대한 발견은 공동체 주체들로 하여금 일상생활과 밀접한 미디어의 가치와 필요성을 느끼게 해 준다. 참여가 곧 일상의 실천이 될 수 있다는 것을 알게 해 준다.

그리고 공동체 미디어는 이러한 과정들을 매개하고 힘을 주는 역할을 한다. 이러한 상호 작용은 일상이 평범함과 소소함을 넘어 특별한 가치를 갖게 한다. 당연시 여겨졌던 일상의 풍경은 더 이상 무의미한 것이 아닌 새로운 의미와 정체성을 지닌 일상이 된다. 매일 반복되는 그래서 무의미하게 여겨졌던 일상이 공동체 미디어 실천을 통해 새롭게 인식된다. 개인적 일상은 나와 연결된 이웃과 공동체 그리고 사회의 일상에서 중요한 담론이 된다. 그리고 개인과 공동체를 변화시킬 수 있는 가능성을 가진 특별한 힘을 가진 일상이 된다. 일상은 평범하고 소소한 것이 아닌 특별함이다.

참고 문헌

강수택 (1994). "일상생활이론의 비교연구: 사회학적 분석에서 나타난 주요 주제들을 중심으로," 〈한국사회학〉, 제28집, pp.85~118.

강수택 (1998).《일상생활의 패러다임: 현대사회학의 이해》. 민음사. 1998.

강진숙 · 소유석 (2016). "공동체 라디오 동작FM의 다중참여와 실천사례 연구," 〈한국언론학보〉, 60(5), pp.292~318.

김병오 · 안병천 · 최성은 · 권효정(2016). 〈지역미디어의 활동 현황과 활성화방안연구〉, 방송통신위원회.

김영찬 · 반명진 (2018). "지역공동체 구성원들의 공동체미디어 실천에 대한 고찰," 〈한국언론학보〉, 62(3), pp.277~308.

김은규 (2003).《시민미디어론》. 커뮤니케이션북스.

김은규 (2006). “한국 대안적 공론장의 변화과정과 추동요인에 대한 고찰,” 〈한국언론정보학보〉, 33호, pp.87～114.

미디액트 (2014). 〈전국 마을미디어 팔도유람 — 마을미디어의 현황과 과제〉, 미디액트 개관 12주년 기념 라운드테이블 토론집.

박재환 (1994). 《일상생활의 사회학》. 한울아카데미.

박재환 (2008). 《일상생활의 사회학적 이해》. 한울아카데미.

박채은 (2006). 〈임파워먼트를 위한 소통: 대안미디어에 참여하는 사람들의 경험과 변화〉. 서울대학교 언론정보학과 석사 학위 논문.

박춘서 (2000). “시민운동과 대안언론,” 〈한국언론학보〉, 44(3), pp.190～221.

서울마을미디어지원센터 (2016). 《마을미디어교재 첫걸음 시리즈 — 마을라디오 첫걸음》. 서울마을미디어지원센터.

서울마을미디어지원센터 (2017a). 〈2016 마을미디어 연간보고서〉.

서울마을미디어지원센터 (2017b). 〈2017 마을공동체미디어 포럼 자료집〉.

서울마을미디어지원센터 (2018). 《마을미디어 대표선수를 만나다》. 서울마을미디어지원센터,

윤태영 (2005). “시민미디어개념의 다원성과 이데올로기에 대한 연구,” 〈언론과학연구〉, 5(2), pp.308-341.

이상호 (2017). “마을미디어, 양적 성장 넘어 ‘마을공론장’으로,” 2017 동북마을미디어네트워크 축제 토론집, 동북마을미디어네트워크 · 성북마을미디어지원센터.

이은주 · 윤현영 · 성윤택 · 김슬기 (2010). “공동체라디오 방송 평가 및 정책방안 연구,” 방송통신위원회.

이희랑 · 김희영 (2017). “마을미디어 실천에 대한 탐색적 연구,” 〈한국언론정보학보〉, 81, pp.75～121.

정용복 (2017). “마을공동체미디어 생산자의 미디어 경험에 관한 탐색적 연구,” 〈한국언론정보학보〉, 81, pp.153～186.

정현주 (2006). “사회운동의 공간성: 사회운동연구에 있어서 지리학적 기여에 대한 탐색,” 〈대한지리학회지〉, 41(4), pp470～490.

차재영 (2007). “지역공동체 라디오와 지역대학의 역할,” 〈사회과학연구〉, 18, pp.67～81.

채영길 (2015). 《커뮤니티 미디어 이론과 실천》. 커뮤니케이션북스.

최성은 (2014). 《공동체라디오》. 커뮤니케이션북스.

최성은 (2016). “지역 케이블 방송을 통한 새로운 시민참여 실험,” 〈우리동네 TV,

ACT!〉, 98호, 미디액트.

Atton, C. (2004). *An Alternative Internet*. Edinburgh University Press.

Carpentier, N., Lie, R., & Servaes, J. (2003). "Community Media: muting the democratic media discourse?," *Journal of Media & Cultural Studies*, Vol. 17, No. 1. pp.51～68.

Carpentier, N., Lie, R., & Servaes, J. (2007). "Multitheoretical approaches to community media: Capturing specificity and diversity," In L. K. Fuller (Ed.), *Community media* (pp.219～235). NY: Palgrave Macmillan.

Forde, S., Foxwell, K., & Meadows, M. (2003). "Through the Lens of the Local: Public Arena Journalism in the Australian Community Broadcasting Sector," *Journalism: Theory, Practice and Criticism*, 4(3), pp.314～335.

Howley, K. (2005). *Community media ; people, place & communications technology*, Cambridge University Press, NY: New York.

Howley, K. (2009). *Understanding Community Media*. Sage, CA: Thousand Oaks.

Lefebvre, H. (1968). *La Vie Quotidinne Dans le Monde Moderne*. [박정자 옮김.《현대세계의 일상성》. 기파랑. 2005].

Lefèbvre, H. (1977a). *Kritik des Alltagslebens*, Bd. 1, Kronberg/Taunus: Athe näum Verlag.

Lefèbvre, H. (1977b). *Kritik des Alltagslebens*, Bd. U, Kronberg/Taunus: Athenäum Verlag.

Meadows, M., et al. (2007). Community Media Matters: An audience study of the Australian community broadcasting sector. url: https://www.cbaa.org.au/article/community-media-matters.

Meadows, Forde, S., Ewart, J., & Foxwell, K. (2009a). "A Catalyst for Change? Australian Community Broadcasting Audiences Fight Back Janey Gordon (ed.), *Notions of Community: A collection of community media debates and dilemmas*, Peter Lang AG.

Meadows, M., Forde, S., Ewart, J., & Foxwell, K. (2009b). "Making good sense: Transformative process in community journalism," *Journalism*, 10(2), pp.155～170.

Mookerjea, S. (2009), "Dalitbahujan Women's Autonomous Video," In K. Howely (Ed.), *Understanding Community Media* (200～209). Sage, CA: Thousand Oaks.

Rodriguez, C. (2001). *Fissures in the mediascape: An international study of citizens' media*. Cresskill, NJ: Hampton Press.

마을 미디어는 공동체 변화에 어떻게 기여하는가

서울 마을 미디어를 중심으로

정은경

10

“마을 미디어가 1인 미디어와 다른 점은 혼자가 아니라 '연대'로 이어진다는 것이다. 각자가 속한 공동체 안에서 위로와 공감을 얻고 공동체 내에서의 연대와 소통을 강화하는 수단이 된다.”

정은경은 미디액트 마을·공동체미디어지원실장으로 서울시 마을 미디어 활성화 사업 운영 실무를 맡고 있다. 이화여자대학교 언론정보학과를 졸업하고, 서강대학교에서 미디어 교육 전공으로 석사 학위를 받았다. 언론비평지 〈미디어오늘〉과 〈미디어스〉에서 기자로 일했다. 《마을미디어 가이드북 — 떠나자, 서울 마을미디어 여행》, 《마을미디어 대표선수를 만나다》 등의 단행본을 기획했다.

2012년 서울시는 '우리마을미디어문화교실'이라는 이름으로 마을 미디어 활성화 사업을 시작했다. 당시에만 해도 서울에서 '마을 공동체 미디어'라고 부를 수 있는 미디어는 다섯 곳 정도밖에 되지 않았다. 그러던 것이 2018년 현재는 정기적으로 콘텐츠를 생산하는 '미디어' 형태의 마을 미디어는 40여 곳으로 늘어났고 이들이 생산해내는 콘텐츠 수는 주당 50~60건이 된다. 마을 미디어 활동 참여자 수 또한 6년 전에 비해 비약적으로 증가하고 있다.

이러한 마을 미디어의 양적 증가보다 더 눈에 띄는 점은 활동의 질적 변화다. 처음에는 소싯적 DJ의 꿈을 이루기 위해서, 내 아이의 성장 동영상을 만들기 위해서와 같은 개인적 소망에서 시작했지만, 이제 마을 미디어 활동가들은 더 많은 이웃들과의 관계를 만들어 나가고 지역 사회의 변화를 이끄는 원동력으로서의 기능하고 있다.[1]

1 이 장은 마을 미디어의 현실을 들여다보기 위해 서울시 마을 미디어 활성화 사업을 운영

주부, 노인, 청년 등 마을의 다양한 계층 참여

강서FM에서 〈예은이의 꿈을 job으러〉를 진행하는 예은이의 어머니 최봉희는 원래 집과 아이들 교육에만 관심 있는 이른바 '전업 주부'였다. 우연히 강서FM의 공개 방송에 참여했다가 딸 예은이가 팟캐스트 방송을 시작하게 되자 〈예은이의 꿈을 job으러〉의 기획, 섭외, 대본을 맡아 활동하고 있다. 이를 시작으로 지역 양로원, 복지관 등에도 봉사 활동을 하고 있고 최근에는 아이들 학교에서 '책을 읽어 주는 엄마' 활동도 하고 있다. 대학에서 경제학을 전공하고 직장 생활을 했으나 두 아이의 출산과 육아로 경력이 단절되었던 그녀는 이러한 활동을 하면서 자존감을 회복했을 뿐만 아니라 대인 관계도 넓어지고 있다고 말한다.

> "제가 대인 관계가 좋은 사람이 아니기 때문에 처음에는 학생들 앞에서 식은땀이 났어요. 두려웠고 용기가 없었죠. 지금은 일주일에 한 번씩 가서 책을 읽어 주고 있어요. 제가 듣는 노래라고는 찬송가밖에 없었는데 예은이 매니저 활동을 하면서 아이돌 노래도 많이 알게 되었습니다. 글도 많이 늘었어요. 방송을 해 보니까 다른 사람들 방송을 많이 들어야 되더라고요. 제 휴대폰에는 원래 연락처가 30명밖에 없었는데 지금은 100명 넘게 있어요. 예전에는 예은이 엄마라고 불리다가 지금은 작가님, 선생님, 매니저로 불려요. 제가 대단한 사람은 아니지만 그 자리에 있기

하는 중간 지원 조직인 서울마을미디어지원센터 입장에서 지난 7년간 마을 미디어 활동의 결과를 정리한 것이다. 강서FM, 라디오금천, 남산골해방촌 등 그동안 언론이나 연구자들이 주목하지 않았던 마을 미디어 세 곳을 주로 살펴본다.

위해서 노력하게 됩니다." (강서FM 최봉희 매니저)

마을 미디어 활동을 통한 1차적 효과는 이처럼 참여자 개인의 역량이 강화되는 것이다. 그 효과는 노인 세대에서도 나타난다. 정화삼 할아버지는 강서FM에서 손주뻘의 동네 어린이 이기찬과 〈삼이의 삼삼한 이야기〉를 방송한다. 매주 자작시를 소개하고 시의성 있는 이슈를 소재로 삼아 방송을 한다. 정화삼 할아버지는 팟빵 강서FM 채널에 이 방송이 올라오면 이를 복지관 회원들에게 카카오톡으로 퍼 나른다.

스마트폰과 SNS에 익숙하지 않은 노년층에게 팟캐스트는 '새로운 세계'다. 그동안 줄곧 누군가 보내오는 콘텐츠를 소비하기만 하다가 직접 생산에 참여하게 되는 것이다.

"방송이라는 게 어르신들한테는 접근성이 떨어지잖아요. 그런데 이런 방식으로 라디오에 참여하니까 너무 행복해하세요. 주변 사람들이 너무 부러워하고 본인들도 하고 싶어 한다는 거예요. 노년층에게도 자기표현이라는 게 참 중요한데 마을 미디어가 그런 역할을 해 줘야 할 것 같아요." (강서FM 김지혜 국장)

"〈시와 음악카페〉를 진행하는 박승례 선생님은 라디오금천을 만나서 제2의 인생을 살게 됐다고 말씀하시거든요. 그분이 여행 가서 골반을 다치셔서 건강이 많이 좋지 않았는데 우연히 복지관 교육에서 우리 라디오금천 이성호 PD님을 만난 거예요. 그래서 방송 시작했는데 매일 아침 남편분과 자기 방송 들으면서 식사를 한대요. 방송하는 게 너무 재밌다고 그래요. 사는 게 너무 재미있고, 하루하루 새로 태어난 것 같다고. 어딜 가나 자기를 살려준 게 라디오금천이라고 말씀하고 다니신대요." (라디오 금천 대표 윤명숙)

마을 미디어는 세대를 막론하고 개인의 정체성을 확인하고 자기 표현을 할 수 있는 장이 된다. 해방촌에 사는 청년들이 만드는 〈남산골해방촌〉도 참여자들에게 그런 장을 만들어 주고 있다.

"정희(에이치)라고 일러스트 하는 친구가 있는데 클라이언트가 요구하는 그림이 아니라 본인이 그리고 싶은 그림 그릴 수 있어서 좋다고 말해요. 본인이 그리고 싶은 그림을 그리고 그걸 내놓을 수 있는 매체가 있어서 좋다고 하더라고요. 가장 변화랄까, 참여자들이 좋다고 하는 점은 정체성인 것 같아요. 내 것을 만들어간다는 것이요." (《남산골해방촌》 발행인 배영욱)

"우리 동네에 하고 싶은 말이 있어서……"

참여자들은 처음에는 개인적인 관심사나 욕망에서 출발하지만 마을 미디어 활동을 하면서 자연스럽게 자신이 속한 공동체로 관심 반경을 넓혀간다. 나아가 본인이 가진 역량으로 지역 사회에 공헌할 수 있는 방법을 찾기도 한다. 참여자들은 다른 문화를 경험하며 이웃과 마을에 대한 관심과 이해로 인식의 폭을 확장시킨다. 그리고 그러한 과정은 마을 공동체의 관계망 생성으로 이어진다(이희랑 · 김희영, 2017).

> "전문 디자이너인 진아 언니 같은 경우는 처음에는 디자인 잘하는 언니구나 생각했는데 점점 언니가 마을 활동에 많이 참여하더라고요. 해방촌 아카이브 사업을 했었는데 그때도 언니가 주도적인 역할을 했고 지금도 지역의 변화 문제에 대해 제일 적극적으로 얘기해요. 그런 것들이 처음에는 드러나지 않았던 것 같은데 점점 본인이 이런 데 관심이 있다는 걸 알게 된 것 같아요." (〈남산골해방촌〉 이한솔)

〈남산골해방촌〉은 연간 2회 1000부 가량 발행해 동네 버스 정류장이나 카페, 부동산 등 사람들이 주로 오가는 곳에 비치한다. 2012년 창간해 2018년 8월 현재 13호까지 발행됐다. 해방촌에 살고 있는 사람들이 중심이 되어 해방촌 사람들과 나누고 싶은 이야기를 취재해서 기사로 쓴다. 처음에는 학교 과제 때문에, 막연히 잡지라는 걸 하고 싶어서, 동네 친구를 만들고 싶어서, 내 작품을 실을 미디어가 있었으면 싶어서 등의 이유로 〈남산골해방촌〉을 시작한 사람들이 이제는 지역에서 일어나는 변화에 많은 관심을 기울이고 적극적으로 활동하고 있다.

> "라디오금천이 마을로 들어가는 관문 역할을 하는 것 같아요. 저도 처음에는 마을 일에 관심 없는 애기 엄마였어요. 1년, 2년 방송하면서 마을 일도 하고 행사도 다니면서 활동이 늘어나게 된 거 같아요. 그냥 가만히 있으면 누가 알아주나요? 서로 일도 도와주고 하니까 계속 가지가 쳐지고 일이 늘어났어요." (라디오금천 PD 이은희)

라디오금천은 2016년 11월 개국한 비교적 신생 마을 미디어다. 하지만 그전에 이미 마을 신문 〈금천아이엔〉을 중심으로 마을 미디어 활동을 했기에 짧은 시간 내 성장할 수 있었다. 현재 10개 프로그램을 정기적으로 제작하고 있고 여러 방송 자원 활동가들이 참여하고 있다.

2018년 6월 전국 동시 지방 선거 당시 라디오금천은 지역의 언론으로서 금천구 지역 출마 후보자들을 초청해 인터뷰하는 방송을 진행했다. 이때 라디오금천의 일부 주민 DJ들은 인터뷰 녹음 현장을 직접 찾아가 자기 지역구 후보자 인터뷰를 직접 만나보기도 했다. 예전 같으면 겨우 공보물 정도 확인하고 투표했을 텐데 지역에 관심이 생긴 결과, 적극적인 검증 노력을 하게 된 것이다.

개인을 넘어서 모임으로, 표현에서 소통으로

마을 미디어가 1인 미디어와 다른 점은 혼자가 아니라 '연대'로 이어진다는 것이다. 각자가 속한 공동체 안에서 위로와 공감을 얻고 공동체 내에서의 연대와 소통을 강화하는 수단이 된다. 앞서 소개한 강서FM 〈삼이의 삼삼한 이야기〉는 정화삼 할아버지와 복지관 친구들과의 새로운 소통의 장이 된다. 누가 듣겠냐 싶지만 〈삼이의 삼삼한 이야기〉는 매회 다운로드 수 100번을 넘긴다. 고정 청취층이 있다는 얘기다. 방송이 올라가면 정화삼 할아버지의 휴대폰으로 복지관 회원들의 방송 모니터 결과가 문자로 들어온다. 맞춤법이 틀린 경우도 많지만 이모티콘까지 섞어 장문으로 정성스레 쓴 내용들이다. 원문 그대

그림 1 강서FM 〈삼이의 삼삼한 이야기〉의 정화삼 할아버지와 이기찬 어린이

로 옮겨보면 다음과 같다.

> "기찬이 덕에 젊은 노래 들어봤네요!^^. 갈수록 노련해지는 진행. 이러다가 지역방송이 아닌 대따 큰 데서 스카웃 제의가 올 듯도요."

> "우리 회장님은 정말 달란트가 넘 많으시네요!!! 놀랬습니다~~~ 베리 굿입니다*^^*"

> "12회 삼삼한 이야기 인생씨리즈를 들으며 자신을 되돌아보고 맘마미아

를 들으며 이 더위를 날려보내봅니다. 나날이 발전하시는 방송 찬사를 보냅니다. 꼬마친구 기찬학생 씨리즈도 잘 맞추네. 파이팅. 재미있게 들어 감사합니다."

"청취자의 한 사람으로서 즐거운 방송 매번 잘 듣고 있읍니다. 선생님의 생할 속에서 우리의 삶의 인생을 그려보는 선상님의 글 너무나 제 마음에 공감됩니다. 똑똑한 기찬이 넘 기여워요. 행복하시고 건강한 날 되세요. ^화이팅입니다~~^"

2017년 10월 서울 강서구 특수학교 설립 문제로 '무릎호소'를 했던 장애 아동 학부모들이 강서FM에서 〈특별한 그들만의 세상〉이란 프로그램을 시작했다. 이 방송은 사단법인 함께가는 강서장애인부모회 사무국장이기도 한 한유정을 비롯해 이원경, 배지현 등 발달 장애 아동을 키우는 어머니 3명이 만들고 있다. 2018년 7월 1회 방송을 시작한 〈특별한 그들만의 세상〉은 2018년 8월 현재까지 4회 방송이 올라와 있다.

"지난해 그 상황을 지켜보면서 제가 제 역할 못했다고 생각하거든요. 모든 일을 제치고 가서 취재한다거나, 그 사람들이 얘기할 수 있는 장을 열어 준다거나 했어야 했는데…… 이게 진짜 마을 미디어 역할이 아닌가 생각해요. 뒤늦게 프로그램을 시작했는데 잘했다는 생각이 들고 지역적인 이슈의 소재는 정말 필요하다고 봅니다." (강서FM 김지혜 국장)

〈특별한 그들만의 세상〉은 아이가 발달 장애인 것을 알았을 때

표 1 강서FM 〈특별한 그들만의 세상〉 1~4회 방송 정보

회차	업로드 날짜	방송 내용
1회	2018. 7. 12	발달 장애 아이의 특별한 세상과 어머니로서 그 세상을 이해하기 위해 살아가는 이야기(알게 된 과정, 친정 얘기 포함)
2회	7. 26	첫 방송에 대한 주위의 반응. 장애 아이를 둔 아버지의 교육 참여 필요성을 비롯해 늘어나는 발달 장애 교육비 부담 문제
3회	8. 10	장애 아이를 안고 살아가는 가정의 솔직한 19금 부부 관계 이야기를 비롯해 발달 장애 아이들에게는 어떻게 성교육을 해야 할지 고민되는 어머니들의 이야기
4회	8. 22	무더웠던 여름방학과 아이를 키우는 데 빠질 수 없는 치료 부분에 대한 어머니들의 고민과 팁

출처: 팟캐스트 앱 팟빵 〈강서FM〉 해당 에피소드 정보 중 발췌.

의 심정, 시댁과 친정에 다른 태도를 취해야 하는 어려움, 아버지의 교육 참여 필요성, 발달 장애에 따른 교육비의 부담, 장애 아동을 키우는 가정의 부부관계의 어려움, 아이들에 대한 성교육 문제 등 다양한 소재를 다룬다. 방송 진행자들 사이의 소통과 교류는 물론, 발달 장애 아동을 키우는 어머니 공동체 안에서 방송이 화제가 되면서 위로와 소통, 공감의 역할을 하고 있다. 2회 방송에 따르면 “방송을 듣느라 길가에 차를 세웠다,” “눈물이 나서 한 번에 다 이어듣지 못하고 끊어 들었다” 등 청취 후기가 진행자들에게 접수된다고 한다.

우여곡절 끝에 특수학교를 짓기로 하고 최근 공사에 들어갔는데 다시 한 번 지난해 10월과 같은 갈등 상황이 벌어지지는 않을지 학부모들은 마음 졸이며 지켜보고 있는 상황이다. 주류 언론은 지난해 10월 발달 장애 아동 학부모들이 다른 주민들 앞에 무릎을 꿇었을 때, 그리고 이번에 공사가 재개된다는 소식이 나왔을 때만 특수학교

문제를 다뤘다. 발달 장애 아동은 주류 언론의 뉴스에 날 때에만 세상에 존재하는 것처럼 보였지만 그들은 늘 우리 곁에 있었다. 이토 마모루(2016)가 공동체 FM의 의의에 대해 이야기한 것처럼, "마이너리티, 즉 자기 옆에 있는 평범한, 그러나 좀처럼 목소리를 낼 수 없던 마이너리티의 의견을 전하는 것"에 마을 미디어 활동의 의미가 있다. 기존 미디어의 경우 사회적 문제를 제기해 여론을 환기시키는 데에만 머무는 데 반해 공동체 미디어는 담론 형성과 조직화, 대안적 실천이라는 집단적 실천으로서의 공동체 차원의 사회 운동적 성격을 가지고 있다고 할 수 있다(채영길, 2015).

동네를 연결하는 느슨한 끈으로서의 마을 미디어

마을 잡지 〈남산골해방촌〉은 서로를 전혀 모르던 개인들이 모여 만들기 시작했다. 용산 해방촌이라는 지역의 특성상 1인 가구가 많았는데 '해방촌에 대해 같이 이야기할 수 있는 친구가 있었으면 좋겠다,' '지역에서 올라와 아는 사람 하나 없는데 동네 친구가 있었으면 좋겠다'고 생각한 사람들이 하나둘 모여 시작한 잡지다.

2012년 8월에 발행된 〈남산골해방촌〉 2호의 "남산골해방촌 인터뷰 '당'하다"에 따르면, 초기 참여자들은 "꿈틀대는 외로움을 달래기 위해서," "마음 맞는 친구들을 만나는 네트워크의 통로가 되기를," "잡지를 통해 동네 사람을 만나고 무언가 함께 만들어 나가는 과정을 경험하기 위해" 등의 동기로 시작했다.

그림 2 마을 잡지 〈남산골해방촌〉

"어차피 다 낯선 사람들이고 만날 계기가 없는데 잡지라는 공통적인 목적이 있고 이걸 하는 사람들은 어느 정도 취향이 비슷할 거잖아요. 그게 공동의 활동을 이어 나갈 창구가 될 수 있다고 본 거 같아요." (《남산골해방촌》 이한솔)

잡지를 매개로 만난 사람들은 주말이면 발행인의 집에 모여 회의 혹은 수다를 하면서 모임을 이어왔다. 이 모임은 활동을 강제하거나 의무감 같은 것을 지우지 않은 '자유로운 개인의 느슨한 연대'로 구성된다. 그 결과물인 〈남산골해방촌〉 잡지 역시 정해진 형식도 없고, 나오는 날짜도 정해져 있지 않다. 이 잡지에서 정한 것이라곤 "해방촌 주민들과 나누고 싶은 이야기를 담는다"라는 원칙만 있을 뿐 소재도, 주제도, 참여자 범위에도 특별히 제한을 두지 않는다. 내용을 보더라도 어떤 특별한 주장을 한다기보다는 해방촌의 변화를 담담히 기록하는 성격의 미디어다.

"해방촌의 매력은 다양한 사람들이 저마다의 방식으로 살아가는 데 있다고 봐요. 이들을 하나로 묶어야 한다고는 생각하지 않아요. 그들이 다 같이 으쌰으쌰해서 하나의 목소리와 행태를 만들고 싶지도, 그렇게 해야 한다고 생각하지도 않아요. 다만 이들이 서로 등 돌리거나 '쌩까지' 않도록, 각자 다르게 살아가는 모습이 너무 낯설지 않도록, 다른 각자들에 대한 이야기를 하고 소개하는 것만으로도 해방촌을 연결하는 느슨한 끈이 된다고 생각하거든요. 원어민 강사들은 방과 후에 강의를 하다 보니 밤늦게 펍에 모여 정보 교류를 하는구나, 동네에 예술한다는 청년들이 이만큼 있구나, 오랫동안 해방촌에 사신 분들에게 종교 공동체는 중요했구나, 주황색 옷을 입고 다니는 외국인들은 종교 단체구나 하는 것들이요. 〈남산골해방촌〉의 목표랄 것은 없지만, 느슨한 연대를 만드는 데 도움이 되었으면 합니다. 알게 되면 다른 이들을 이해할 수 있게 되겠죠. 서로에 대한 장벽은 좀 더 낮아질 수 있다고 생각해요." (《남산골해방촌》 발행인 배영욱)

가족과의 소통 통로를 넓혀 주는 마을 미디어

개인의 자존감 향상과 역량 강화, 그리고 동네 친구를 만들고 연대를 확장하는 것 외에도 마을 미디어는 가족들과의 소통의 장이 되기도 한다. 마음의 안식처여야 할 가족이지만 현대 사회에서 가족은 어쩌면 남보다 못한 관계가 될 수도 있다. 마을 미디어에서는 활동을 '핑계' 삼아 엄마와 아들 사이, 할머니와 손녀 사이에 평소에 하지 못했던 이야기를 나눌 수 있다.

라디오금천 김진숙 PD는 큰아들과 함께 〈쇼미더머니! 힙합이뭐니?〉라는 방송을 하고 있다. 사춘기 아들과의 공감대를 넓히기 위해 시작한 활동이다.

"〈기차와 소나무〉를 진행하는 김옥영 선생님의 경우에도 비슷한 얘기를 하시더라고요. 사춘기 때 딸이랑 관계가 많이 좋지 않았는데 이 방송 참여하면서 딸한테 들려주고 모니터도 부탁하고 하면서 관계가 많이 부드러워지셨다고요. 딸이 방송 피드백도 많이 해 준대요." (라디오금천 김진숙 PD)

마을 미디어 활동은 가족 구성원들 사이에 화젯거리가 되면서 소통을 위한 윤활유 역할이 되어 준다.

"노인복지관에서 공개 방송할 때 〈나도 DJ〉 코너에 참여한 할머니신데 막내아들 먼저 떠나보내고 손녀를 할머니가 키우셨어요. 20대 초반의 손녀를 키우기까지 그동안의 어려운 점들이 얼마나 많았겠어요. 인터뷰를 통해 세대 차이가 많이 나는 손녀를 키우는 동안 홀로 어렵게 키웠던 할머니와 또 그런 할머니와의 상황을 받아들이기 싫은 손녀의 이야기를 들으며 할머니가 그동안 얼마나 힘들게 사셨을지 마음이 아팠어요. 그렇게 인터뷰를 끝내고 할머니의 이야기를 대본으로 만들어 공개 방송하는 날 2시간 전에 만나 읽어 보시도록 했지요. 그런데 할머니는 남 얘기하듯이 너무 담담하게 대본을 읽으시는 거예요. 전 너무 슬픈데. 그래서 내가 글을 잘 못썼나 하고 있는데 막상 생방송에 들어가니까 할머니가 목이 메어 말을 못 이으시더라구요. 모두들 그 얘기를 들으며 눈물을 훔치셨죠. 그날 공개 방송이 끝나고 나서 아직도 그 장면을 잊을 수가 없어요. 할머니가 제 손을 꼭 잡고 정말 고맙다고, 아무한테도 이런 얘길 한 적이 없었는데 꽉 막혔던 체증이 다 내려간 거 같다고 하셨지요. 사실 그 복지관에 10년 넘게 다니셨는데 그 자리에 있던 할머니들이 놀라실 정도로 처음 들으신 얘기였어요." (강서FM 김지혜 국장)

"서로가 서로를 알고 이해하게 돼"

라디오금천의 〈독산 아모르파티〉는 금천구 독산 1동 도시 재생 사업의 정보를 홍보하고 이해 관계자들의 소통을 돕기 위해 기획됐다. 2017년 12월 말 첫 방송을 시작으로 격주 1회 방송되어 2018년 8월 현재 16회까지 방송됐다. 1부에서는 '독산 비둘기'라 불리는 리포터들이 도시 재생 사업 진행 상황을 브리핑해 준다. 2부에서는 주민, 상인, 활동가, 구의원, 시의원, 공무원 등 다양한 이해관계자들이 출연해 서로의 생각을 나눈다. 방송을 처음 시작할 때만 해도 출연 섭외에 대부분 마뜩잖아 했지만 지금은 '왜 나는 안 불러 주느냐'는 말이 나올

그림 3 라디오금천의 〈독산아모르파티〉 녹음 장면

정도로 출연자가 대기 중이다.

> "제일 큰 효과는 서로가 서로를 알게 되고 이해하게 된다는 점인 것 같아요. 서로 모를 때는 각자 이익 추구 입장만 내세우고 자기들밖에 몰랐어요. 서로 소통하고 이어져 가다보니 '아, 그래 너도 우리 동네야?' '이 사람은 저렇게 생각하는구나, 저 사람은 저렇게 생각하는구나' 그런 게 보이고 있어요. 그 부분에 대한 벽이 좀 얇아진달까. 아직 완전히 없어지진 않았지만요……." (라디오금천 이은희 PD)

이해가 상충할 수 있는 사람들끼리 미디어를 매개로 소통의 장이 일어나는 현장이다. 지금까지는 기존 상인과 주민들 중심으로 소통해 왔다면, 앞으로 우시장 바로 옆에 들어설 대단지 아파트와의 이해관계를 어떻게 조정할지가 관건이다. 2019년 12월 공사 완료 예정인데 이 아파트 입주가 본격적으로 시작되면 〈독산아모르파티〉가 어디까지 역할을 할 수 있을지 시험대에 오를 것으로 보인다.

> "아파트 입주가 시작되면 상황이 어떻게 될지는 불을 보듯 뻔해요. 우시장 그 핏물에다가, 악취에다가 그 민원 다 어떻게 감당하겠어요. 갈등이 생기기 전에 동대표가 됐든 임원이 됐든 아파트 입주민들 게스트로 초대해서 소통하려고 해요. 사정도 잘 풀어내고요. 이게 얼마나 효과를 발휘할 수 있을지 그게 최대 관건일 거 같아요." (라디오금천 윤명숙 대표)

스피커가 없는 사람들에게 소통 채널 제공

2015년 강서구에서는 가양동의 중학교 3곳(경서중, 공진중, 송정중)을 통폐합하려는 시도가 있었다. 마곡 신도시 내 중학교가 필요하다는 이유로 추진된 것인데, 특히 경서중학교는 학부모, 학생, 교사들까지 전혀 모르는 상황에서 이 논의가 진행되어 학부모들의 큰 반발을 샀고 결국에는 무산됐다.

당시 강서FM은 활동을 시작한 지 겨우 3~4개월밖에 되지 않은 때였으나 김지혜 국장은 〈마을공동체 초대석〉 프로그램에 경서중학교 학부모를 초대해 '소통을 버린 학교 통폐합, 경서중에서 외치다'를 방송했다(2015년 12월, 12회). 학부모들은 요즘 같은 시대에 절차도 제대로 밟지 않고 일방적, 폐쇄적으로 학교 통폐합을 진행하는 행정에 대해 분노의 목소리를 냈다.

그림 4 2018년 7월 27일 KBS 〈뉴스9〉에 소개된 강서FM 〈특별한 그들만의 세상〉

방송은 카카오톡과 네이버 밴드 등 지역 주민들이 가입된 SNS를 타고 확장되어 1500회 가까이 다운로드됐다. 팟캐스트 청취 특성상 다운로드 없이 재생하는 경우가 더 많음을 고려하면 청취자는 더 많았을 것으로 추정된다. 서울의 한 자치구 안에서 일어난 사건으로, 기존 주류 언론에서는 뉴스거리조차 되지 못해 관심을 못 받고 있을 때 강서FM이 분노한 학부모들에게 스피커가 되어 준 것이다.

감시의 눈, 아카이브 미디어로서의 마을 미디어

팟캐스트와 달리 마을 잡지의 경우 텍스트로 기록되고 손에 잡히는 실물이 있다는 점에서 '기록'을 위한 중요한 도구가 된다. 〈남산골해방촌〉 참여자들에게 해방촌은 2012년 창간할 때만 해도 '우리가 궁금한 동네'였는데 어느 순간 해방촌이 재생 붐을 타면서 급기야 젠트리피케이션의 대표적인 사례까지 되었다. 〈남산골해방촌〉은 그 변화를 기록해 왔다. 1~4호(2012~2013)는 해방촌에 대한 해방촌 사람들에 대한 궁금증, 5~7호(2013~2014)에서는 해방촌 변화에 대한 기록, 8~11호(2015~2016)는 참여자들의 목소리를 담았다.

〈남산골해방촌〉은 반년간 잡지라 다루는 기사들이 시의성이 있거나 의제를 설정하는 역할은 하지 못한다. 하지만 예술 마을이나 도시 재생 사업에 대해 주민이자 기자인 참여자 개인들의 의견을 기사로 싣는다. 이에 대해 일부 주민들이나 활동가들, 행정 기관에서는 불편한 심기를 드러내기도 한다.

"각 시기에 해방촌에서 일어나는 변화를 꾸준히 기록하면서 7년간 활동하다 보니 꽤나 미묘한 차이가 보이는 자료들이 되고 있는 것 같아요. 특히 해방촌 내에서 일어나는 각종 사업들에 대해 취지와 내용들을 전달하려고 해요. 2006~2007년 해방촌이 녹지축 때문에 들썩인 적이 있는데요, 그때 세입자인 전 무슨 일이 어떻게 돌아가는지 전혀 모른 채로 세만 오르고 그 이슈가 지나간 적이 있었거든요. 바쁜 생활인에게 쉽게, 일반인의 언어로 내 동네에 무슨 일이 기획되고 있는지 전달하겠다는 의지가 있었어요. 그래서 2012년의 해방촌 예술 마을 조성 사업이나 2015년 이후의 해방촌 재생 사업에 대해 꾸준히 기사를 내려고 노력했죠. 행정 소식지 같이 사업 내용을 전달하는 것보다는 '내가 그 설명회에 직접 참여해 보니 분위기가 어떻더라, 다양한 사업들이 나열되어 있는데 이 사업들이 어떤 해방촌을 만들기 위한 것인지 모르겠다, 그런데 해방촌 사람들에게 왜 안 물어 보냐?' 같은 추진하는 행정 입장에선 불편한 이야기만 쏟아 내니 재생센터에선 섭섭해 한다는 이야기를 건너건너 들어요. 언론의 역할 중에 감시 기능이 있지 않나요? 우리가 '지켜보고 있다.' 그런 감시 역할을 하고 있다고 생각해요. 또 의견을 투고할 수 있는 기능도 하고 있고…… 저희도 은근히 할 건 다 갖춰서 하고 있어요." (《남산골해방촌》 발행인 배영욱)

누군가 '불편해하는' 사람이 있다는 것은 〈남산골해방촌〉이 지역의 언론으로서 공론장 기능을 하고 있다는 반증이다. 도시 공동체 내 공론장의 분화 과정은 새로운 '알 수 있는 공동체'의 발현을 가능하게 하며 마을 단위에서의 권력 갈등과 긴장이라는 새로운 변화의 기운을 만들어 낸다는 데 그 의의가 있다고 할 수 있다(채영길 외, 2016).

공동체 저널리즘이 더 큰 사회 일반의 공론장의 하부 공론장이라는 상대적으로 열등한 공간 지위를 차지하는 것처럼 보이지만 사회지리적 근접성과 주체와 대상의 동일성에서 구현되는 전환적인 권능화에 의해, 매스 미디어가 만드는 공론장보다 오히려 상대적으로 우월한 정치적 지위를 가질 수 있는 '잠재력'을 지니고 있다(채영길, 2015).

마을 미디어, 지역 안으로 더 깊이

마을 미디어는 현실적인 활동의 제약 속에서도 어떻게 하면 본연의 역할을 더 잘할 수 있을지 실천 전략을 고민하고 있다. 마을 방송국 활동이 지속되는 과정에서 마을 공동체나 시민 사회는 홍보나 재원의 통로가 되기도 하고 마을 미디어와 마을, 시민 사회를 연결시키는 접촉면이 된다. 특히 마을 방송국의 활동이 2~3년차로 진입하게 되면 마을 미디어는 조직적 운영을 위해 시민 사회단체나 마을 공동체들과의 접촉면을 넓히기 위한 다양한 시도를 모색한다(이희랑 · 김희영, 2017).

강서FM은 2018년 강서 지역 4·16 추모 행사 때 4·16 인권 선언 낭독 활동으로 참여했고 6·13 지방 선거 때에도 일부 단체와 연대해 '주민 마이크' 행사와 선거 기획 방송 '새인물 발굴프로젝트'를 진행하기도 했다. 강서FM 김지혜 국장은 2017년 한 인터뷰에서 "미디어 방점에서 마을 방점으로 이동 중"이라고 말한 바 있다(서울마을미디어지원센터, 2018).

"연대라는 건 서로에게 신뢰를 가지기 위해서 서로 노력해야 하는 것 같아요. 단체의 성격이나 활동의 범위에 따라 생각이 약간 다르기도 하고요. 연대를 한다는 건 그만큼 시간이 많이 필요한 것 같아요. 하지만 그동안의 활동을 통해서 조금은 강서FM이 마을 미디어로서의 노력을 하고 있다고 알아 줬으면 좋겠어요. 그동안은 개인 방송을 하는 이미지에 멈춰 있었다면 이제는 지역에서 함께할 수 있는 단체라는 인식 정도는 생긴 것 같아요." (강서FM 김지혜 국장)

동주민센터 주민자치회에 직접 가입해 들어가 활동하기 시작한 사례도 눈에 띈다. 라디오금천의 경우 윤명숙 대표와 이은희 PD는 독산 1동 주민자치회로, 이성호 PD는 시흥 5동 주민자치회로 들어가는 등 주민 DJ 참여자들 대부분이 주민자치회 활동을 하기 시작했다. 서울시가 기존 주민자치위원회를 주민자치회 조직으로 흡수, 통합하면서 신규 진입의 기회가 열린 것인데 라디오금천 구성원들은 이 기회를 놓치지 않았다. 주민자치회로 들어가 미디어분과를 만들고 실행 예산을 확보하고 동주민센터 안에서 마을 미디어 활동을 할 수 있는 기반을 만들고 있는 것이다.

활동 초기만 해도 마을 미디어가 마을과 분리돼 있다는 지적도 있었고, 정식적인 모임이라기보다는 동아리 수준으로 폄하해서 보는 시각도 있었다. 주민자치위원회라는 조직은 마을 미디어 활동과는 거리가 먼 것처럼 보이기도 했는데 이제는 마을 미디어 활동가들이 그 안으로 직접 들어가고 있다는 점에서 변화가 눈에 띈다. 라디오금천뿐만 아니라 도봉구 은행나루마을방송국도 방학 3동 주민자치회와 밀

표 2 네트워크 참여에 있어 참여 네트워크의 종류와 특성

네트워크	특성
정부 네트워크	· 서울시와 소속 하부 마을 지자체 · 공공 서비스 기관들, 관변 단체 · 서울시 마을 만들기 사업의 중간 지원 조직
시민 사회 네트워크	· 풀뿌리 NGO · 지역 단위의 종교, 사회, 문화 등 시민 사회 조직 및 단체 · 지역 단위의 정치 조직 및 단체
주민 네트워크	· 일반 주민 · 주민들의 사적 모임과 동아리 · 주민들이 자발적으로 조직한 공동체

출처: 채영길, 2017.

접한 관계를 맺고 있는 등 유사한 사례들이 늘어나는 추세다.

참여자들은 기존에 자기가 소속된 네트워크에 계속 속해 있으면서 다른 차원의 네트워크를 추가해 나간다. 표 2에 따르면, 주민 네트워크이면서 시민 사회 네트워크이기도 한 것이다. 마을 공동체 미디어에 참여하는 개인들이 네트워크를 중첩적으로 가져가면서 확장되고, 마을 미디어는 각 참여자 개인 개인의 네트워크가 겹치면서 지역 사회에 더 뿌리를 깊이 내리게 되는 것이다.

마을 미디어, 소외 계층에 더 가까이

마을 미디어 활동이 길어지고 마을을 깊이 들여다볼수록 지역의 다양한 사람들이 눈에 들게 마련이다. 그중에서도 노년층이나 장애인

등 소외 계층의 경우 일반 사람들보다 자기표현을 더 필요로 하지만 자원에 대한 접근성이 떨어지기 십상이다.

강서FM의 경우 활동 초기에만 해도 미디어 제작 자체에 방점을 두고 참여자들이 가능하면 자주, 지속적으로 콘텐츠를 제작하는 데 활동의 초점을 뒀다면, 그 초점이 점차 지역 사회에 대한 관심으로, 나아가 소외 계층에 대한 관심으로 이동하고 있다.

> "올해 2년째 한 지역 장애인복지관에서 미디어 교육을 하고 있는데 사람들의 변화가 눈에 띄게 보여요. 참여자들, 특히 미디어 교육을 받은 장애인들이 삶을 대하는 태도가 달라졌고 자존감 또한 높아졌어요. 내 이야기를 꺼내기 조심스러워하는 장애인들의 이야기부터 더 나아가 재소자들도 만나보고 싶어요. 그들 역시 할 얘기가 너무 많을 테니까요. 내 이야기를 꺼내는 순간 그동안의 삶이 조금은 정리가 되고 앞으로의 삶 또한 고민해 보는 계기가 될 수 있으니까요. 이렇게 얘기하는 절 보면서 스스로 참 놀라운 것 같아요. 사실 2015년 마을 미디어 사업을 시작할 당시에만 해도 정말 단순하게 시작했어요. 예전 방송 DJ라는 직업의 경험을 살려서 그런 노하우를 주민들과 함께 공유하고 같이 방송하면 재밌겠다 이렇게 단순하게 출발했는데 이제 제 소명 자체가 바뀌는 것 같아요. 제가 이렇게 바뀐 것도 마을 미디어가 저를 변화시킨 거겠죠. 물론 가끔 힘들기도 하고 현실을 생각하면 고민이 많을 때도 있지만 제가 가지고 있는 재능 안에서, 또 가치관 안에서 이런 활동을 꾸준히 지속하고 싶어요. 강서FM이 내년에 5주년을 맞이하는데 앞으로도 누군가에게 힘이 되어 주고 지지해 줄 수 있는 강서FM다운 마을 미디어의 역할을 찾

아 활동을 이어갈 겁니다." (강서FM 김지혜 국장)

지역 사회 공론장으로서의 마을 미디어

공론장에 대한 갈망은 마을 미디어에서 끊이지 않는 과제다. 마을의 중요한 이슈를 발굴하고 콘텐츠로 제작, 보급함으로써 마을의 공론장을 활성화에 마을 미디어가 기여해야 한다는 과제다. 한 예로 라디오금천 〈들려주는 마을신문〉에서 최근 벤츠 도장 시설이 금천구에 들어서는 문제에 대한 주민들의 반발을 다룬 바 있다. 라디오금천에서 이런 아이템을 방송으로 다루는 것이 가능한 이유는 지역의 마을 신문 〈금천인〉 기자이기도 한 이성호 PD가 해당 사안을 추적해 왔기 때문에 가능한 일이다. 하지만 일반인들에게 취재를 하고 기사를 쓰거나 방송에 맞게 말로 풀어낸다는 것은 사실 쉬운 일은 아니다. 뉴스라는 건 시의성을 띠게 마련인데 일반 주민들이 그 속도를 쫓아가는 것 또한 버거운 일이기 때문이다.

"공론장 만들기는 훈련이 많이 필요해요. 마을 라디오에서 공론장을 만들기가 쉽지 않은 게 체계가 없고 훈련이 안 되다 보니까 준비하는 데 시간이 너무 오래 걸리는 거죠. 근데 이제는 시도해 볼 만하지 않은가 싶은 게 지금은 동네 돌아가는 판도 알고 하니까. 지금 생각하는 건 지역 정보를 라디오에서 전했으면 하는 건데 매일 정해진 시간에 스트레이트 뉴스를 짧게 전하는 거예요. 정오 뉴스 이런 식으로. 대담이나 토론도 했으면 좋겠는데 성장의 경로를 어떻게 잡을 거냐 하는 점은 고민이 되는 거 같아요." (라디오금천 이성호 PD)

특히나 도시 재생 사업과 같은 주민들 사이의 이해관계가 밀접하게 걸려 있는 문제의 경우 마을 미디어는 방송이 됐든 잡지가 됐든, 사람들을 불러 모으는 데 중요한 도구이기도 하고 콘텐츠라는 결과물도 남는 활동이기 때문에 효과적인 도구로서 기능할 수 있다.

최근 '솔루션 저널리즘'이 언론의 한 흐름으로 세계의 관심을 끌고 있다. 솔루션 저널리즘에선 언론이 단지 비판하는 데 그치지 않고 세상에 정상적으로 풀리는 문제도 많으며 그런 것을 위해 노력하는 사람들이 있다는 것을 알린다. 비슷한 문제에 적용 가능한 해법도 앞장서 고민한다(이봉현, 2018). 마을 미디어도 시민 참여 저널리즘의 한 형태로서 기능하기 위해서는 훈련이 필요하다.

공동체를 만드는 데 미디어만 한 도구는 없다

마을 미디어 활동이 지속되고 확장될 수 있었던 배경에는 핵심 활동가들이 마을 미디어를 지탱하는 가장 큰 힘이다. 창신동라디오 덤 조은형 국장은 "사회에 관심 있는 건강한 시민이 사회의 희망이다. 어떻게 하면 개인이 사회와 연결되고, 삶의 문제를 사회와 연결해 성장할 수 있을지, 개인과 사회를 연결하는 데 마을 미디어만큼 강력한 도구는 없다"고 말한 바 있다(서울마을미디어지원센터, 2018).

마을 미디어가 지역에서 힘을 발휘할 수 있는 이유는 무엇보다 '꾸준히' 했기 때문이다. 5년, 6년 꾸준히 활동하면서 "망하지 않은 것이 힘"이라고 활동가들은 말한다. 라디오금천 〈독산아모르파티〉의 경우에도 처음에는 독산 1동 우시장 상인들이 시큰둥하게 반응했다고 한다. 지속적으로 활동할 수 있기 위해 마을 미디어는 지역 단체들과 더 많이 네트워킹하고, 공개 방송 등 오프라인에서의 활동에도 적극적으로 참여했다. 이런 요인이 촉매가 되어 마을 미디어는 지금도 성장 중이다.

하지만 여전히 한계는 명백하다. 아직까지 콘텐츠 유통이 온라인 플랫폼에 집중되어 있어 확장성에 한계가 있다. 얼마나 듣는지, 누가 듣고 보는지 등 피드백을 집계할 시스템도 없고 마을 미디어의 효과를 증명해 준 연구 실적도 없다. 영상 위주, 라이브 방송 위주로 변화하는 온라인 플랫폼의 환경 변화에도 적응해야 한다. 무엇보다 이 같은 소통의 욕구를 어떻게 제도화할 것인가라는 질문에 대한 답을 찾지 못하고 있다. 이제 마을 미디어를 지방 자치 단체 차원의 프로젝트가 아니라 국가 정책 차원에서 시민의 기본권으로서의 소통권 개념으로 제도화할 때다.

참고 문헌

서울마을미디어지원센터 (2018).《마을미디어 대표선수를 만나다》. 미디액트.

이봉현 (2018. 8. 22). "동네가 미디어다 — 삶의 현장을 바꾸는 저널리즘의 새 얼굴," 〈한겨레〉.

이토 마모루 (2016).《정동의 힘: 미디어와 공진하는 신체》. 갈무리

이희랑 · 김희영 (2017). "마을미디어 실천에 대한 탐색적 연구," 〈한국언론정보학보〉, 81, pp.75～121.

채영길 (2015).《공동체 미디어 이론과 실천》. 커뮤니케이션북스.

채영길 (2017) "마을미디어의 참여와 정치문화에 대한 비판적 검토," 〈언론과 사회〉, 25(1), pp141～194.

채영길 · 김용찬 · 백영민 · 김예란 · 김유정 (2016). "서울시 마을공동체미디어와 공동체 공론장의 분화와 재구성," 〈커뮤니케이션 이론〉, 12(2), pp.4～46.